序　言

股市技术分析（本书以下简称“技术分析”）是以图形、指标等盘面信息为手段，以分析股票价格未来的趋势为目的，对市场行为展开的归纳、分析、排除、确认、比较、决策、验证等一系列研究活动。其最伟大之处就是利用了股价和成交量等最直接、最公开的信息，从市场的当前走势中获得了非常有效的交易依据。技术分析是成千上万股市投资者经验的结晶，所以它更像一门艺术，而非单纯的技术。

技术分析是股市投资者的利器。由于炒股软件的普及，图表和指标即时可见，所以现在的技术分析更为简单、方便，甚至达到“立竿见影”的效果。投资者可以将所掌握的每一种技术分析方法都放入自己的投资工具箱，通过娴熟地运用这些方法以尽可能实现理想的交易结果。

股市是有规律的，但是这种规律并不是显而易见的，且具有动态的特性，因而需要严谨的分析才能得到。投资者只有利用有效的技术分析方法将这种动态规律把握到位，才能踏准股价波动节奏，在股市中翩翩起舞，成为长期成功的获利者。

本书以技术分析基础为切入点，首先说明了技术分析是什么，有什么作用以及如何应用的问题；然后分门别类详细介绍了各种技术分析方法，包括 K 线分析、形态分析、趋势分析、均线分析、技术指标、量价分析；最后对部分经典理论，如道氏理论、波浪理论、江恩理论、周期理论等进行了深入浅出的讲解。从内容上来看，本书从实战出发，为投资者提供了大量的分析工具、方法和技巧以及实盘案例，能帮助投资者提升技术分析能力和实战获利能力。

本书适合于股市中所有的投资者阅读，更可以作为技术分析的入门参考书帮助新股民提高操作技术和交易水平。与同类图书相比，本书具有以下三个特点。

1. 全面、系统

本书从多个角度介绍了技术分析的基本方法、基本技巧，内容涵盖技术分析领域的各个方面，有助于投资者全面、系统地掌握技术分析的精髓，从而更好地应用于实战。

2. 独到、新颖

本书所提出的技术分析方法具有很强的针对性和实用性。投资者通过这些分析方法，可以轻松判断股价的趋势，有效把握买卖时机，实现在股市中获利的目标。同时，本书还对一些卓越的技术分析理论进行了介绍，这些理论能帮助投资者更深入地了解股市。

3. 案例有针对性

本书所提供的案例要么是最近一段时间出现的典型案例，要么是股市发展过程中具有很强代表性的案例。这些案例将在很大程度上帮助投资者快速掌握书中所讲的内容，并迅速地应用于实战。

股市中永远存在风险，本书所介绍的这些技术分析方法和理论也不能回避股市中的风险，投资者一定要根据自身情况，先控制好风险，再求获利。本书在编写过程中得到了很多人的帮助，才得以顺利完稿。感谢刘丽丽、张超、栾续伟、刘磊磊为本书的资料收集所做的大量工作。感谢刘晓丽、刘继全、王凤芝、张亚贤、王光伟、王福仁、张亚平，他们根据自己的实战经验为本书提供了大量的案例。还要感谢吕淑梅、任洪伟、秦瑞芝、张志义、张亮、刘振清，本书的大部分图表都是他们搜集整理的成果。最后要感谢刘益星、周灿辉、张亚芝、王凤杨，他们从大众的角度为本书的修改和增删提供了很多建设性的意见。

众智理财

（股市实战一本就通系列）

股市技术分析一本就通

6类技术分析方法
↓
掌握实战操盘技巧

8种经典技术理论
↓
领会股市运作规律

金古珉　编著

中国劳动社会保障出版社

内容提要

本书以股市技术分析基础为切入点，深入浅出地详细介绍了最常用也是最有效的分析方法，包括K线分析、形态分析、趋势分析、均线分析、技术指标、量价分析。本书从实战出发，为投资者提供了大量的分析工具、操作策略和技巧，特别是实盘案例，致力于帮助投资者提升股市中实战获利能力。

本书适合于股市中所有的投资者阅读，更可以作为股市技术分析的入门参考书帮助新股民提高操作技术和交易水平。

图书在版编目(CIP)数据

股市技术分析一本就通/金古珉编著. —北京：中国劳动社会保障出版社，2012
ISBN 978-7-5045-9491-4

Ⅰ.①股… Ⅱ.①金… Ⅲ.①股票投资-基本知识 Ⅳ.①F830.91

中国版本图书馆CIP数据核字(2012)第082679号

中国劳动社会保障出版社出版发行

(北京市惠新东街1号　邮政编码：100029)

出 版 人：张梦欣

*

北京北苑印刷有限责任公司印刷装订　新华书店经销

787毫米×1092毫米　16开本　17.25印张　300千字

2012年10月第1版　2012年10月第1次印刷

定价：37.00元

读者服务部电话：010－64929211/64921644/84643933

发行部电话：010－64961894

出版社网址：http://www.class.com.cn

目　录

第一章

技术分析基础

——技术分析研究的是什么

第1节　技术分析概论

➲ 技术导航

技术分析大师马丁·普林格认为:“技术分析指的是相对早期阶段识别趋势的反转，并顺势而为，直到有足够的证据显示或证实趋势已经发生反转为止的艺术。它不能准确地识别出最高点或最低点的位置，而只能识别相对的顶部或底部。”

一、什么是技术分析

技术分析，是指以预测股价未来走势为目的，以图表形态、技术指标等为手段，以市场行为为研究对象，判断市场趋势并跟随趋势的周期性变化来进行股票投资决策的方法的总和。其中对市场的思考和研究包括：归纳、分析、排除、确认、比较、决策、验证等一系列活动。

技术分析的基本观点是：所有股价的实际供需量及其背后起引导作用的种种因素，包括股票市场上每个投资者对未来的期望、忧虑、恐惧、猜测等，都集中反映在股票的价格和成交量上，因而对股价、成交量及其相关指标的研究是最直接也是最有效的。

1. 技术分析与基本分析的区别

所谓技术分析，是相对于基本分析而言的。基本分析着重于对宏观政策、经济情况、市场动态以及各个上市公司的经营管理状况等因素进行分析，以此来衡量股票的价值，研究股价是否合理。而技术分析则是透过图表或技术指标的记录，研究市场过去及现在的行为反应，以推测未来价格的变动趋势，其依据的技术指标是由股价和成交量等数据计算得出的。

技术分析和基本分析都认为股价是由供求关系决定的。基本分析主要是根据对影响供需关系的种种因素分析来预测股价走势，而技术分析则是根据股价本身的变化来预测股价走势。因此，技术分析只考虑股票市场本身的变化，而对影响其变化的政治、经济等外部因素却毫不关心。

技术分析与基本分析的区别如表1—1所示。

表1—1　　技术分析与基本分析的区别

技术分析	基本分析
◎定量分析 ◎分析过程较为复杂 ◎预测短期内股价的涨跌变化和发展趋势 ◎有效识别买卖点，把握具体的买卖时机 ◎适合短期趋势研判和中短线操作	◎定性分析 ◎分析过程较为简单 ◎判断股票的现行价位是否合理 ◎判断哪些股票品种可以参与 ◎描绘股价长远发展空间，适合长线操作

2. 技术分析的意义

技术分析是一个完善的交易体系中的一部分，是交易系统最为重要的起始点。技术分析具有以下作用。

（1）通过分析股价的趋势走向提高交易成功率。

（2）分析趋势的通道层次和波动量能出现后的涨跌空间及目标价位。

（3）通过定量计算，确定止损位和止盈位，降低资金管理的风险性。

（4）寻找买卖信号，通过分析工具加以量化和确认，为交易提供可靠的执行依据。

（5）将复杂的交易行为简化为投资者的心理问题，帮助投资者提高心理承受能力。

3. 技术分析的优缺点

技术分析具备简单、客观、准确、可操作性强、适用范围广等诸多优点。与采用基本分析的投资者相比，采用技术分析的投资者获利周期较短、见效更快。而且技术分析对市场的反映更为直接，更能反映市场的局部动态，相对而言能给出较为明确的买卖信号。

任何分析技术都具有两面性，有优点便会有缺点。技术分析通常用于分析股价的短期行情，而对长期趋势很难进行准确预测。此外，技术分析只能指出行情的顶部或底部，不能给出最高价或最低价的具体位置，更不可能指示出这波行情持续的时间。

4. 技术分析的适用范围

（1）适用对象：技术分析不仅适用于股票市场，而且适用于期货、债券、外汇、黄金等交易市场。

（2）适用周期：技术分析适用于各种时间周期，比如，1 分钟、5 分钟、30 分钟、1 小时（60 分钟）、日、周、月、季度、年等。

二、技术分析的理论基础

技术分析的理论基础是空中楼阁理论。空中楼阁理论是著名经济学家约翰·梅纳德·凯恩斯于 1936 年提出的。该理论完全抛开股票的内在价值，强调心理构造出来的空中楼阁。

凯恩斯认为股票价值虽然在理论上取决于其未来收益，但由于进行长期预期相当困难且具有不确定性，因此大众投资者应当把长期预期划分为一系列短期预期。而且投资者之所以会以某一价格购买某种股票，是因为期望以更高的价格卖给他人。至于股价的高低或者能带来多少长期受益，并不是投资者所关心的，他们只关心是否有人愿意以更高的价格购买该种股票，因此无须去计算股票的内在价值，只需要像击鼓传花那样，抢在股价达到最高点前卖出就可以了。

空中楼阁理论不单单是股市投资理论，它在各个投资领域都占据一席之地，该理论可以归纳为以下 6 个要点。

（1）股票价格并不是由其内在价值决定的，而是由投资者心理决定的，具有“虚幻”的一面，这也是该理论被称为“空中楼阁理论”的原因。

（2）人类受到知识和经验的局限，对长期预期的准确性缺乏信心，因而大众投资者往往更倾向于中短线操作，常会用一系列的短期预期代替长期预期。

（3）股价取决于市场的平均预期，因而取决于绝大多数投资者的交易行为，少数专业投资人士也会考虑到大众的心理和行为，采取“顺应民意”的交易策略。

（4）投资者对于股价的心理预期会受到情绪的影响，从而造成股价的剧烈波动。当乐观情绪高涨时，股价会大幅上升；当悲观情绪蔓延时，股价会大幅下挫。

（5）投资者要想在股市中制胜，不需要分析股价的实际价值，而只需要对大众的心理进行深入剖析，研判出股价波动的方向，并比别人提前一步作出正确的操作决策。

（6）股市投资具有投机的成分，买卖股票时无须在乎股价是否已经严重偏离了其实际价值。投资者只要认为股价会上涨，就应追涨买入；只要认为股价会下跌，就应杀跌卖出。

三、技术分析的三大前提

技术分析通常是建立在三个基本的前提条件下的，这三个前提又称三个假设，是技术分析的基础。如果缺少了这三个前提条件，那么技术分析就没有任何意义。

1. 市场行为包容消化一切

市场行为包容消化一切是技术分析最基本的前提。技术分析者认为，能够影响股价的任何因素：无论是宏观因素，还是微观因素，无论是政治、经济或是市场因素，还是消息、心理或者其他方面的因素，实际上都能从股价的变化当中反映出来。

这个前提的实质含义就是股价变化必定反映供求关系。如果需求大于供给，价格必然上涨；如果供给大于需求，价格必然下跌。供求规律是所有经济预测方法的出发点，如果反过来看，只要价格上涨，不论是因为什么因素，需求一定超过了供给，那么应该看好后市；如果价格下跌，不论是因为什么因素，供给一定超过了需求，那么应该看淡后市。

技术分析中的图表本身并不能导致市场的变化，只是简明地显示了市场大众目前乐观或悲观的心理。实际上，技术分析者只不过是通过研究价格图表和大量的辅助性技术指标，让市场自己揭示它最可能的走势。由于图形和指标的快速反应功能，在价格趋势形成的早期或者市场正处于关键转折点的时候，技术分析者往往能够比基本分析者提早一步采取应对措施。

2. 股价总是按照某一趋势运行

价格以趋势的方式发展是指对于一个既定的趋势，股价通常沿着目前的趋势运行，直到某种外力促使其发生变化，即当前趋势将一直持续到掉头反向为止，这就是股价变化的惯性定律，说明趋势的持续比反转的可能性更大。

趋势概念是技术分析的核心。技术分析的本质就是判定和追随既成趋势，并顺应趋势发展去交易。因而研究价格图表的全部意义，就是要在一个趋势发生的初期，及时准确地把它揭示出来，达到顺势交易的目的，从而捕获市场趋势中变化幅度最大的中间阶段。正是因为有了趋势的存在，技术分析者可以通过对图形和指标的研究，研判出趋势的变化方向，从而确定买卖时机。而且实践证明，当价格变化越接近顶部或底部时，价格变化的速度越慢，因此，当趋势即将发生反转时，投资者也会有比较充裕的时间来判断趋势方向，选择操作策略。

3. 历史往往会重演

从心理学角度来看，投资者通常在相同的市场条件下会做出相同的决策，而这些决策变成了市场交易，反映在价格变化上就有了一定的规律可循。

市场交易行为将趋于一定的模式，由此导致历史重演，过去出现过的价格趋势和变动方式，今后会重复出现。比如，价格形态就通过图形来表示市场上大多数投资者对后市的看法。这些形态在之前已经被证明是有效的，那么在未来往往也会起到相同的作用。

因此，当投资者参与市场中时，首先需要了解市场当前的价格和基本走势，将市场的过去价格作为参照系来进行分析，然后通过对历史图表的研究找到相似的价格形态，进而发掘出未来的股价趋势。

➲ 股海箴言

◆技术分析的精髓就是观察大众投资者情绪的变化，洞悉市场资金流向，把握市场趋势，从而捕捉市场机会。

◆技术分析者认为市场永远是对的，所以他们根本不想了解全部的市场信息，只把目光聚焦在股价变化上。

◆精明的投资者善于抓住那些瞬间即逝的机会，先人一步采取行动。基本分析者往往只知道何种股票可以参与，而技术分析者之所以能领先一步，是因为他们不仅了解何种股票可以参与，而且解决了何时可以参与的问题。

第 2 节　技术分析应用

技术导航

技术分析认为只要关注价格趋势变化就可以找到买入或卖出信号，从而达到长期赢利的目的。技术分析是股市投资的基本功，不学会技术分析就贸然参与到股市中去等于是盲人摸象，根本无法了解市场变动的全貌。

一、技术分析的入门步骤

技术分析的研究对象是股价波动，即投资者可以基于价格的日常表现和价格的历史波动，预测到价格将来的水平。因而可以说，技术分析基本等同于图表分析。

通过对价格图表的研究，投资者可以发现有助于找到合适的买卖时机的趋势和模式。要掌握技术分析，可以通过以下 3 个步骤进行。

1. 学会看价格图表

技术分析的第一步是要学会看价格图表。价格图表类型很多，包括 K 线图、线形图、棒状图等，这些图表大同小异。目前最为普遍的价格图表是 K 线图。K 线又称日本线、蜡烛图、阴阳线等。从视觉效果来说，K 线图形态立体鲜明、令人振奋，白与黑或是红与绿的反差搭配，将股价的升降轨迹描绘得生动清晰，能够让投资者更快地感觉到价格的升降变化和律动，从而抢占先机。通过对 K 线图的分析，投资者可以确认趋势会在什么情况下反转，会在什么情况下持续。这样既可以预先判断出股价掉头的时间，从而采取与原来相反的操作策略；也可以提前判断出趋势会延续下去，从而采取买卖或观望的策略，增加自己的获利能力。

2. 掌握趋势要领

掌握趋势要领是技术分析第二个步骤，投资者要努力学会画趋势线、通道线、支撑线和阻力线。在上升趋势中，将两个上升低点用直线相连，就得到了上升趋势线；

在下降趋势中，将两个下降高点用直线相连，就得到了下降趋势线。投资者还应对趋势线进行筛选，并利用第三个点进行验证，以过滤掉无用的趋势线。而将趋势线向反方向平行移动就能得到通道线，在一个明显的通道中，通道线会起到重要的作用。除了趋势线和通道线外，支撑线和阻力线也是分析中必不可少的。支撑线，是指存在较大支撑的价位线，股价下跌到该线附近时容易企稳反弹；阻力线，是指存在较大阻力的价位线，股价上涨到该线附近时容易遇阻回落。支撑线和阻力线，可以通过划趋势线和通道线的方法来确定，也可以通过黄金分割位、移动平均线、布林带等来确定。

3. 结合技术指标来判断趋势

结合技术指标来判断趋势是技术分析第三个步骤。投资者在对价格图表进行分析的时候，经常会运用一些技术分析指标，以更清晰地确认市场趋势，更好地把握进场或离场的时机。在技术分析时，讲究多种分析方法结合使用和共同研判，如果多项分析结果同时发出了类似的信号，那么其可靠性将大大增强。

二、技术分析的基本操作原则

技术分析的主要内容包括图表解析和技术指标两大类。开始时，技术分析只有单纯的图表解析，即根据股价的变化和形态来推测后市行情。但这种方法容易受到分析者个人主观因素的影响，导致判断的结果出现偏差甚至得出错误的结论。为了减少图表解析的主观性，一些投资分析专家运用数据计算的方式创立和发展出很多技术指标来辅助价格走势的识别，提高了分析结果的精度。

在进行技术分析时，投资者应该遵循以下 10 条基本操作原则。

（1）股价的涨跌呈现不规则波动，但整体走势具有明显的趋势性。即就长期走势来说，仍有明显的规律可循。

（2）趋势一旦形成，短期内便很难停止或转变，除非有明确的技术信号确认趋势将发生反转。不过这一原则不适用于重大利空或利多消息出现时。

（3）未来的趋势可以由股价的线性走势推论出来，因而可以在股价走势图上依据整个顶部或底部的延伸线画出后市可能呈现的发展趋势。

（4）任何特定方向的主要趋势经常遭受反方向作用力的阻挡，但只要回调的幅度不超过前一段涨幅或跌幅的 2/3，就仍可以认为原来趋势并没有发生变化。

（5）股价横向移动一定的时间后，可能会抵消掉反方向的力量，这种股价的整理形态非常容易辨认，且在中间价位时通常表示原来趋势的延续。

（6）趋势线的背离常常是趋势反转的先兆，这一原则可靠性较高，但并不是必然的，在实盘操作中也有例外出现。

（7）股价趋势产生关键性变化之前，必然有明显的价格形态出现，比如趋势在顶部反转时常伴有 M 顶或头肩顶；趋势在底部反转时，常伴有 W 底或头肩底。

（8）成交量与股价走势之间具有密切的关系，当下跌行情反转向上时，成交量必然会放大；当上涨行情反转向下时，成交量通常会萎缩。

（9）强势股可能会持续上涨，而弱势股在相当长的时间内会一直疲弱，这正好印证了大众投资者追涨杀跌的心理。

（10）在某些个股走势图中，投资者可以清楚地辨别出股价的支撑位和阻力位。股价跌至支撑位附近企稳回升或是成功突破阻力位，通常表示后市看涨；股价在阻力位附近滞涨回落或是有效跌破支撑位，通常表示后市看跌。

三、建立技术分析与交易系统

技术分析与交易系统是投资者用来制定买卖决策的一整套程序和方法。一套完整的系统，必须明确买入和卖出信号。如果仅仅提供买入信号，而不能提供明确的卖出信号，那么这套系统无疑是不完整的。按照这种不完整的系统进行操作，即使买在了最佳时机，也可能因为在错误的时点卖出而影响获利甚至遭受损失。因此，投资者要建立一套完整的且适合自己的系统，并严格执行自己制定的分析标准和交易纪律。

1. 建立系统的原则

投资者在创建自己的技术分析与交易系统时，应按照以下 4 项原则行事。

（1）在任何时候，都应遵循“先预测、再决策”的操作原则，必须把股价趋势预测放在买卖操作之前。

（2）在股价波动过程中，会出现众多或真或假的买卖信号，如果投资者无一例外地按照信号指示操作恐怕会焦头烂额，因此必须有效地过滤掉其中的虚假信号。

（3）技术分析与交易系统应该尽量简单化。通常一个好的系统在结构上都不会太复杂，过度复杂会让投资者花费大量的时间进行研判，容易坐失良机。

（4）投资者建立的系统应该符合自己的分析和交易习惯，切忌生搬硬套别人的东西。

2. 建立系统的程序

建立技术分析与交易系统应该按照以下程序进行：

（1）按照自己的操作习惯，找到适合的周期框架。

（2）选定主要的技术指标，并研判趋势走向。

（3）确定辅助的技术指标，进一步确认趋势。

（4）选择合适的股票类型，锁定投资对象。

（5）评估自己的风险承受能力，明确资金投入量。

（6）识别真假信号，寻找合适的买卖时机。

（7）建立操作规则，制定明确的保本生利措施。

（8）设立止损位和止盈位，实施买入操作。

（9）无论亏盈都应该严格执行操作规则。

（10）在合适位置，或是获利回吐，或是果断止损。

3. 检验系统的有效性

通过以下方法可以检验技术分析与交易系统的有效性。

（1）很多股票网站都有模拟炒股的应用，投资者可以通过 2 个月时间的模拟对系统进行验证和完善。

（2）按照完善后的系统进行交易，保留交易记录，以检查系统是否能赢利。

（3）不仅要严格按照系统规则进行分析和交易，还要对股价动态进行跟踪观察。

股海箴言

◆在股市投资中，时机是决定交易成功的关键。买入或卖出的时间相差一两天，哪怕只有几分钟都可能使最终结果产生巨大的差别。

◆投资者需要注意的是：即使你在把握市场大趋势方面没有出现差错，但仍然有可能会赔本。因此，绝不能忽视技术分析的作用，更不能对风险熟视无睹，必要时应该适时止损。

◆有效的分析和交易系统并不少，但是很多投资者由于人性的弱点缺少自律，不能严格执行系统设定的规则，等待他们的苦果就只能是亏损。

第二章

K 线分析

——掌握 K 线及其组合的信号意义

第1节 K线的基本分类和主要图形

➲ **技术导航**

K线图是使用最广泛的价格图表和分析工具，蕴涵着丰富的东方哲学，是股市中赢利制胜的武器。投资者如能有效掌握这种分析技术，就能在市场中占据先机。

一、K线的形态、周期和看点

K线图，是一种表示单位时间段内价格变化情况的技术分析图，由于图形貌似一根根蜡烛，所以被称为蜡烛图。加上这些蜡烛有“黑白”之分，又被称作阴阳线。

K线源于日本，产生于18世纪的日本德川幕府时代。当时日本的粮食市场交易非常繁荣，酒田市一位叫作本间宗久的米商发明了用于记录每天的米价和判断米价涨跌走势的K线图，并建立了一套大米买卖的分析方法和交易策略。这套方法逐渐流传于日本的各个交易市场，交易商们将它奉为圭臬。证券市场出现后，该方法被应用到了股票证券投资领域，后来逐渐演化成了现在的K线分析理论。

K线真实、完整地记录了市场价格的变化，反映了价格的变化轨迹，为考察市场心理提供了一种可视化的分析工具。它的图形和信号更简洁、更直观、更灵活、更丰富，因而被广泛应用于全世界的股票市场、外汇市场、期货市场等领域，成为技术分析中最基本的方法之一。

1. K线的基本形态

K线是通过开盘价、收盘价、最高价和最低价4个基本数据绘制而成的图形。

开盘价：是指每个交易周期开盘后第一笔交易的成交价格，是买卖双方相互交战的起点。目前国内股票市场采用集合竞价的方式来确定每天的开盘价。

收盘价：是指每个交易周期结束前最后一笔交易的成交价格。收盘价是当日行情的标准，表示的是买卖双方的斗争结果。

最高价：指股票每个交易周期从开盘到收盘的交易过程中所产生的最高价格。

最低价：指股票每个交易周期从开盘到收盘的交易过程中所产生的最低价格。

当收盘价高于开盘价时，K 线为阳线，通常显示为红色实体柱（本书用黑框空心表示）；当收盘价低于开盘价时，K 线为阴线，通常显示为绿色实体柱（本书用黑色柱体表示）；当收盘价等于开盘价，且有最高价和最低价时，K 线称为十字线。如图 2—1 所示。

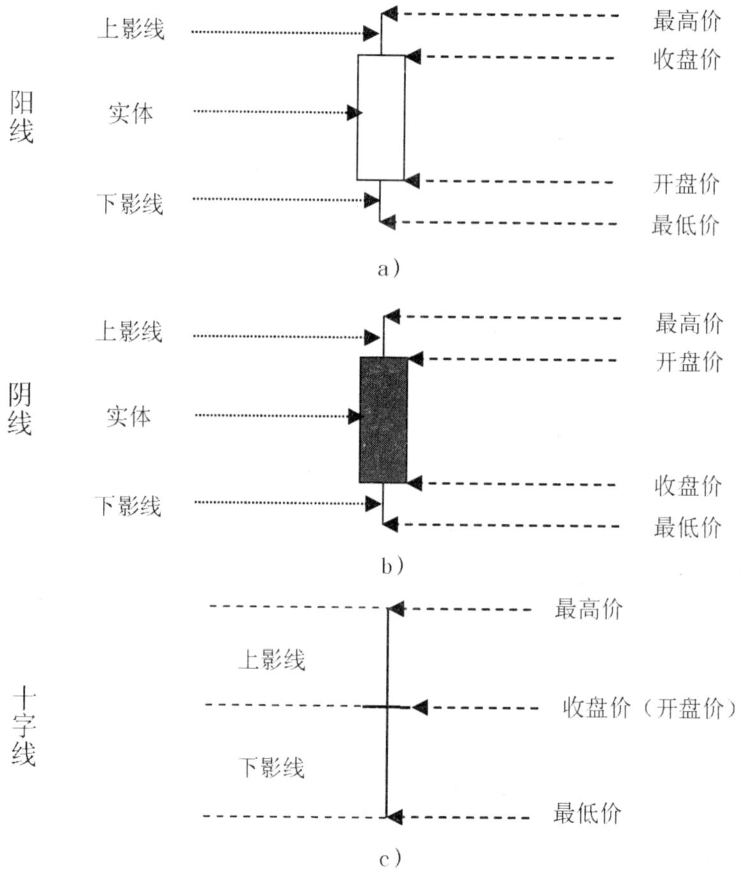

图 2—1　K 线的基本形态

阳线和阴线中间的柱状部分称为实体，其上下两端分别代表开盘价和收盘价。柱状体上方的线条称为上影线，其最高点代表最高价；柱状体下方的线条称为下影线，其最低点代表最低价。当 K 线为阳线时，实体的上端是收盘价，下端是开盘价；当 K 线为阴线时，实体的上端是开盘价，下端是收盘价。当 K 线为十字线时，原来的柱状体就变成了一条短横线，因而它是没有实体的。

2. K 线的时间周期

根据 K 线的计算周期，可将其分为分时 K 线、日 K 线、周 K 线、月 K 线、年 K 线等，本书为了说明的方便，大多使用一个交易日为标准的时间框架，相应的 K 线图为日 K 线图。日 K 线能够反映股价或大盘的短期和中期趋势。而周 K 线、月 K 线和年 K 线常被投资者用来分析和判断股市的中长期行情。此外，众多炒股软件所提供的分时 K 线，如 5 分钟线、15 分钟线、30 分钟线、60 分钟线等，则对于股票的短线操作具有非常重要的参考意义。

3. K 线的 3 个看点

看点 1：实体的颜色

实体有阴阳之分。阳线表示股价在周期内呈上涨趋势，多方占据优势；阴线表示股价在周期内呈下跌趋势，空方占据优势。

看点 2：实体的大小

实体的大小代表上涨或下跌趋势的力度。实体越大，趋势越明显。因此阳线的实体越大，说明多方力量越强；阴线的实体越大，说明空方力量越强。

看点 3：影线的长短

影线代表其所对应方向的一种力量，上影线越长，表示上方抛压较重，会增加股价下跌的概率；下影线较长，表示下方有强支撑，会增加股价上涨的概率。

二、K 线的分类及相关含义

一般来说，投资者可以从 K 线的形态判断出交易周期内的多空情况。所谓“看多”，就是“看涨”的意思。所谓“看空”，就是“看跌”的意思。图 2—1 只是最基本的 K 线形态。

由于 4 个价格之间相互位置的不同，K 线可以产生许多不同的形态。通常情况下，阳线和阴线可以按照实体的长短和影线的长短两种不同的标准进行分类。而十字线也可以根据自身情况进行细分。

1. 按照实体的长短进行分类

根据收盘价与开盘价之间的波动范围（收盘价与开盘价之差的绝对值与开盘价

的比值)，可以将日 K 线进行分类。一般情况下，阳线可以分为三种：大阳线、中阳线和小阳线；相应地，阴线也可分为三种：大阴线、中阴线和小阴线。如图 2—2 所示。

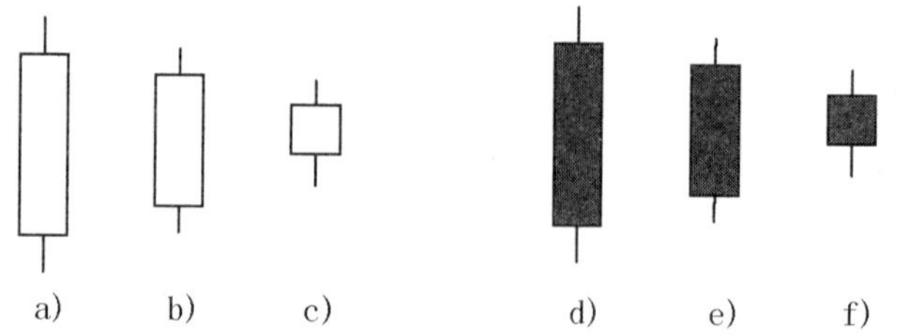

图 2—2 按照实体长短对 K 线进行分类

(1) 大阳线

大阳线，又称长阳线，是指收盘价与开盘价之间的波动范围一般在 6% 以上的阳线，如图 2—2a 所示。这种阳线的实体较长，只有很短的影线或者没有影线。大阳线出现后，通常表示多方力量强，后市看涨。但是如果在高价区或连续上涨后出现大阳线则应谨慎对待。

(2) 中阳线

中阳线，是指收盘价与开盘价之间的波动范围在 3% ~6% 之间的阳线，如图 2—2b 所示。中阳线通常表明多方相对处于优势地位，具有看涨意义，但其透露的信号不足。

(3) 小阳线

小阳线，是指收盘价与开盘价之间的波动范围在 0 ~3% 之间的阳线，如图 2—2c 所示。单根小阳线的判断意义不大，须结合前后的 K 线形态一起分析。

(4) 大阴线

大阴线，又称长阴线，是指收盘价与开盘价之间的波动范围在 6% 以上的阴线，如图 2—2d 所示。这种阴线的实体较长，只有很短的影线或者没有影线。大阴线出现后，通常表示空方力量强，后市看跌；但是在低价区或连续下跌后出现大阴线则暗示着股价可能见底。

(5) 中阴线

中阴线，是指收盘价与开盘价之间的波动范围在 3% ~6% 之间的阴线，如图 2—2e 所示。中阴线通常表明空方相对处于优势地位，具有看跌意义，但其透露的信号十分有限。

（6）小阴线

小阴线，是指收盘价与开盘价之间的波动范围在0～3%之间的阴线，如图2—2f所示。单根小阴线的判断意义不大，须结合前后的K线形态一起分析。

由于大盘和ST股票涨跌幅都较小，所以在对它们的K线进行识别时一般会将波动范围缩小为原来的二分之一。比如，某个交易日，某只ST股票的开盘价为2.00元，收盘价为2.08元，其波动幅度为4%，大于3%，则该日所形成的K线应该被看做是大阳线。

2. 按照影线的长短进行分类

按照上下影线的长短及其关系，K线可以分为上影K线、下影K线、光头K线、光脚K线和光头光脚K线，如图2—3所示。

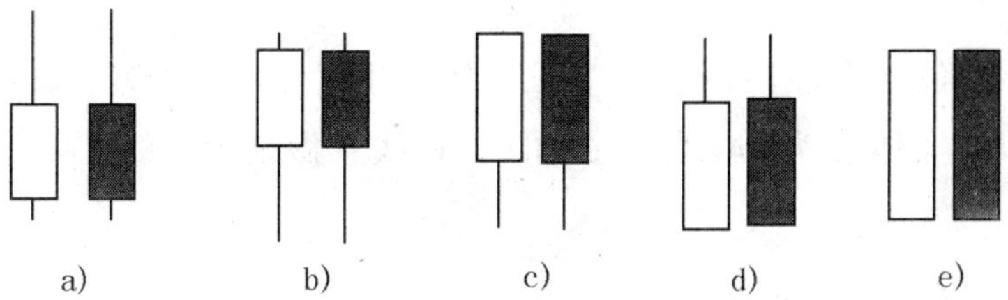

图2—3　按照影线长短对K线进行分类

（1）上影K线

上影K线是指上影线明显比下影线长的K线，如图2—3a所示。较长的上影线，说明多方力量想在盘中推动股价上涨，但是受到了空方的强烈抵抗，因而表示上方存在沉重的抛压。如果是上影阳线，则表示多方占据一定的优势；如果是上影阴线，则表示空方强势。

（2）下影K线

下影K线是指下影线明显比上影线长的K线，如图2—3b所示。较长的下影线，说明空方力量想在盘中打压股价，但是股价下跌到一定的位置后，受到了多方的强烈反击，因而表示下方存在较强的支撑。如果是下影阳线，则表示多方强势；如果是下影阴线，则表示空方占据一定优势。

（3）光头K线

光头K线是指没有上影线的K线，如图2—3c所示。其中，光头阳线的收盘价等于最高价，通常是反映上涨趋势的强信号；而光头阴线的开盘价等于最高价，表示空方在开盘后显示了强大的实力。

（4）光脚K线

光脚K线是指没有下影线的K线，如图2—3d所示。其中，光脚阳线的开盘价等于最低价，表示多方在开盘后显示出强大的实力；而光脚阴线的收盘价等于最低价，通常是反映下跌趋势的强信号。

（5）光头光脚K线

光头光脚K线是指既没有上影线，也没有下影线的K线，如图2—3e所示。如果是光头光脚阳线，则开盘价等于最低价、收盘价等于最高价时，表示多方始终在斗争中占据上风，是看涨信号。如果是光头光脚阴线，则开盘价等于最高价、收盘价等于最低价，表示空方始终在斗争中占据上风，是看跌信号。

3. 十字线的基本分类

十字线一般包括普通十字线、T字线、倒T字线、一字线等，如图2—4所示。有时候也可以将实体波动幅度小于1%的小K线看做是十字线，称为小阳星或小阴星。

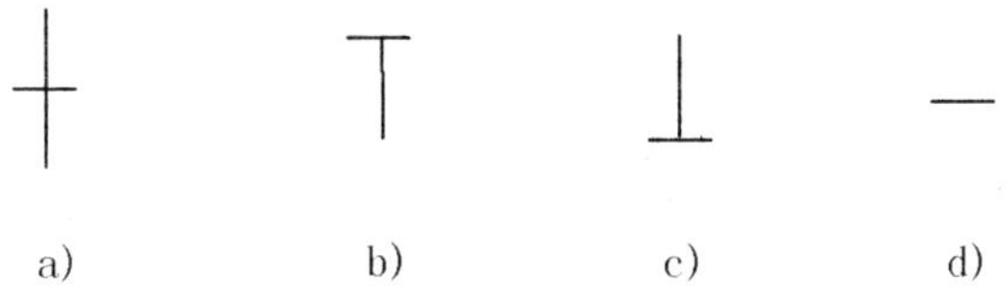

图2—4　十字线的基本分类

（1）普通十字线

普通十字线是只有上下影线，但没有实体或实体可以忽略不计的K线形态，如图2—4a所示。它可能出现在任何行情中。在上涨或下跌的途中，它表示一个单行趋势的延续；但在上涨或下跌的结尾，它则是一个较为明显的转势信号。

（2）T字线

T字线，又称多胜线、蜻蜓十字线，是一种没有实体和上影线，只有下影线的K线形态，如图2—4b所示。T字线的开盘价、最高价和收盘价相等，表示多方开始处于弱势，但后来发力，与空方打个了平手。如果出现在顶部或底部，暗示行情有变盘的可能。

（3）倒 T 字线

倒 T 字线，又称空胜线、墓碑十字，是一种没有实体和下影线，只有上影线的 K 线形态，如图 2—4c 所示。倒 T 字线的开盘价、最低价和收盘价相等，表示多方开始处于强势，但之后股价又被空方打压回到了原点。如果出现在顶部或底部，也有转势的意味。

（4）一字线

一字线，是一种既没有实体，也没有上下影线的非常特别的 K 线形态，它的开盘价、收盘价、最高价和最低价这 4 个价格是相同的，如图 2—4d 所示。一字线既可能出现在上涨行情中，也可能出现在下跌行情中。它表示多空双方中的某一方占据着绝对优势，股价从开盘到收盘一直被死死地钉在涨停或跌停的位置上。

股海箴言

◆K 线中最重要的部分是实体部分。实体代表了实质性的价格变动，而影线仅仅代表了附属性的价格变动，其重要性要低于实体。

◆阳线的涨势和阴线的跌势与人们通常说的涨跌有所不同。通常，人们所说的涨跌是指当前交易日收盘价与上个交易日收盘价的比较结果——当日收盘价比前一交易日收盘价高，表示股价涨了；当日收盘价比前一交易日收盘价低，表示股价跌了。而 K 线的实体颜色只表示收盘价与开盘价的相对位置。当 K 线为阳线时，表示当日的收盘价高于当日的开盘价；当 K 线为阴线时，则表示当日的收盘价低于当日的开盘价。因而可能出现当天股价下跌却收阳或当天股价上涨却收阴的情况，前者称为假阳线，后者称为假阴线。遇到这两种 K 线形态时，一般不能用实体的颜色和大小来判断多空。

第2节 发出反转信号的K线组合

➲ 技术导航

技术分析最有价值的部分就是能够识别反转所在。在趋势行将发生变化之前，一些K线或K线组合已经能够识别出趋势的反转，并预先给出警示信号。看到这些信号后，投资者可以实施相应的买卖操作。

一、锤头线和上吊线

1. 锤头线

➲ 形态特征

锤头线一般出现在一段下跌行情的末尾。它既可以是阳线，也可以是阴线，其实体很短，且位于整个价格区间的上端；上影线很短或根本不存在，下影线很长且至少是实体的两倍。锤头线的出现说明虽然空方仍在打压股价，但多方在低位开始接盘，并在收盘时将股价托高到一定位置，暗示“市场正在用锤子夯实底部”。如图2—5所示。

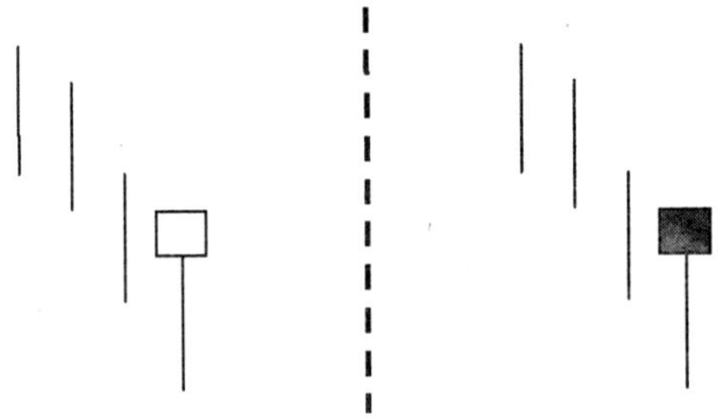

图2—5 锤头线

➲ 操作策略

（1）锤头线是底部信号，后市看涨，如果出现锤头线的次日，股价呈上涨势头，则表明多方已经开始占据优势，投资者可适量买入。

（2）在锤头线出现后的几个交易日内，如果股价出现了连续的放量上涨，则投资者可以积极买入、持股待涨。

➲ 形态解析

（1）锤头线只有在股价大幅度下跌之后或是严重的超卖情况下才有意义。

（2）阳线锤头线比阴线锤头线的看涨信号更强烈。

（3）锤头线的下影线越长、实体越短，形态发出的反转信号就越可靠。

（4）如果锤头线与前一日相比有跳空现象，或有明显的放量，则反转意义更明显。

➲ 实盘案例

如图2—6所示，经过一段时间的下跌之后，2011年6月20日，中国国旅（601888）的日K线图上收出一根阳线锤头线，表明下方存在较强的支撑，是股价见底的信号。次日，该股继续小幅上涨，投资者可以适量买入。6月23日，该股低开但

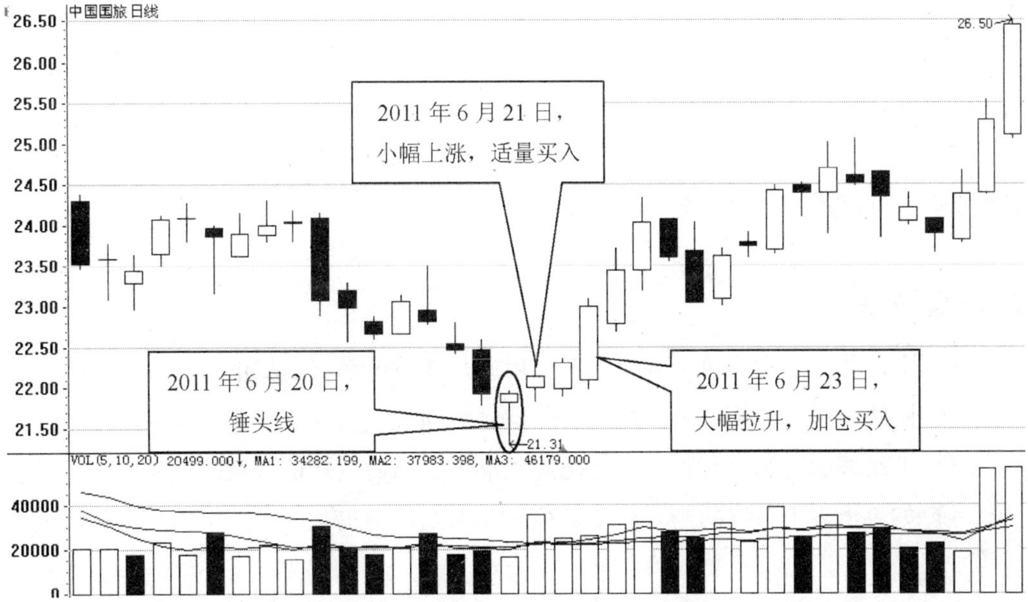

图2—6　锤头线：中国国旅（601888）的日K线图

被大幅拉升，此时投资者可以加仓买入。

2. 上吊线

➲ 形态特征

上吊线的形态与锤头线相同，实体很短且位于整个价格区间的上端，也是阴阳皆可；其上影线很短或根本不存在，下影线却很长且至少是实体的两倍。上吊线与锤头线的区别在于位置不同，上吊线一般只出现在一段上涨行情的末尾。上吊线较长的下影线说明市场上存在较多的买盘，但是多方力量已经相当脆弱，一旦空方发力，多方一般无还手之力，行情将由上涨转向下跌。如图 2—7 所示。

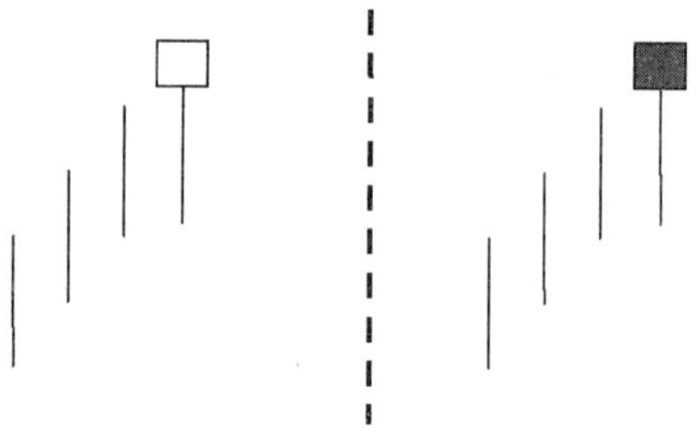

图 2—7　上吊线

➲ 操作策略

（1）上吊线是顶部信号，后市看跌，如果出现上吊线的次日，股价呈下跌势头，则表明空方已经开始占据优势，投资者应考虑卖出。

（2）上吊线形态完成后，投资者可以选择轻仓观望；如果之后股价继续下跌，那么投资者可以将手中的剩余股票卖出。

➲ 形态解析

（1）上吊线只有在股价大幅度上涨之后或是严重的超买情况下才有意义。

（2）阴线上吊线比阳线上吊线的看跌信号更强。

（3）上吊线的下影线越长、实体越短，形态发出的反转信号就越可靠。

（4）如果出现上吊线的当天成交量很大，那么后期出现下跌的可能性也将增大。

➲ 实盘案例

如图 2—8 所示，2010 年 10 月 26 日，处于上涨行情末期的海信电器（600060）收出了一根阴线上吊线，暗示行情有反转的可能。10 月 27 日，该股平开，然后一路下跌，收出一根大阴线，反转信号得到了确认。这说明空方已经占据了绝对优势，股价进入下跌行情。看到此情形，投资者应该在 27 日当天或次日实施卖出操作。

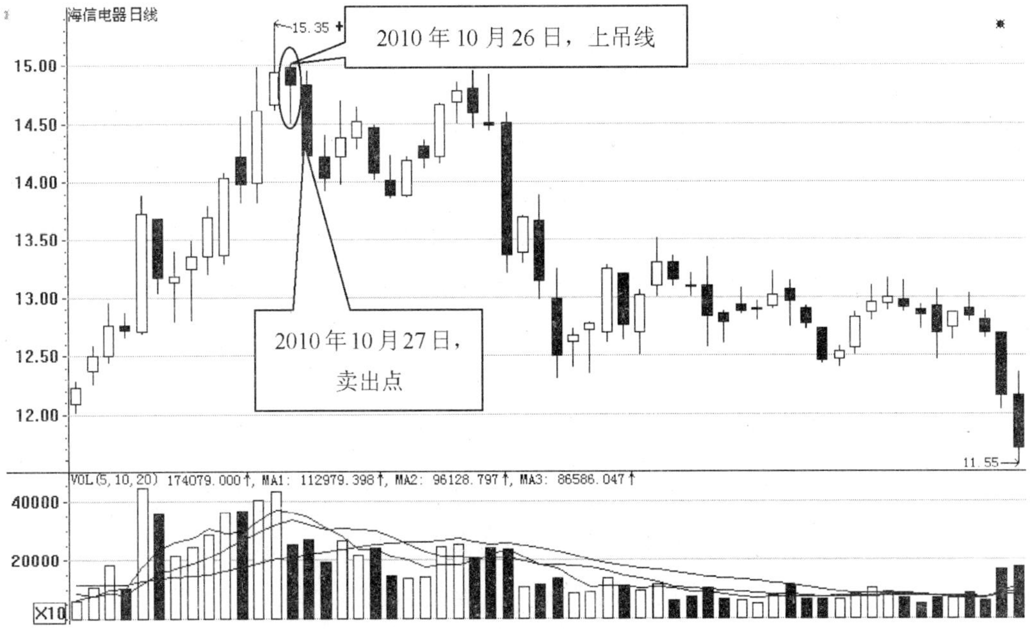

图 2—8　上吊线：海信电器（600060）的日 K 线图

二、倒锤头线和流星线

1. 倒锤头线

➲ 形态特征

倒锤头线一般出现在一段下跌行情的末尾，其形态与锤头线正好相反，也有阴阳两种类型。倒锤头线的实体很短，且位于整个价格区间的下端；下影线很短或根本不存在，上影线却很长且至少是实体的两倍，该形态的出现表示多方正在聚集力量向空方发动进攻，但上攻力量有限，股价最终被空方打压了下来。如图 2—9 所示。

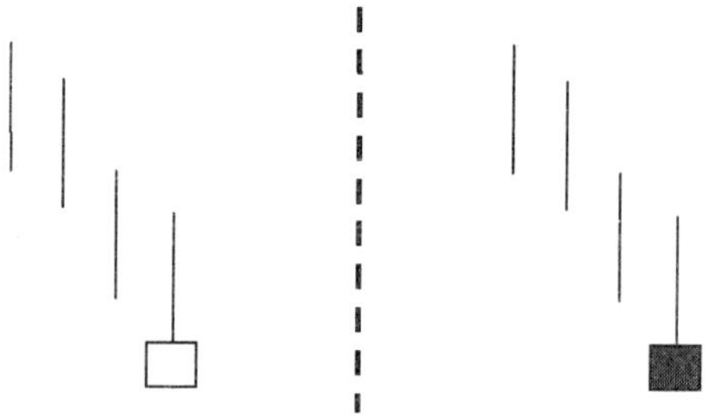

图 2—9 倒锤头线

操作策略

(1) 倒锤头线也是常见的底部信号，暗示行情有变盘的可能。如果出现倒锤头线的次日，股价呈上涨势头，则表明多方已经开始占据主动，投资者可适量买入。

(2) 出现倒锤头线形态后，如果投资者担心风险，则可以观察几日，待到行情企稳后再逢低吸纳。

形态解析

(1) 倒锤头线只有在股价大幅度下跌之后或是严重的超卖情况下才有意义。

(2) 阳线倒锤头线比阴线倒头锤线的看涨信号更强。

(3) 倒锤头线的上影线越长、实体越短，形态发出的反转信号就越可靠。

(4) 如果出现倒锤头线的当天伴随着较大的成交量，那么后市可能不涨反跌。

实盘案例

如图 2—10 所示，特变电工（600089）在 2011 年 1 月出现了一波下跌行情。2011 年 1 月 21 日和 1 月 24 日，该股连续两个交易日收出倒锤头线，且后一根线的实体在前一根线实体的上方，这表明后市可能进入上涨行情。激进的投资者可以在 1 月 25 日买进该股，而稳健的投资者则可继续观望。1 月 27 日该股突破第一根倒锤头线顶端价位，这时可跟进。

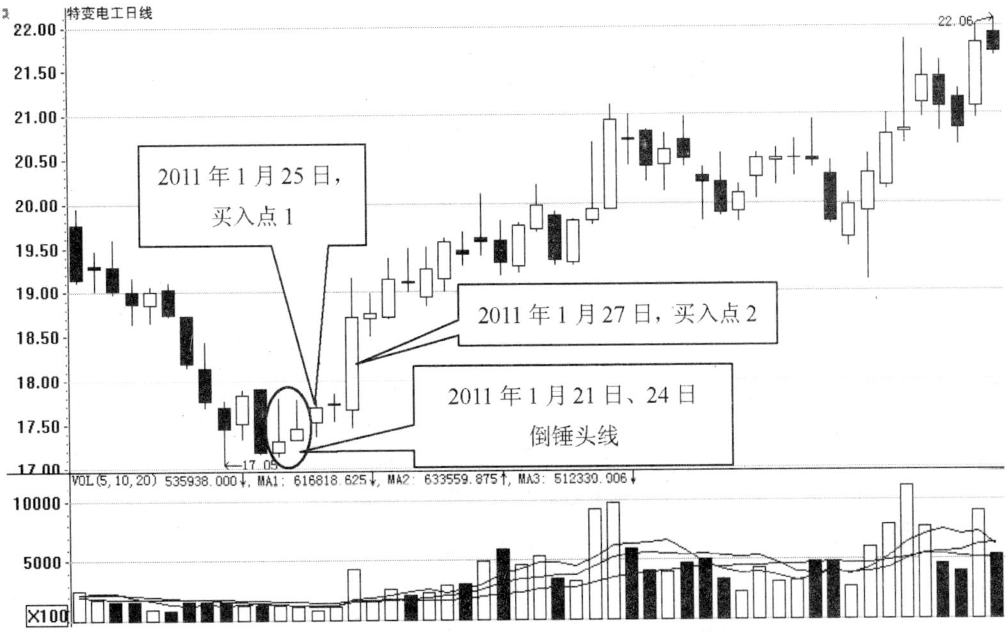

图 2—10　倒锤头线：特变电工（600089）的日 K 线图

2. 流星线

➲ 形态特征

流星线与倒锤头线的形态相同，只是所处的位置不同。流星线一般出现在一段上涨行情的末尾，它也有很长的上影线和很短的实体，没有下影线或下影线非常短。流星线的形状看起来像一颗拖着长尾的流星正从天空陨落，表示虽然多方在努力抬升股价，但前期获利盘开始在高位抛售，因此它的出现预示着股价即将回落。如图 2—11 所示。

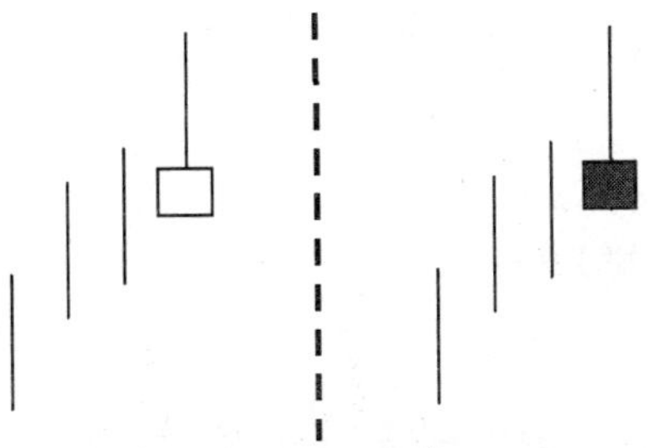

图 2—11　流星线

操作策略

（1）流星线是顶部信号，后市看跌。如果出现流星线的次日，股价呈下跌势头，则表明空方已经开始占据主动，投资者应实施减仓操作。

（2）在流星线出现后的几个交易日内，如果股价出现了连续下跌走势，则投资者应该果断卖出，出局观望。

形态解析

（1）流星线只有在股价大幅度上涨之后或是严重的超买情况下才有意义。

（2）阴线流星线比阳线流星线的看跌信号更强。

（3）流星线的上影线越长、实体越短，形态发出的反转信号就越可靠。

（4）如果流星线与前一日相比有跳空现象，或有明显的放量，则反转意义更明显。

实盘案例

如图 2—12 所示，2011 年 7 月末，经过连续上涨的皖维高新（600063）出现了疲态。7 月 29 日，该股股价创出新高后被空方打压了下来，最终形成一根阴线流星

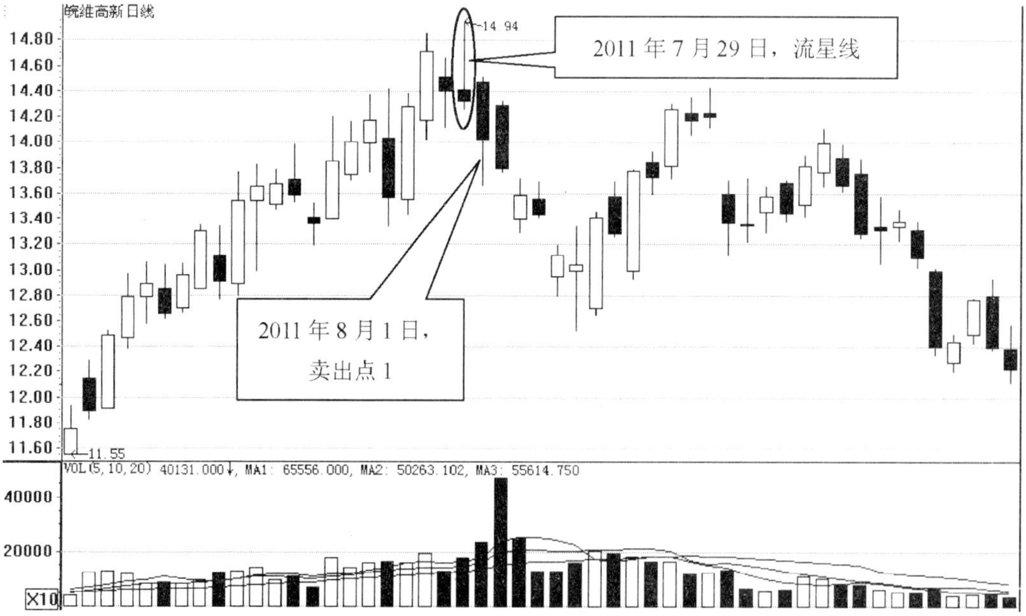

图 2—12　流星线：皖维高新（600063）的日 K 线图

线。这说明上方卖压沉重，股价上攻动能略有欠缺，有下滑的危险。

2011 年 8 月 1 日，该股虽然小幅高开，但却一路走低。看出端倪的持股者应该在当天果断卖出。之后，该股股价曾一度弹升至流星线附近，但却未能再创新高，这充分证实了顶部的存在，还有剩余股票的投资者应该果断清仓。

三、看涨吞噬和看跌吞噬

1. 看涨吞噬

➲ 形态特征

看涨吞噬，又称阳包阴，一般出现在一段下跌趋势之后。它由两根 K 线组成，前一根是实体较短的阴线，后一根是实体较长的阳线，阳线的实体能够将阴线的实体完全吞噬。看涨吞噬表示之前强势的空方力量已经衰竭，多方开始占据主动并已压倒空方，是常见的底部信号。如图 2—13 所示。

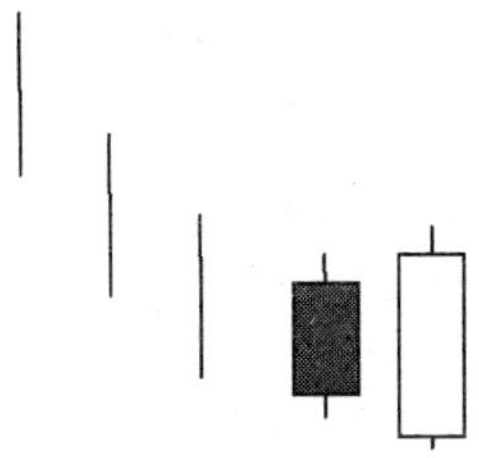

图 2—13　看涨吞噬

➲ 操作策略

（1）看涨吞噬形态的出现表明股价已经触底或阶段性触底，投资者看到此信号后可以考虑买入。

（2）买入股票应当慎重，最好等到出现进一步确认信号后再行动。比如，在看涨吞噬出现后，股价呈上涨势头，那么投资者便可以果断买进。

➲ 形态解析

（1）第一根阴线的实体越短、第二根阳线的实体越长，则发生反转的可能性越大。

（2）看涨吞噬出现之前股价下跌的速度越快、幅度越大，那么未来发生发转的力度也将越大。

（3）如果在发生吞噬的当天，伴随着成交量的放量配合，则反转信号更为可靠。

实盘案例

如图 2—14 所示，2011 年 1 月底，东睦股份（600114）进入到阶段性筑底阶段。2011 年 2 月 9 日，该股收出一根小阴线；2 月 10 日，该股低开高走，收出一根大阳线。这两天的 K 线组合就是看涨吞噬形态，表示股价即将转为升势。2011 年 2 月 11 日，该股继续上涨，且伴随着成交量的温和放大，此时，投资者可以适量买入。

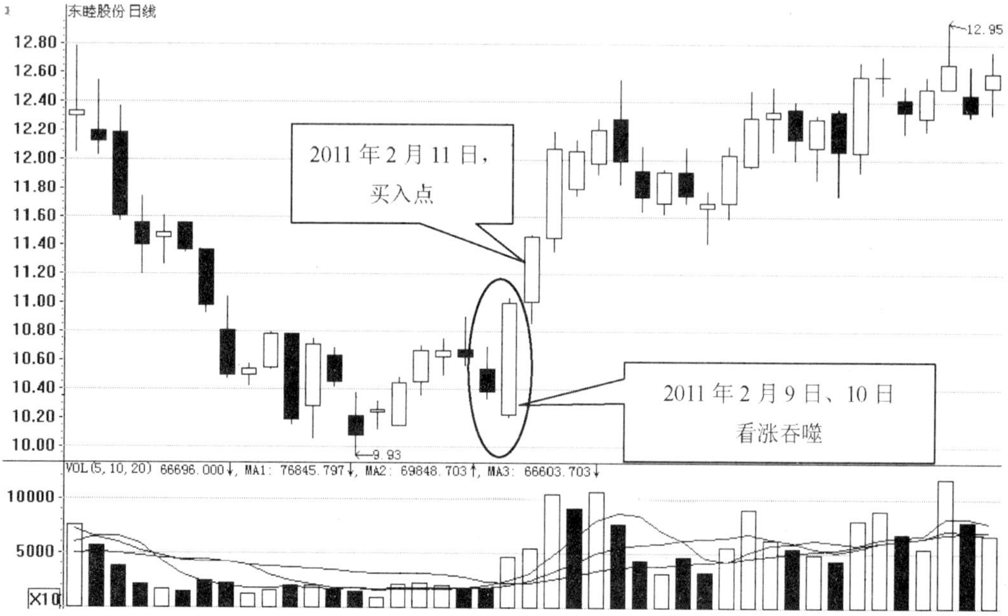

图 2—14 看涨吞噬：东睦股份（600114）的日 K 线图

2. 看跌吞噬

形态特征

看跌吞噬，又称阴包阳，一般出现在一段上涨趋势之后。它由两根 K 线组成，前一根是实体较短的阳线，后一根是实体较长的阴线，阴线的实体能够将阳线的实体完全吞噬。看跌吞噬表示之前强势的多方力量已经衰竭，空方开始占据主动并已压倒多方，是常见的顶部信号。如图 2—15 所示。

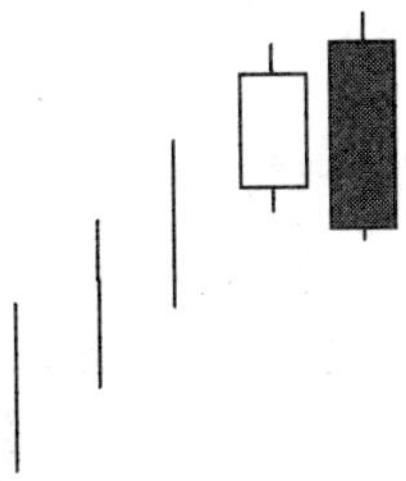

图2—15 看跌吞噬

➲ 操作策略

（1）看跌吞噬形态的出现表明股价已经触顶或阶段性触顶，投资者看到此信号后应该考虑卖出。

（2）当股价处于高价区时，如果投资者已预测出看跌吞噬信号的出现，那么就应该提早采取行动，而不必等待收盘价或进一步的验证信号。

（3）如果看跌吞噬出现后的次日，股价呈下跌势头，那么持股者应该果断实施卖出操作。如果未来几日股价依然下跌不止，那么还有剩余股票的投资者应该果断平仓。

➲ 形态解析

（1）第一根阳线的实体越短、第二根阴线的实体越长，则发生反转的可能性越大。

（2）看跌吞噬出现之前股价上涨的速度越快、幅度越大，那么未来发生发转的力度也将越大。

（3）如果在出现看跌吞噬的当天，伴随着成交量的放量配合，则反转信号更为可靠。

➲ 实盘案例

如图2—16所示，2011年5月，岷江水电（600131）经过了一系列波浪形上涨之后到达了高价位区间。2011年5月16日，该股上涨并创出新高后回落，形成一个上影阳线。5月17日，该股在前一日收盘价之上开盘，不久股价就被打压了下来，将前日涨幅完全吞没。看跌吞噬形态完成后，没有来得及卖出的投资者可在5月18日逢高卖出。

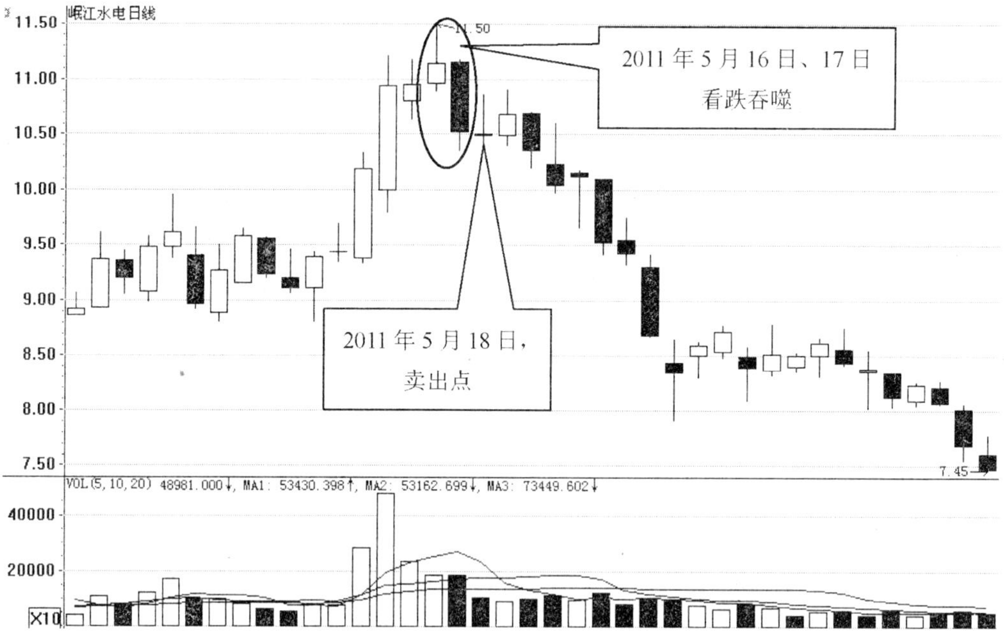

图 2—16 看跌吞噬：岷江水电（600131）的日 K 线图

四、刺透形态和乌云盖顶

1. 刺透形态

➲ 形态特征

刺透形态，又称曙光初现，通常出现在一段下降趋势之后。它是由两根 K 线组成的，第一天收出一根大阴线或中阴线，表示原来趋势的延续。第二天的开盘价低于第一天的收盘价，而收盘价则位于第一天阴线实体的中部以上。刺透形态暗喻黑暗的市场已出现希望的曙光，它的出现说明多方已经被逼到最后的防线，在退无可退的情况下背水一战、大举反击，而此时空方已经弹尽粮绝，下跌动能不再，所以行情看涨的可能性较大。如图 2—17 所示。

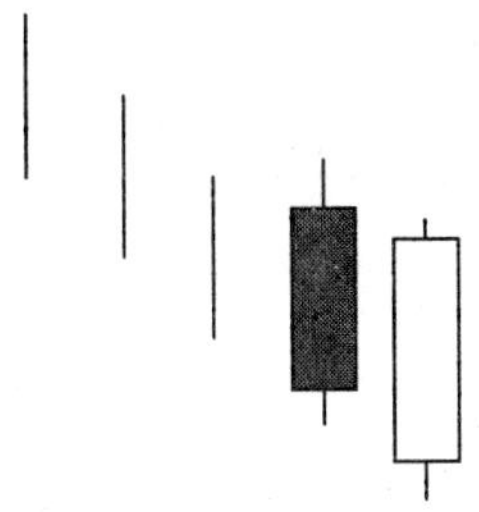

图2—17　刺透形态

➲ 操作策略

（1）刺透形态是见底或阶段性见底信号，表示持币的投资者正在踊跃买入，投资者看到该信号后可以在适当的时候跟进。

（2）建议投资者对该形态先予以确认后，再实施买入操作。一般情况下，当刺透形态出现后的次日股价呈现上涨态势，投资者便可以考虑适量买入。

➲ 形态解析

（1）形成刺透形态的两根K线的实体越长，未来出现上涨的可能性就越大。

（2）刺透形态中阳线扎入到前一根阴线实体的程度越深（收盘价的位置越高），则该形态构成市场底部的概率越大。

（3）如果在收出阳线这一天，同时伴随着成交量的明显放大，则进一步证明后市将上涨。

➲ 实盘案例

如图2—18所示，2011年1月20日、21日，处于下跌行情中的中科电气（300035）形成了刺透形态。

2011年1月20日，中科电气收出一根下影线较长的阴线。1月21日，该股跳空低开，股价在收盘前被托高到前一根阴线实体的中部以上位置。这两日的K线组合便是刺透形态，表示股价可能将触底反弹。

经过三个交易日短暂的横向整理，2011年1月27日，该股股价冲破了刺透形态第一根阴线的最高价。这时，投资者可以考虑适量买入。

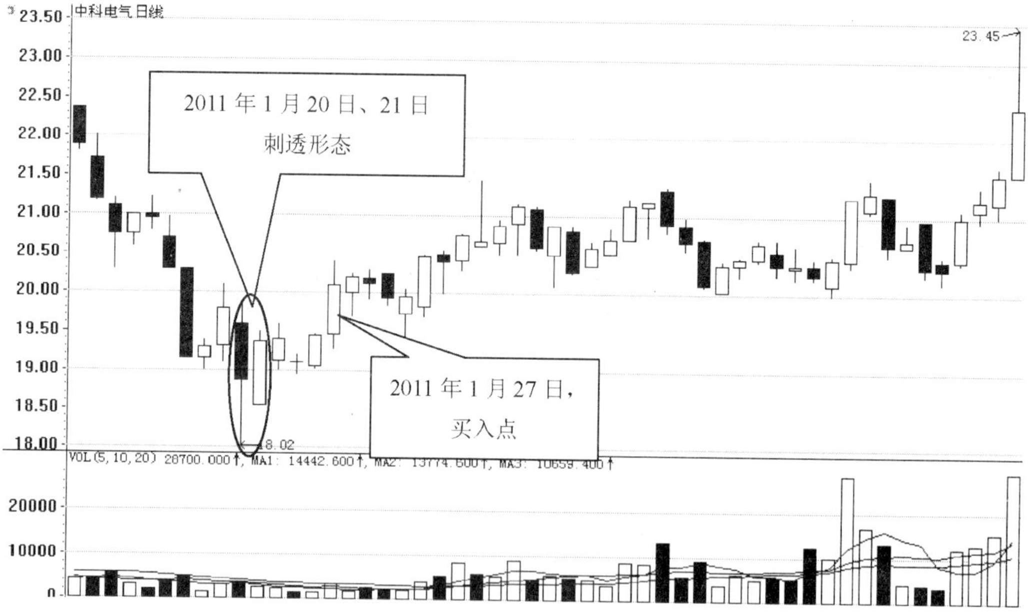

图 2—18　刺透形态：中科电气（300035）的日 K 线图

2. 乌云盖顶

➲ 形态特征

乌云盖顶，又称乌云线，通常出现在一段上升趋势之后。它是由两根 K 线组成的，第一天收出一根大阳线或中阳线，表示原来趋势的延续。第二天的开盘价高于第一天的收盘价，而收盘价则位于第一天阳线实体的中部以下。乌云盖顶形态暗喻市场上已经阴云密布，它的出现动摇了市场上多头的信心，甚至使得一些多头转而做空，因而具有较为强烈的反转意义。如图 2—19 所示。

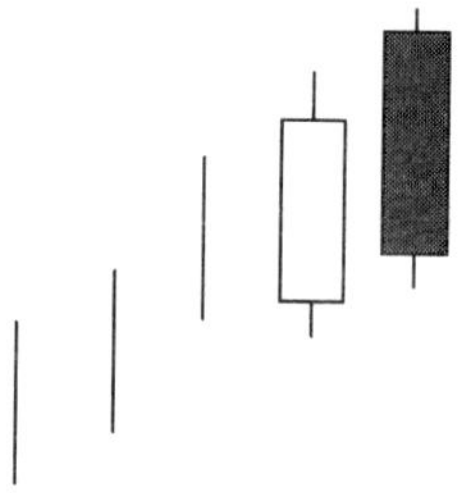

图 2—19　乌云盖顶

操作策略

（1）乌云盖顶是见顶或阶段性见顶信号，表示前期获利的投资者正在踊跃卖出，投资者看到该信号后应该果断离场。

（2）凡出现乌云盖顶形态，次日股价又呈现下跌态势，则投资者应坚决卖出。

形态解析

（1）形成乌云盖顶形态的两根 K 线的实体越大，未来出现下跌的可能性就越大。

（2）乌云盖顶形态中阴线扎入到前一根阳线实体的程度越深（收盘价的位置越低），则该形态构成市场顶部的概率越大。

（3）如果在收出阴线这一天，同时伴随着成交量的明显放大，则进一步证明后市将下跌。

实盘案例

如图 2—20 所示，2010 年 12 月 17 日、20 日，华星创业（300025）的日 K 线图上出现了乌云盖顶形态。

2010 年 12 月 17 日，处于高位滞涨状态的华星创业收出一根大阳线。12 月 20

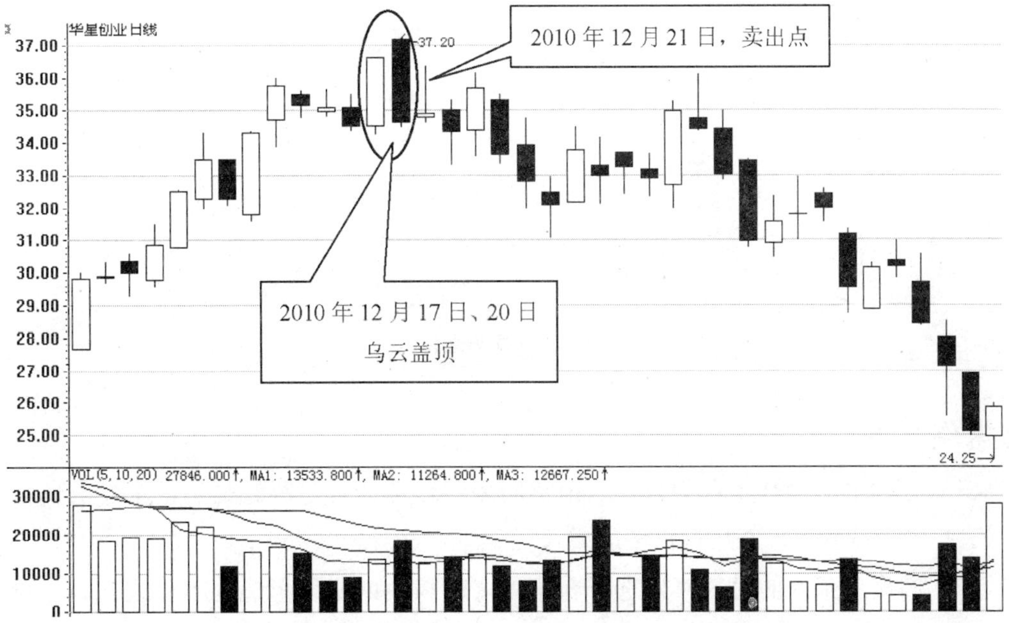

图 2—20 乌云盖顶：华星创业（300025）的日 K 线图

日，该股高开，然后一路走低，股价很快就跌至大阳线实体的中部以下位置。投资者这时应该预见到乌云盖顶形态的出现，因而可以考虑卖出部分股票以规避风险。

2010 年 12 月 21 日，该股曾试图上冲，但终究因为缺乏助力而回落，收出一根流星线。看到该股的疲弱走势，持股者可以在当天尾盘时果断卖出。

五、早晨之星和黄昏之星

1. 早晨之星

形态特征

早晨之星，又称晨星、启明星，一般出现在一段下跌行情的底部。它由三根 K 线组成。第一天收出一根实体较长的阴线，是原来下跌趋势的继续。紧随其后的是一根实体非常小的星线（小阳星、小阴星或者十字线），且其实体与前一天的实体之间形成了一个向下的跳空缺口，这表示行情处于不确定的状态中。第三天收出实体较长的阳线，它的收盘价位于第一根阴线的中部以上，说明多方夺回了市场的主动权。早晨之星就像黎明前出现的启明星一样在指示投资者市场即将迎来光明，股价在不久之后将会上涨。如图 2—21 所示。

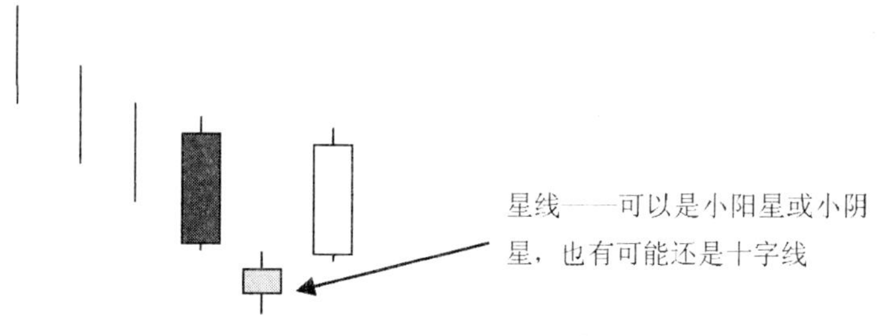

图 2—21　早晨之星

操作策略

（1）早晨之星诠释了此消彼长、由空向多的行情变化过程，是非常重要的底部信号，投资者看到该形态后应该考虑买入。

（2）投资者买入的时机可以选择在早晨之星最后的阳线形成的当天或次日。投资者可以运用分时 K 线，在第三天的盘中、收盘前几分钟或下一交易日开盘时实施买进操作。

形态解析

（1）第一天的阴线和第三天的阳线的实体越长，则市场发生反转的力量就越大。

（2）中间的星线实体越小，与第一根阴线之间的跳空的幅度越大，那么反转的可能性就越大。

（3）第三天的收盘价相对于第一根阴线的位置越高，则后市上涨的可能性越大。

（4）第三天收出阳线时，成交量越大，反转信号的可靠性越高。

实盘案例

如图2—22所示，2010年10月15日～19日，处于下跌行情末期的洪涛股份（002325）形成了早晨之星形态。

2010年10月15日，洪涛股份收出一根中阴线。10月18日，该股跳空低开，并收出一根实体很小的小阳星。这表明多空双方你争我夺，行情具有不确定性。10月19日，该股高开高走，收出一根光脚阳线，说明市场已经进入了多头状态。这三根K线共同组成了早晨之星形态。投资者可以在10月19日当天尾盘时适量买入。如果未能及时买入，则可以在次日股价继续上涨时追涨买入。

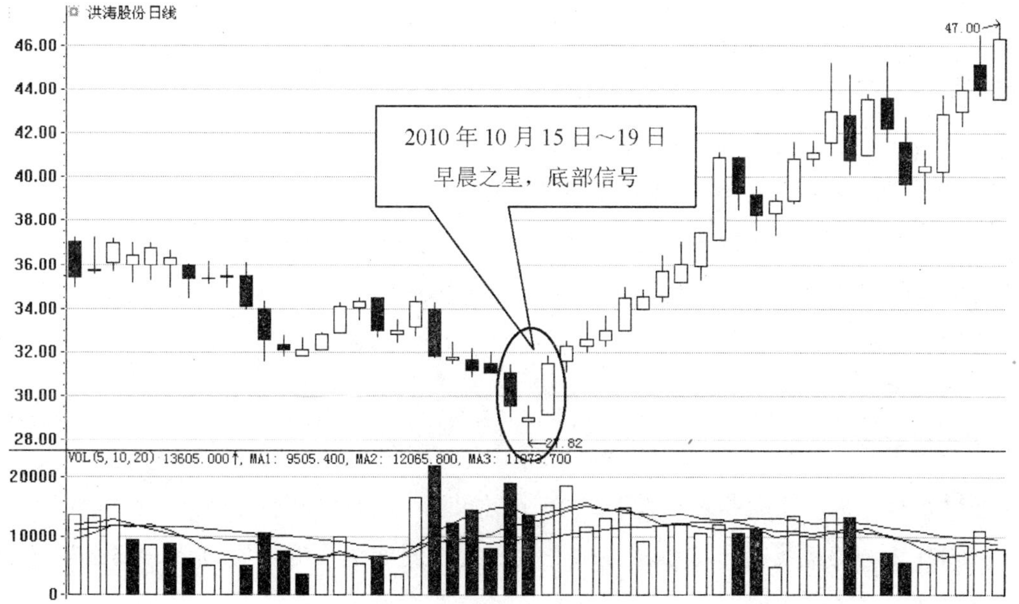

图2—22 早晨之星：洪涛股份（002325）的日K线图

2. 黄昏之星

➲ 形态特征

与早晨之星相对的形态叫黄昏之星。黄昏之星，又称暮星、夜星，一般出现在一段上涨行情的顶部。它也是由三根 K 线组成的。第一天收出一根实体较长的阳线，是原来上涨趋势的继续。紧随其后的是一根实体非常小的星线，且其实体与前一天的实体之间形成了一个向上的跳空缺口，这表示行情处于不确定的状态中。第三天收出实体较长的阴线，它的收盘价位于第一根阳线的中部以下，说明空方已经在市场上占据了优势地位。如图 2—23 所示。黄昏之星一般暗示市场将迎来黯淡的下跌行情。

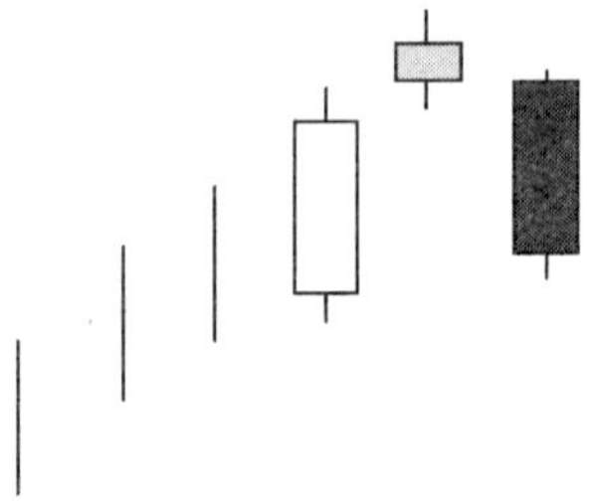

图 2—23　黄昏之星

➲ 操作策略

（1）黄昏之星是非常重要的顶部信号，说明行情将由多头市场步入空头市场，投资者看到该形态后应该考虑果断卖出。

（2）投资者卖出的时机可以选择在黄昏之星最后的阴线形成的当天或次日。投资者可以运用分时 K 线，在第三天的盘中、收盘前几分钟或下一交易日开盘时实施卖出操作。

➲ 形态解析

（1）第一天的阳线和第三天的阴线的实体越长，则市场发生反转的力量就越大。

（2）中间的星线实体越小，与第一根阴线之间的跳空的幅度越大，那么反转的可能性就越大。

（3）第三天的收盘价相对于第一根阴线的位置越低，则后市下跌的可能性越大。

（4）第二天收出星线时，成交量越大，反转信号的可靠性越高。第三天如果是放量下跌，那么卖出信号就更明确了。

实盘案例

如图2—24所示，2010年12月1日～3日，处于上涨行情末期的国栋建设（600321）形成了黄昏之星形态。

2010年12月1日，国栋建设收出一根上影线较长的大阳线，表明上档存在较大的抛压。12月2日，该股跳空高开，并收出一根实体很小的小阳星，说明多空双方处于胶着状态，变盘痕迹明显。12月3日，该股以前一日开盘价低开低走，说明空方已经占据主动，行情已经反转。在当天尾盘阶段，黄昏之星形态基本形成，投资者应果断实施减仓或平仓操作。

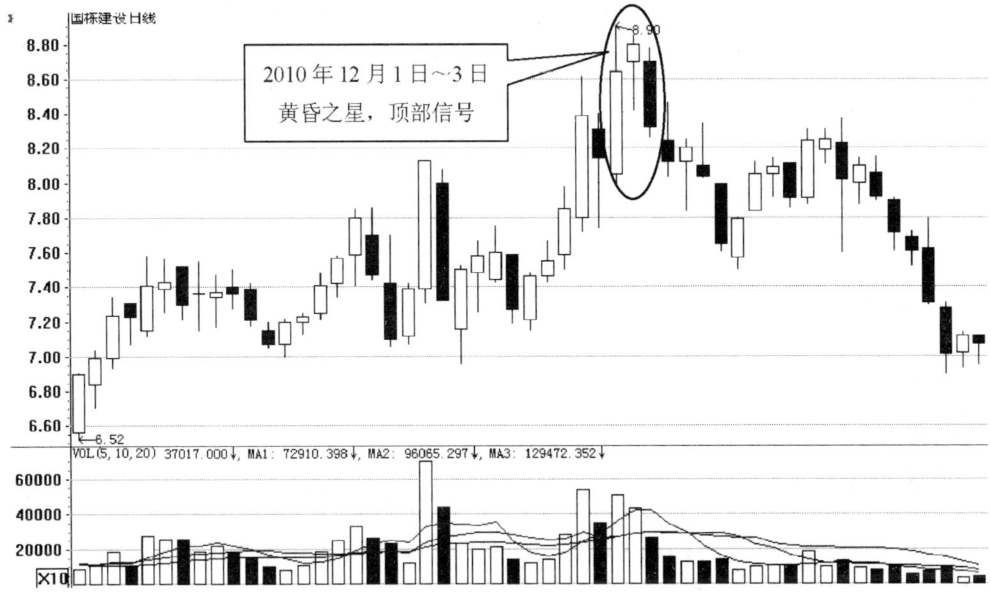

图2—24　黄昏之星：国栋建设（600321）的日K线图

股海箴言

◆在K线分析中，很多反转信号只有处于高价区（高位）或者低价区（低位）的时候，才具有重要意义。但是，到底什么样的情况构成高价区，什么样的情况构成低价区，每个人都会有自己的一套看法。通常情况下，股价的位置是通过纵向比较来判断的，即把当前股价与过去某个时间段的股价进行比较。

◆作为股市投资者，你要想让自己叱咤股海，最好的办法就是将感性的想法统统丢掉，而让理性的技术分析驾驭自己的思想，通过对K线图信号认真观察和细致剖析，建立能为自己赢利的投资框架和策略，从而让负面情绪让位于冷静判断。

第3节　发出中继信号的K线组合

➲ 技术导航

在单边行情中，会出现一些被称为中继信号的持续形态，这些形态预示行情将继续按照原来的趋势运行。这类形态出现在上涨行情中，是买入信号，投资者可以实施追涨操作；出现在下跌行情中，是卖出信号，投资者应该实施止损操作。

一、多方炮和空方炮

1. 多方炮

➲ 形态特征

多方炮，又称两阳夹一阴，通常出现在上涨初期或上涨途中，由两根实体较长的阳线和一根实体较短的阴线组成。三根K线的中轴基本处于同一位置上，阴线被左右两根阳线紧紧地夹在中间，其开盘价一般低于其前后两根阳线的收盘价，收盘价一般高于其前后两根阳线的开盘价。多方炮形态出现在上涨行情中有继续看涨的意味。如图2—25所示。

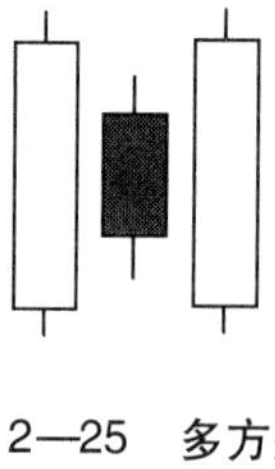

图2—25　多方炮

➲ 操作策略

（1）多方炮通常出现在庄股中，当它出现在上涨初期时，是庄家拉升的信号，投资者可以在形态完成后果断买入。

（2）上涨途中出现多方炮形态，是中继信号，表明股价经过短暂休整后，仍有继续上升的空间，投资者可以适度追涨。

➲ 形态解析

（1）多方炮形态中两根阳线的实体越长，后市上涨的可能性越大。

（2）中间的阴线通常是庄家的洗盘动作，如果这一天成交量明显萎缩，隔日又突然放大，会大大增强看涨信号的可靠性。

（3）特殊的三阳夹二阴形态被称为叠叠多方炮，是两个存在交集的多方炮的组合，这种形态的看涨信号更强烈。

➲ 实盘案例

如图 2—26 所示，2011 年 8 月 5 日、8 日、9 日，云天化（600096）的 K 线图上出现了多方炮形态。

2011 年 8 月 5 日，云天化低开高走，收出一根大阳线；8 月 8 日，该股低开收阴，当日收盘价高于前一日的开盘价；8 月 9 日，该股再次低开，却发力上攻，最终突破前一日开盘价，收出大阳线。这三日的 K 线构成了多方炮形态，是庄家洗盘拉升信号。

2011 年 8 月 10 日，该股跳空高开，呈现强烈的上涨态势，投资者应果断买入。

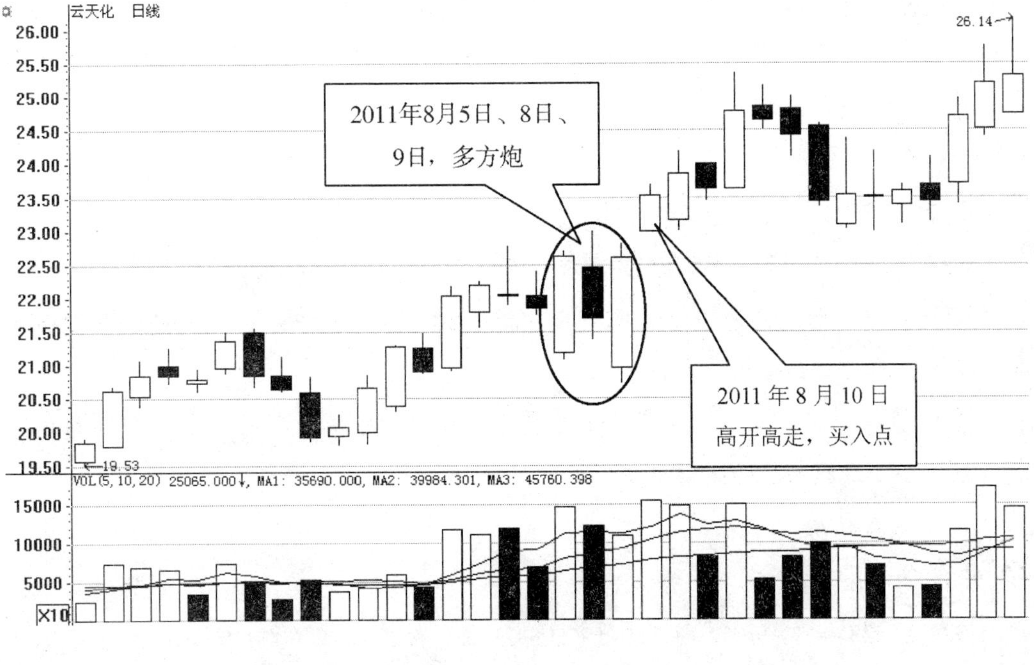

图 2—26　多方炮：云天化（600096）的日 K 线图

2. 空方炮

形态特征

空方炮，又称两阴夹一阳，通常出现在下跌初期或下跌途中，由两根实体较长的阴线和一根实体较短的阳线组成。三根K线的中轴基本处于同一位置上。阳线被左右两根阴线紧紧地夹在中间，其开盘价一般高于其前后两根阴线的收盘价，收盘价一般低于其前后两根阳线的开盘价。空方炮出现在下跌行情中有继续看跌的意味。如图2—27所示。

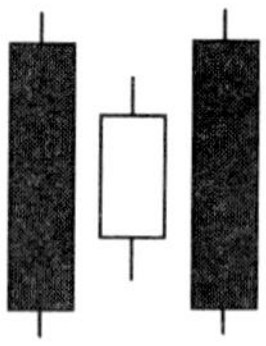

图2—27　空方炮

操作策略

（1）空方炮出现在下跌初始阶段，有强烈的看跌意味，投资者应考虑降低仓位或清空仓位，以免被高位套牢。

（2）在下跌初期或下跌途中出现空方炮形态，是中继信号，股价经过短暂休整后可能会继续下跌，这时持币的投资者最好不要介入，而持股的投资者应该考虑于形态完成后果断杀跌。

形态解析

（1）空方炮中前后两根阴线的实体越长，后市下跌的可能性越大。

（2）空方炮形成的过程中，成交量可能放大，也可能缩小，无论成交量如何变化，该形态都是看跌信号。

（3）特殊的三阴夹二阳形态被称为叠叠空方炮，是两个存在交集的空方炮的组合，这种形态的看跌信号更强烈。

实盘案例

如图2—28所示，2011年7月19日~21日，深天马A（000050）的日K线图上出现了空方炮形态。

2011年7月中旬，深天马A的股价反弹至一定高度后出现滞涨现象。7月19日，该股跳空低开且收出一根中阴线；7月20日，该股在前日收盘价上方位置收出一根小阳线；7月21日，该股以比前一日收盘价略高的价位开盘，又以比前一日开盘价略低的价位收盘，收出一根阴线。这三天的K线组合就是空方炮形态，表明后市看跌，投资者应该在此形态形成后的次日（7月22日）果断卖出。

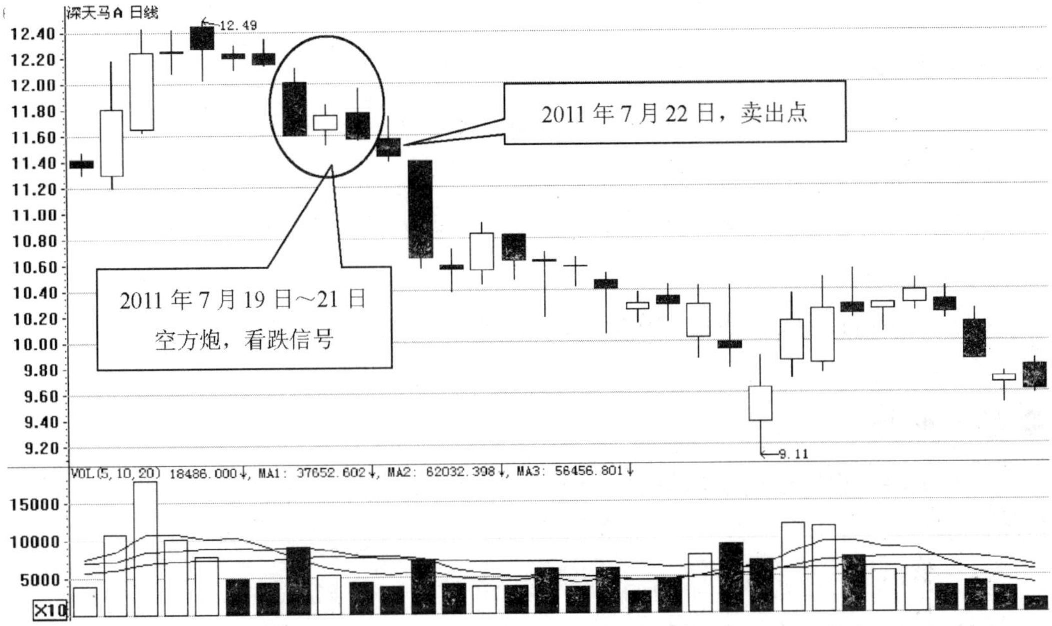

图2—28　空方炮：深天马A（000050）的日K线图

二、三个白兵和三只乌鸦

1. 三个白兵

➲ 形态特征

三个白兵，一般出现在上涨初期或上涨途中，其特征是连续出现三根阳线，其中第二、第三根阳线收盘价要高于前一天的收盘价，且每根阳线的收盘价都接近或等于该日的最高价。三个白兵是股价上涨的标志，预示着一轮下跌行情的结束或上涨行情的继续。如图2—29所示。

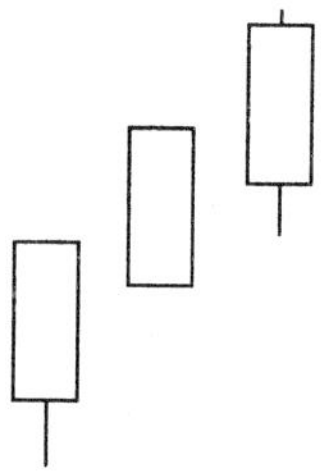

图 2—29　三个白兵

➲ 操作策略

（1）当三个白兵出现在上涨初期，说明上涨行情已经确立，投资者可以果断买入、持股待涨。

（2）当三个白兵出现在上涨途中，表示多方强势，是看涨信号，投资者可追涨买入。

（3）三个白兵的买入点应该在第三根阳线收出的当天或次日。

➲ 形态解析

（1）如果三根阳线的实体依次变大，表示多方力量逐渐加强，后市加速上升的可能性变大。

（2）出现三个白兵形态时，所伴随的成交量越大，看涨信号越强。

（3）如果三根阳线（尤其是最后一根阳线）留有较长的上影线，则说明上方抛压较重，不能按照三个白兵进行操作。

➲ 实盘案例

如图 2—30 所示，2011 年 2 月 10 日 ~ 14 日，刚刚从底部回升不久的三房巷（600370）连续收出三个实体较长的中阳线，且成交量呈现温和放大态势，这三天的 K 线组合形成了三个白兵形态，是稳健的看涨信号。投资者可以在第三根中阳线形成的当天（2 月 14 日）果断买入。

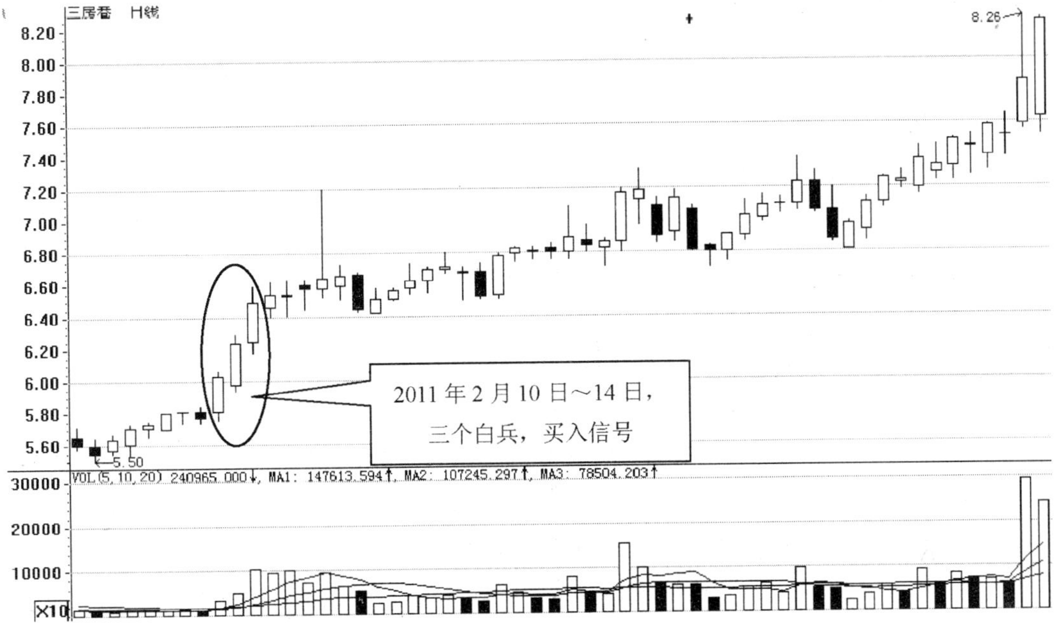

图2—30　三个白兵：三房巷（600370）的日K线图

2. 三只乌鸦

➲ 形态特征

三只乌鸦，一般出现在下跌初期或下跌途中，其特征是连续出现三根大阴线或中阴线，其中第二、第三根阴线的收盘价要低于前一天的收盘价，且每根阴线的收盘价都接近或等于该日的最低价。三只乌鸦表示一种稳健下跌的态势，预示着一轮上涨行情的结束或下跌行情的继续。如图2—31所示。

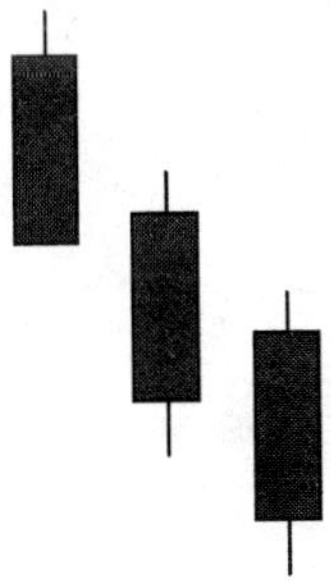

图2—31　三只乌鸦

➲ 操作策略

（1）当三只乌鸦出现在下跌初期，说明下跌行情已经确立，投资者应该果断卖出、空仓观望。

（2）当三只乌鸦出现在下跌途中，表示空方强势，是看跌信号，投资者应杀跌卖出。

（3）三只乌鸦的卖出点应该在第三根阴线收出的当天或次日。

➲ 形态解析

（1）如果三根阴线的实体依次变大，表示空方力量逐渐加强，后市加速下跌的可能性变大。

（2）出现三只乌鸦形态时，所伴随的成交量越大，看跌信号越强。

（3）三只乌鸦形态中三根阴线的下影线越短，即收盘价越接近于最低价，那么看跌意味越明显，后市下跌的力度也将越大。

➲ 实盘案例

如图2—32所示，2011年6月7日~9日，宁波高速（600377）的日K线图上出

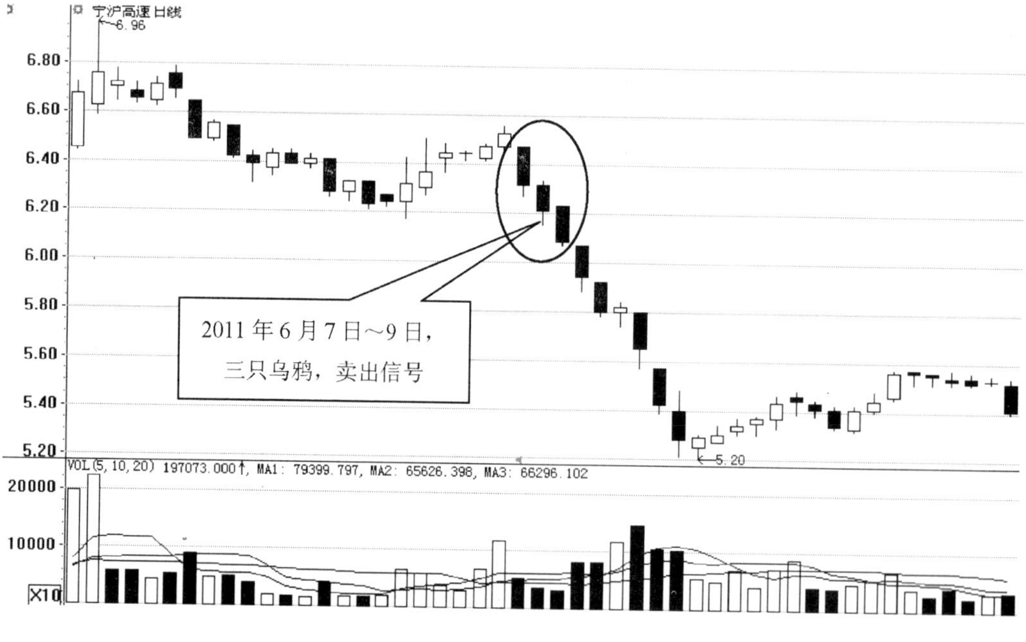

图2—32　三只乌鸦：宁波高速（600377）的日K线图

现了三只乌鸦形态。

2011年5月初，宁波高速上涨到阶段高点收出一根上影阳线，然后股价开始回落。到了5月末，股价出现了短暂的反弹行情。2011年6月7日，是该股的除权除息日，当天股价开盘后一路下跌，形成中阴线。此后两天，该股股价连续下挫。看到这种强烈下跌走势，持筹者应该在6月9日第三根阴线尚未形成前将手中的筹码沽空。

三、上升三法和下降三法

1. 上升三法

➲ 形态特征

上升三法，又称上升三部曲，通常出现在上涨途中。它是由大小不等的若干根K线组成的。首先出现的是一根实体较长的阳线，紧随其后的是三根依次下降的小K线，它们的收盘价均高于第一天阳线的最低价。最后一天收出一根坚挺的大阳线，其收盘价高于第一天的收盘价。上升三法形态表示的是股价上涨过程中的短暂休整。如图2—33所示。

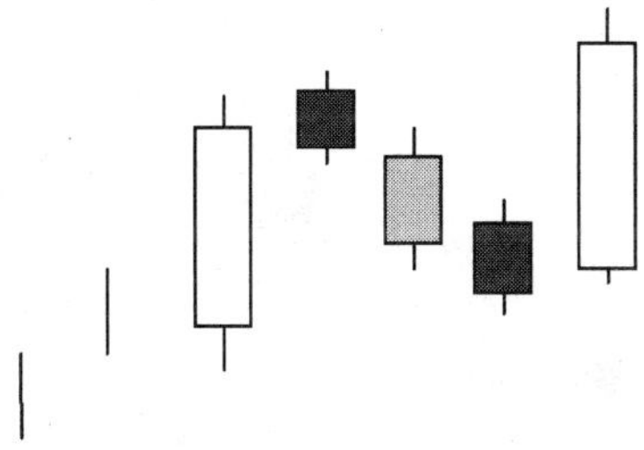

图2—33 上升三法

➲ 操作策略

（1）如果在一根大阳线之后紧跟着出现若干下跌的K线，且股价一直未能跌破大阳线的最低价，那么投资者就可耐心持股。

（2）上升三法形态是看涨信号，投资者可以在形态完成后适时适量买入。

形态解析

（1）最后一根阳线的实体越长，表明后市上涨的力度越大。

（2）如果出现阳线时的成交量明显放大，而出现阴线时的成交量出现萎缩，则看涨信号的可靠性越强。

（3）如果三根小K线击穿了第一根阳线的最低价，或者最后一根阳线不能突破第一根阳线的收盘价，则上升三法形态不能成立。

实盘案例

如图2—34所示，德豪润达（002005）从2009年2月开始了稳步上升行情。2009年4月23日~29日，处于上涨途中的该股形成了上升三法形态。

2009年4月23日，德豪润达以涨停的形式收出一根大阳线。接下来连续三个交易日，该股收出小阴线，但股价最终没有击穿大阳线的最低价。2009年4月29日，该股又以涨停的方式收出一根大阳线，完全弥补了前三日的跌幅，上升三法形态最终完成。投资者可以在29日当天或次日追涨买入。

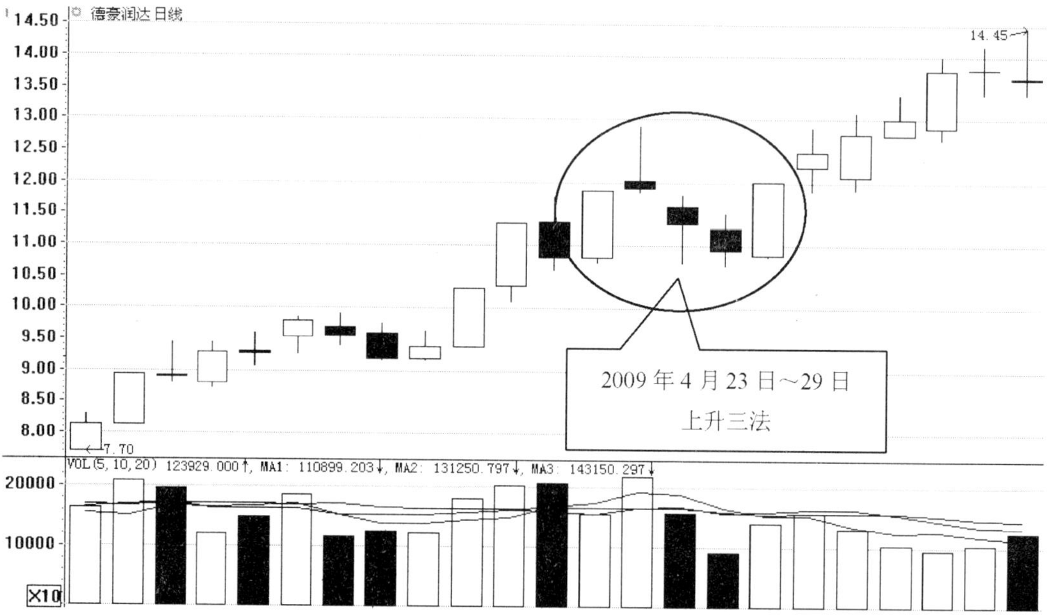

图2—34　上升三法：德豪润达（002005）的日K线图

2. 下降三法

➲ 形态特征

下降三法，又称下降三部曲，通常出现在下跌途中。它是由大小不等的若干根 K 线组成的。首先出现的是一根实体较长的阴线，紧随其后的是三根依次上升的小 K 线，它们的收盘价均低于第一天阴线的最高价。最后一天收出一根大阴线，其收盘价低于第一天的收盘价。下降三法形态表示的是股价下跌过程中的短暂休整。如图 2—35 所示。

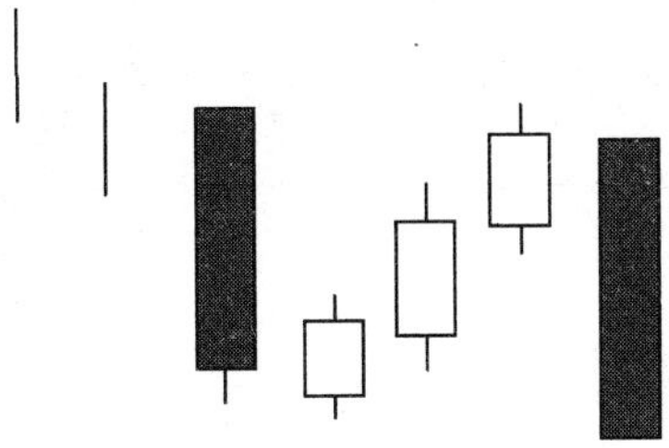

图 2—35　下降三法

➲ 操作策略

（1）如果在一根大阴线之后紧跟着出现若干上涨的 K 线，且股价一直未能突破大阴线的最高价，这时投资者不宜贸然介入。

（2）下降三法表示空方没有失去主导地位，依然保持着强势，是看跌信号。投资者看到这种形态后应保持持币观望状态，仍持有股票的投资者应果断割肉止损。

➲ 形态解析

（1）最后一根阴线的实体越长，表明后市下跌的力度越大。

（2）下降三法与成交量之间没有太大的关系，只要该形态出现，不管是放量还是缩量，都是强烈的看跌信号。

（3）如果三根小 K 线突破了第一根阴线的最高价，或者最后一根阴线不能突破第一根阴线的收盘价，则下降三法形态不能成立。

➲ 实盘案例

如图 2—36 所示，2010 年 1 月 22 日，江南红箭（000519）的股价到达了阶段性顶部，开始回落。在回落的过程中，该股于2010年1月26日~2月1日形成了下降三法形态。

2010年1月26日，江南红箭收出一根中阴线。接下来该股连续三日收出小阳线，且它们的收盘价都要低于第一根阴线的开盘价，此时投资者不宜介入抢反弹。2月1日，该股又出现一根中阴线，当天的收盘价低于第一根阴线的收盘价。这标志着下降三法形态的正式完成。

下降三法是下跌中继信号，持股者应该选择在2月1日尾盘或2月2日早盘时果断卖出。

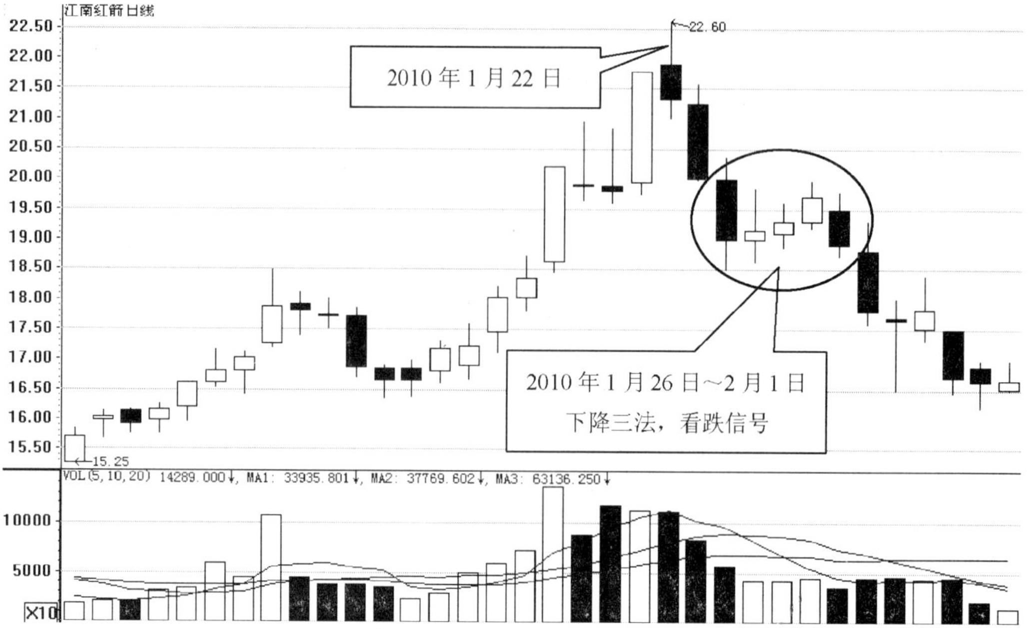

图2—36 下降三法：江南红箭（000519）的日K线图

四、向上跳空缺口和向下跳空缺口

1. 向上跳空缺口

➲ 形态特征

向上跳空缺口，又称跳空高开缺口，一般出现在上涨途中，由两根阳线组成，第一天收出一根阳线，第二天股价跳空高开并再度收阳，使得前一根阳线的最高点与后一根阳线的最低点之间留下了一个缺口。向上跳空缺口在低位出现通常是多头强势的表现，是看涨信号。如图2—37所示。

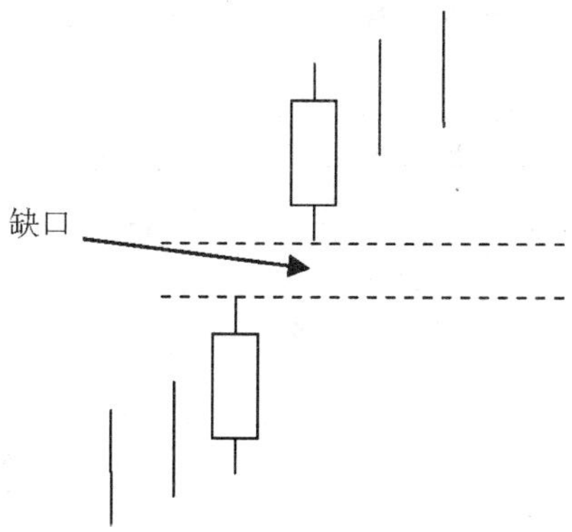

图2—37　向上跳空缺口

➲ 操作策略

（1）在涨势中，如果股价先是收出一根阳线，次日股价大幅跳空高开，且开盘后呈现强势上攻态势，持股者可考虑适量买入。

（2）在向上跳空缺口形成的次日，如果股价继续强势上涨，投资者可以追涨买入。

（3）如果在向上跳空缺口形成之后，股价可能在缺口附近徘徊几日后再上涨，只要股价没有完全将缺口补回（通常是股价没有跌破第一根大阳线的收盘价），投资者就可坚持持股；未来股价一旦重新上涨，投资者可以果断买入。

➲ 形态解析

（1）跳空缺口越大，说明多方越强，后市股价上涨的可能性就越大。

（2）在形成向上跳空缺口的这两个交易日中，成交量越大，看涨信号越强烈。

（3）跳空缺口对股价具有支撑作用，股价往往回落到缺口附近就会获得支撑。

（4）未来股价一旦将缺口完全填充，甚至落到第一根阳线的开盘价之下，那么投资者就应果断止损。

➲ 实盘案例

如图2—38所示，2011年2月14日、15日，三元股份（600429）的日K线图上出现了向上跳空缺口。

2011 年 2 月 14 日，处于上涨途中的三元股份收出一根小阳线；2 月 15 日，该股大幅高开，且股价呈强势上涨态势，看到这种情况后，投资者可以适量买入。当天该股收出一根涨停大阳线。

之后，股价出现小幅回落。2011 年 2 月 23 日，股价在大阳线的最低价附近获得支撑重新上涨，买入机会再次出现，投资者可以加仓买入。

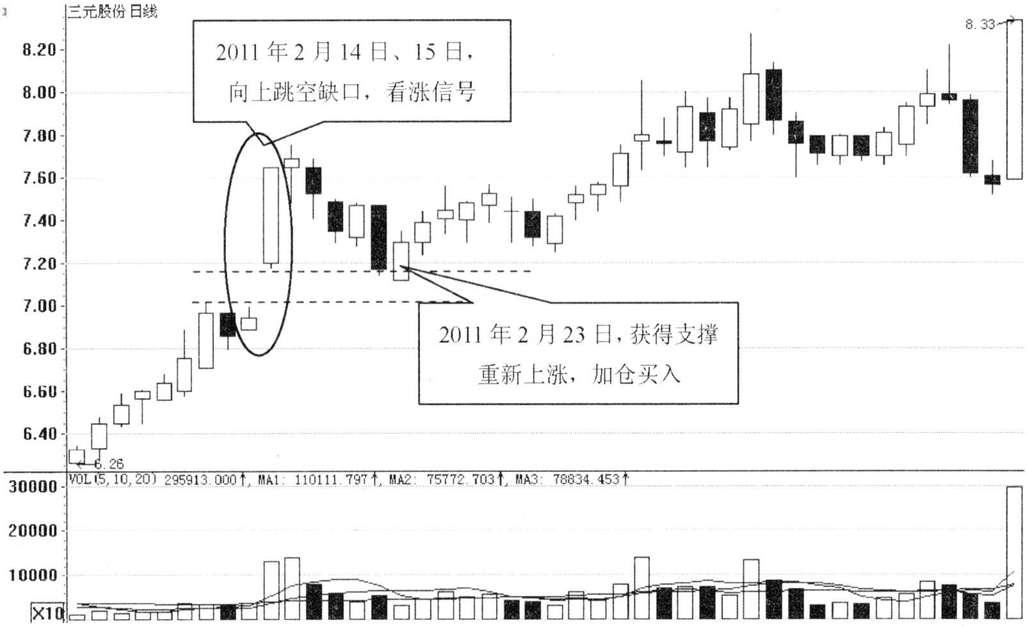

图 2—38 向上跳空缺口：三元股份（600429）的日 K 线图

2. 向下跳空缺口

➲ 形态特征

向下跳空缺口，又称跳空低开缺口，一般出现在下跌途中，由两根阴线组成，第一天收出一根阴线，第二天股价跳空低开并再度收阴，使得前一根阴线的最低点与后一根阴线的最高点之间留下了一个缺口。向下跳空缺口在高位出现通常是空头强势的表现，是看跌信号。如图 2—39 所示。

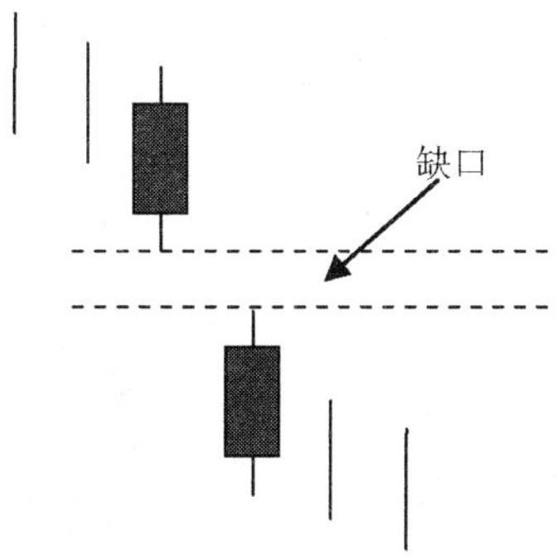

图2—39　向下跳空缺口

➲ 操作策略

（1）在跌势中，如果股价先是收出一根阴线，次日股价大幅跳空低开，且开盘后呈现弱势，持股者就应提前实施减仓或平仓操作。

（2）在向下跳空缺口形成的次日，如果股价继续下跌，投资者应该果断沽空仓位。

（3）在向下跳空缺口形成之后，股价可能在缺口附近徘徊几日后再下跌，只要股价没有突破第一根大阴线的开盘价，投资者就应保持空仓观望姿态。

➲ 形态解析

（1）跳空缺口越大，说明空方越强，后市股价下跌的可能性就越大。

（2）在形成向下跳空缺口的这两个交易日中，成交量越大，看跌信号越强烈。

（3）跳空缺口对股价具有阻力作用，股价往往反弹到缺口附近就会获得支撑。

（4）未来股价一旦将缺口完全填充，说明有买盘进场，但投资者仍不宜买入。只有当股价突破向下跳空缺口第一根阴线的开盘价时，投资者才可根据实际情况考虑是否该介入。

➲ 实盘案例

如图2—40所示，2011年9月9日、13日，金山股份（600396）的日K线图上出现了向下跳空缺口。

2011年9月9日，处于下跌行情中的金山股份收出一根阴线。9月13日，该股跳空低开，且一路向下，说明空方强势，持股者应该果断卖出股票。之后股价在缺口下方短暂横盘，但始终未能将缺口完全补回，因此还有剩余股票的投资者应该选择平仓，而持币者仍应以空仓观望为主。

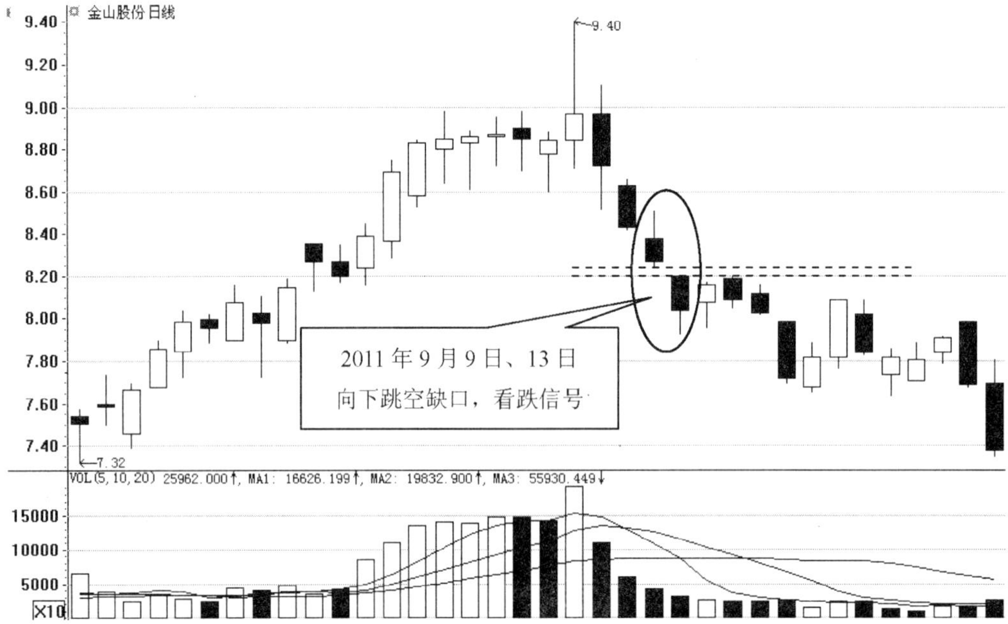

图2—40　向下跳空缺口：金山股份（600396）的日K线图

股海箴言

◆“市场有顶部信号，有底部信号，也有中继信号。”一旦某种K线组合被识别为可靠的中继信号，就显示将来股价仍会延续原来的趋势运行，因而中继信号有助于投资者进行买卖决策。

第三章

形态分析

——主要价格形态的识别和操作

第1节 底部形态

技术导航

在下跌行情中，当股价抵达底部区域后，往往会形成不同的技术形态，这种底部形态比由个别K线或K线组合构成的见底信号更为可靠。把握住底部形态的买入时机，就能够实现成功抄底的愿望，获得未来股价上涨所带来的丰厚利润。

一、圆弧底的买入点

形态特征

圆弧底，又称锅底形，通常出现在股价的底部区域，也就是一波下跌行情结束时。其形态表现为：股价先是经过一段逐渐减慢速度的下跌，到达了底部。经过调整后，又开始了一段逐渐加快速度的上涨，从而形成了一个形状像圆弧的底部走势。如图3—1所示。

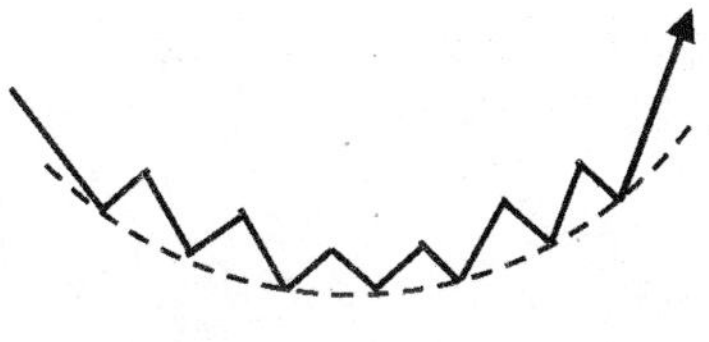

图3—1 圆弧底

操作策略

（1）圆弧底形成的时间较长，使得换手时间极为充分，底部构筑极为坚实，因此，股价看似波澜不惊，但是一旦形成向上突破，往往会酝酿出汹涌澎湃的大浪，形成一轮非常可观的升势。投资者发现这种形态后应该果断买入，持股待涨。

（2）圆弧底持续时间较长，给投资者留出了足够的时间来采取行动。通常，投资者有两个非常好的买进机会：第一个是在下跌走势结束，股价和成交量从最低点开始逐渐上升时；第二个是在圆弧底构筑完成，股价加速上升，并形成有效突破时。

（3）有时候，在圆弧底形成后，股价并不是立刻上涨，而是先走出一个短期横向整理平台（一般称为“锅柄”），这也是一个较好的买入点。

➲ 形态解析

（1）如果在股价减速下跌的过程中，成交量随之减小；在股价加速上涨的过程中，成交量随之放大，即成交量也呈现明显的圆弧状，则见底信号的可靠性更高。

（2）圆弧底形成的时间越长，说明多空力量转换越彻底，股价后期上涨的可能性越大。

➲ 实盘案例

如图 3—2 所示，2011 年 5 月下旬 ~6 月中旬，唐山港（601000）的 K 线图上出现了圆弧底形态。2011 年 6 月 13 日，该股放量上涨，第一个买入点出现，投资者可以适量买入。2011 年 6 月 15 日 ~24 日，该股进入了一个短期整理平台，这种“锅柄”调整走势表示下方有较强的支撑，是第二个较好的买入点，投资者可以在此期间加仓买入。

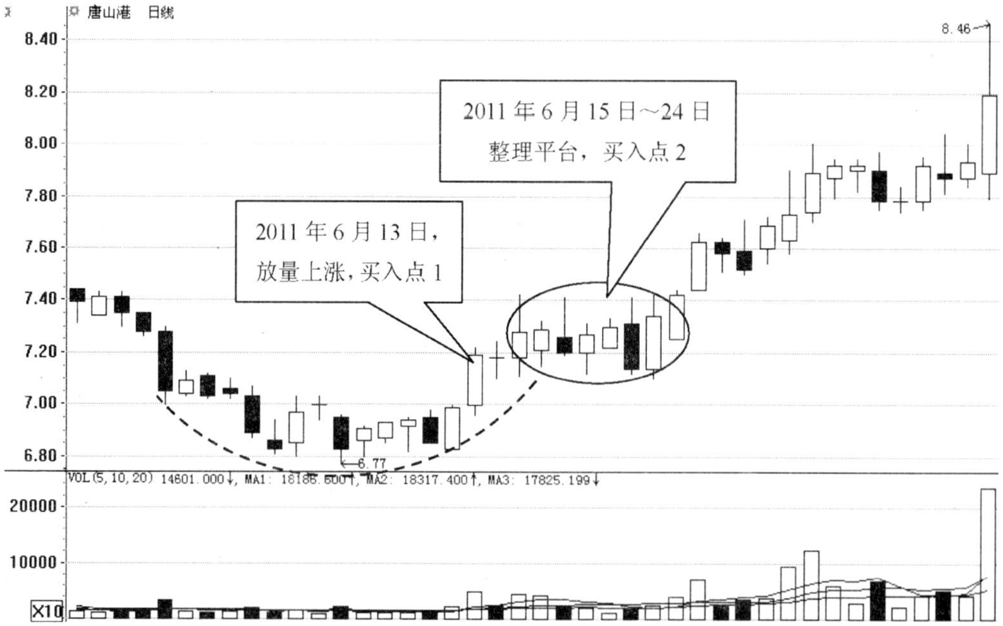

图 3—2　圆弧底：唐山港（601000）的日 K 线图

二、V形底的买入点

➲ 形态特征

V形底，又称尖底，出现在一段下跌行情的末尾。其形态表现为：股价先是经过一段快速下跌行情，下跌到一定幅度后掉头向上，又开始了一段快速上涨行情，从而形成了一个形状像英文字母V的底部走势。如图3—3所示。

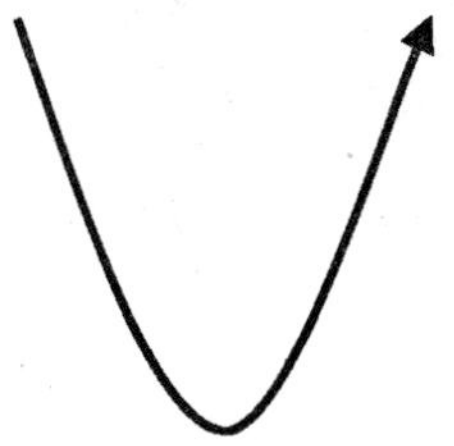

图3—3 V形底

➲ 操作策略

（1）当股价已经下跌了一段时间后，出现了V形底形态，则反转信号的可靠性较高，激进的投资者可以在底部放量反弹时积极买进，但要控制好仓位。

（2）当股价上涨到V形底开始快速下跌的价位时，可能会走进一个横盘整理平台。当股价向上放量突破该平台时，投资者可以追涨买入。

（3）基于V形底的特点，投资者在及时买进的同时，还应该认真分析股票的历史和行情的本质，注意V形底目前所处的位置。当V形底出现在高价位区域时，投资者需要保持警觉。

➲ 形态解析

（1）V形底可谓神出鬼没，虽然极为常见，却是最难判断的一种底部形态。

（2）V形底在转势点一般对应着较小的成交量，但在上涨时，成交量会明显放大，而且成交量的放大状态越显著，看涨信号越强烈。

（3）V形底的底部位置常常会出现锤头线、倒锤头线、早晨之星、刺透形态等K线或K线组合，投资者可以借助这些转势信号来识别V形底。

实盘案例

如图 3—4 所示，2010 年 6 月 ~7 月，兰州黄河（000929）的日 K 线图上出现了 V 形底形态。

兰州黄河的股价从 2010 年 4 月开始下跌，到 2010 年 5 月中旬进入了震荡整理阶段。6 月 29 日，该股收出一根大阴线，多空双方的平衡被打破。股价开始快速下跌。

2010 年 7 月 2 日和 5 日，该股收出下影线很长的锤头线和十字线，说明下方有强大的买盘支撑，多空双方的力量对比正悄然变化，暗示着行情有可能反转。接着该股连续收出两根阳线，同时成交量逐步放大，反转趋势得到确认，投资者可以抓住机会建仓。

2010 年 7 月 13 日，该股以涨停的方式收出 T 字线，到达前期下跌时的密集成交区。经过两日的回调，该股股价继续向上的趋势。看到这种情况，投资者可以加仓买入。

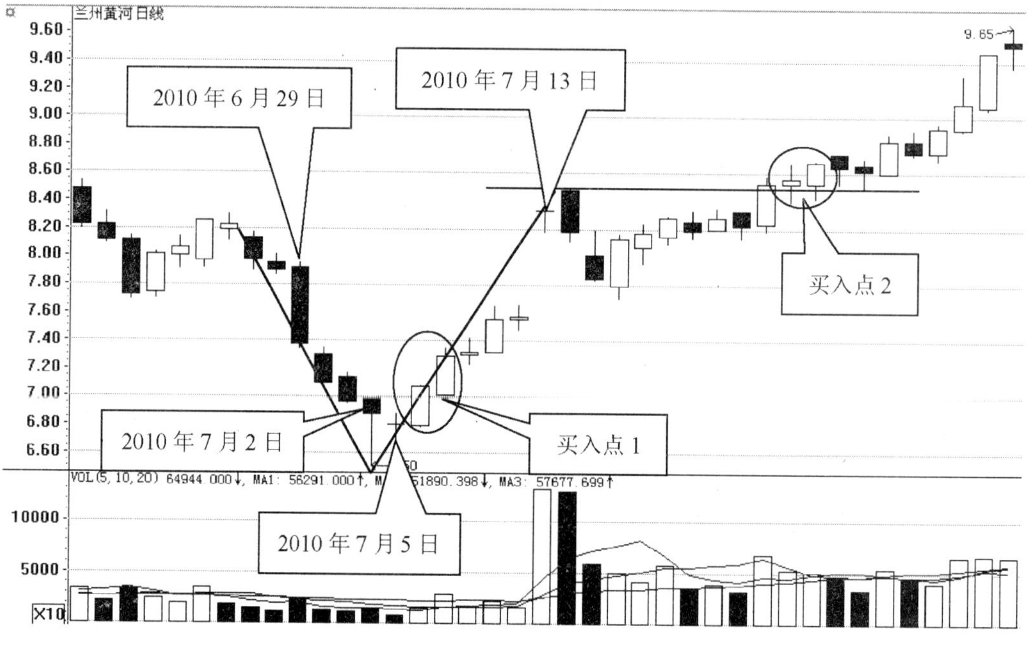

图 3—4 V 形底：兰州黄河（000929）的日 K 线图

三、W 形底的买入点

形态特征

W 形底，又称双重底，出现在一段下跌行情的末尾，该形态有两个明显的价格低谷，且两个低谷的最低点大致处于同一价位上，形状就像是一个英文字母 W，通过第一个反弹高点，画一条水平直线，就得到了 W 形底的颈线。如图 3—5 所示。

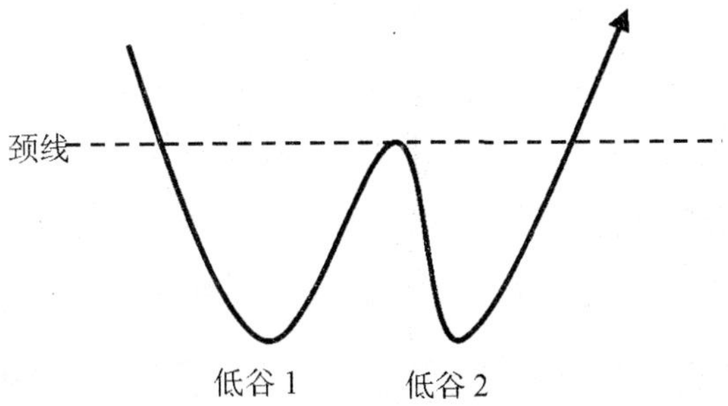

图 3—5　W 形底

操作策略

（1）当股价第二次探底，且所探得的低点高于前一个低谷的低点时，称为二次探底不破底价，激进的投资者可以把握时机适量买入。

（2）W 形底第一个明确的买入时机出现在股价突破颈线位置时，这表明 W 形底基本形成，投资者可积极买入。

（3）股价向上突破颈线后，有时会重新回落到颈线附近以验证突破的有效性，当股价获得支撑再次上涨时，投资者可以抓住时机买入。

（4）颈线被突破后，原来的阻力位就变成了支撑位。一旦股价掉落到该线以下，且短期内无法再次升穿该线，投资者就应果断止损。

形态解析

（1）股价在突破颈线同时，应该伴随着成交量的放大。如果成交量太小，则突破的效果会大打折扣，后市极有可能出现横盘震荡的走势。

（2）W 形底两个低点的相隔周期越长，说明在底部的换手越充分，后市上涨的可能性就越大。

（3）在 W 形底形成的过程中，如果第二个低点位置高于第一个低点，且第二个低谷的成交量小于第一个低谷的成交量，则看涨的信号更为强烈。

（4）W 形底的最低点与颈线之间的垂直距离越大，通常表示未来股价上涨的幅度越大。

实盘案例

如图3—6所示，2010年6月~7月，普洛股份（000739）的日K线图上出现了W形底形态。

2010年7月2日，处于下跌行情中的普洛股份收出一根下影线很长的阴线锤头线，并创出近期最低价6.25元，然后股价开始回升，从而形成了第一个低谷。这一回升所持续的时间并不长。2010年7月12日，该股上升遇到阻力，重新开始下跌。

2010年7月16日，该股收出一根可以看做是锤头线的小阳线，并再次开始回升，从而形成了第二个低谷。这个低谷的低点要高于前一个低谷的低点，即二次探底不破底价。激进的投资者可以在反弹过程中（如7月19日、20日）抓住时机买进股票。

2010年7月22日，该股股价突破了颈线位置，W形底构筑完成。这是一个明确的买入信号，稳健的投资者可以在当天放心买入。2010年7月28日，该股低开，在颈线上方完成回抽确认后开始重新上涨，此时投资者可以加仓买入。

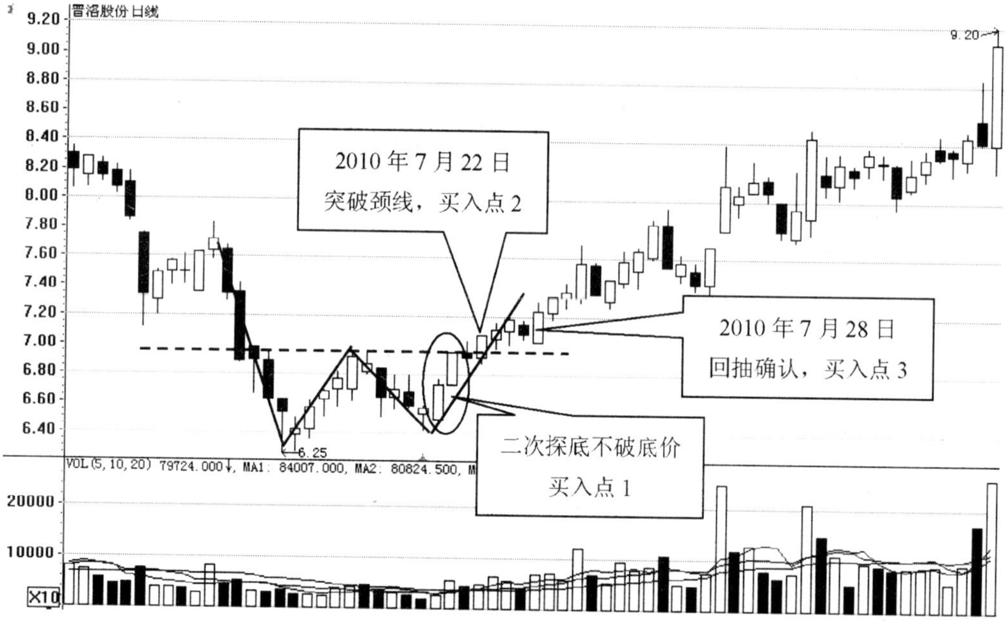

图3—6 W形底：普洛股份（000739）的日K线图

四、头肩底的买入点

➲ 形态特征

头肩底，出现在下跌行情中，由三个低谷组成，左右两个低谷相对较浅，基本处在同一水平位置上，中间一个低谷的低点明显低于左右两个低谷的低点，其形态就像一个倒立的人的头部和两肩。在两次反弹过程中，股价在两个非常接近的高点位置遇到阻力，将这两个反弹高点相连就构成了头肩底的颈线。如图 3—7 所示。

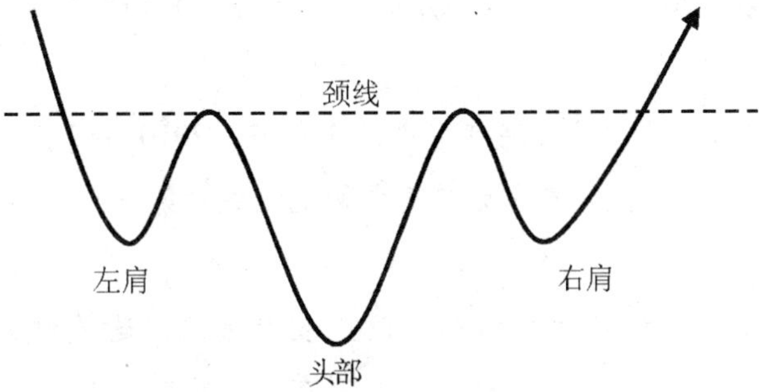

图 3—7　头肩底

➲ 操作策略

（1）头肩底形态是较为可靠的牛市信号，此形态出现之后常常会出现一波较为可观的上涨行情。因此，投资者看到头肩底形态后，应果断买入股票。

（2）如果有充分的理由能够证明头肩底形态即将完成，那么投资者完全可以在右肩形成时便积极买入，从而获得更多收益。

（3）当股价冲破了颈线位置，表示头肩底形态构筑完成，这是头肩底形态的第一个明确的买入信号，投资者可以果断买入。

（4）股价突破头肩底的颈线后，往往会在不久之后回抽到颈线附近，如果股价止跌回升，则向上突破的有效性便得到了确认，这是第二个明确的买入信号。

➲ 形态解析

（1）成交量是表示头肩底形态信号强弱的一个重要指标。如果在形成左肩和头部的过程中成交量极度萎缩，在冲破颈线形成右肩的过程中成交量却显著放大，说明看涨信号的可靠性更高。

（2）在突破颈线时，必须要有成交量激增的配合，否则这可能是一个假突破。但是如果在突破后成交量逐渐增加，形态也可确认。

（3）一般来说，头肩底形态较为平坦，需要较长的时间来完成。而形成头肩底所用的时间越长，后市上涨的空间就可能越大。

（4）头肩底形态可能演变成多个头部或多个肩部形态，但是其基本的技术含义并没有改变，并不影响作为头肩底形态来进行研判。

实盘案例

如图3—8所示，2010年6月～7月，深桑达A（000032）的日K线图上出现了头肩底形态。

2010年6月中旬以后，该股连续形成三个波谷。2010年7月26日，该股放量突破了头肩底的颈线，至此，头肩底形态正式构筑完成，第一个明显的买入点出现，投资者可果断买入。

2010年8月11日，该股回抽到颈线附近重新上涨，这是对头肩底形态的确认，也是较为明显的第二个买入点。这时，之前没有介入的投资者应该果断建仓，已经持股的投资者可以考虑加仓买入。

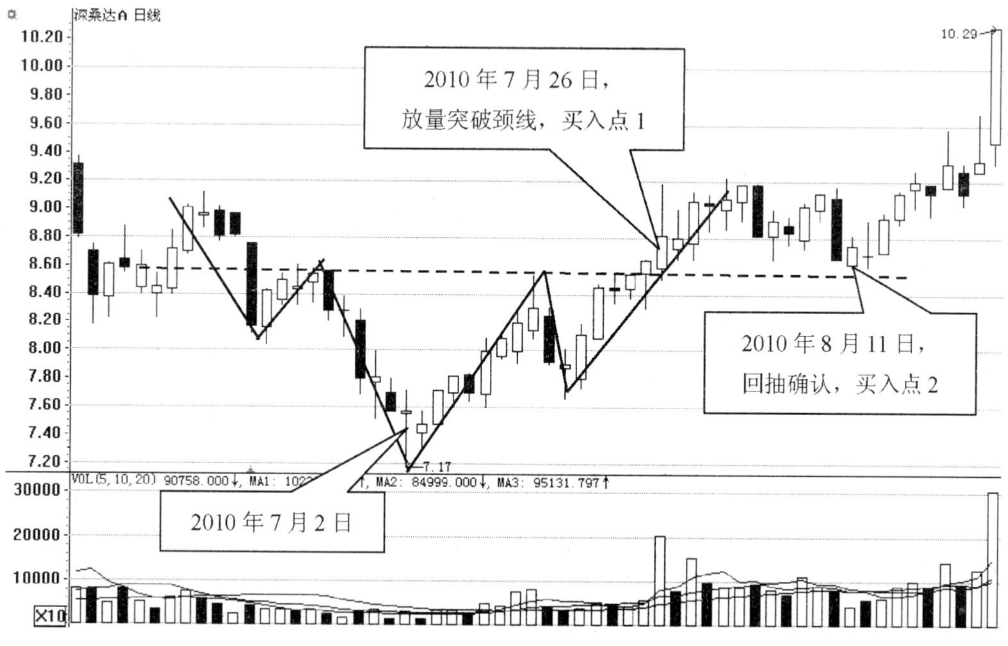

图3—8　头肩底：深桑达A（000032）的日K线图

五、三重底的买入点

➲ 形态特征

三重底，出现在一段下跌行情的末尾，其形态表现为：股价在低位波动中，经历三次下跌，但都在低点获得支撑并反弹，从而形成了三个价格低谷，这三个价格低谷的低点大致处于同一价位上。将三重底两次反弹的高点相连，便是三重底的颈线。如图 3—9 所示。

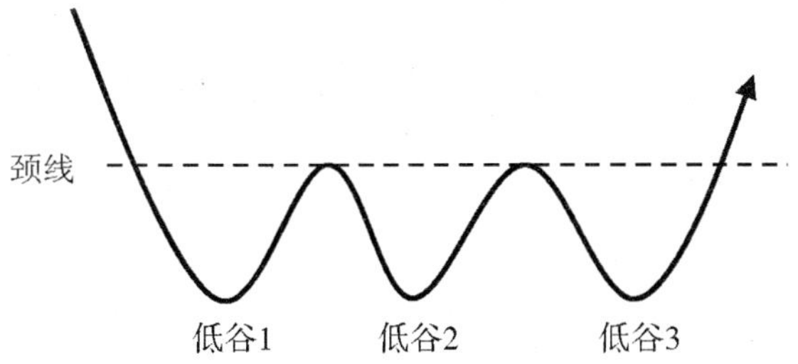

图 3—9　三重底

➲ 操作策略

（1）在三重底形态尚未构筑成功时，如果股价第三次向上反弹势头强劲且伴随着成交量的放大，则说明形成三重底的可能性很大。这时，激进的投资者可以适量买入。

（2）当股价突破颈线位置时，表明三重底形态已经基本成熟，投资者应该有效把握这一时机积极买进，并把颈线位置设为止损位。

（3）当股价突破颈线后，也可能在不久之后会回抽到颈线附近进行确认，如果股价重新上涨，则证明形态有效，投资者可以加仓买入。

➲ 形态解析

（1）三重底的三次上攻过程中，成交量如果呈现出逐次放大的势态，则后市上涨的可能性更大。而最后一次上攻时，应该是带量突破颈线，这样上涨信号才更有效。

（2）三重底形成的周期越长，底部换手越充分，说明底部基础构筑得越牢固，后市上涨的空间就会越大。

（3）三重底的最低点与颈线之间的垂直距离越大，通常表示未来股价上涨的幅度越大。

➲ 实盘案例

如图 3—10 所示，2010 年 11 月～12 月，中国船舶（600150）的日 K 线图上出现了三重底形态。

在此期间，股价在一开始曾经历过两次探底反弹，但股价到达颈线位置时，便因缺乏上攻动能，只能无功而返。在第三次反弹时，成交量明显放大，这说明形成三重底形态的可能性较大。

2010 年 12 月 29 日，股价放量突破了颈线位置，三重底形态正式完成。完成突破后，该股股价出现了小幅回抽。2011 年 1 月 18 日，该股获得支撑重新开始了向上运行。此时，投资者可加仓买入。

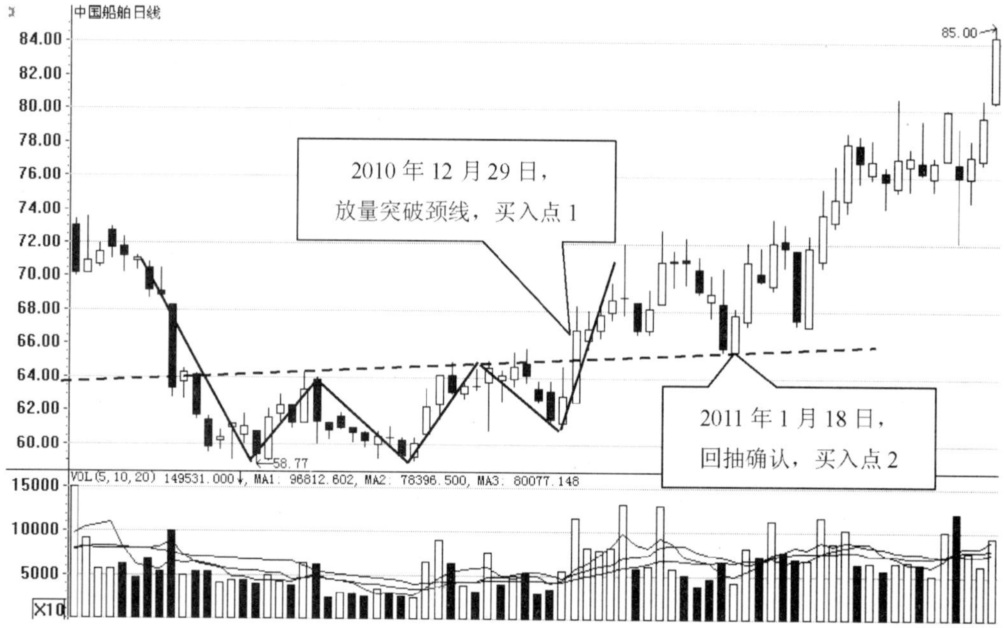

图 3—10 三重底：中国船舶（600150）的日 K 线图

六、潜伏底的买入点

➲ 形态特征

潜伏底，一般出现在一轮较大的跌势之后，其形态表现为：股价长期在一个极狭窄的范围内横向移动，每日股价的高低波动幅度极小，且成交量十分稀疏，呈现出一种横带形状的底部形态。经过一段时间的盘整之后，股价开始大幅上涨，成交量同时显著放大，最终进入上升趋势。如图 3—11 所示。

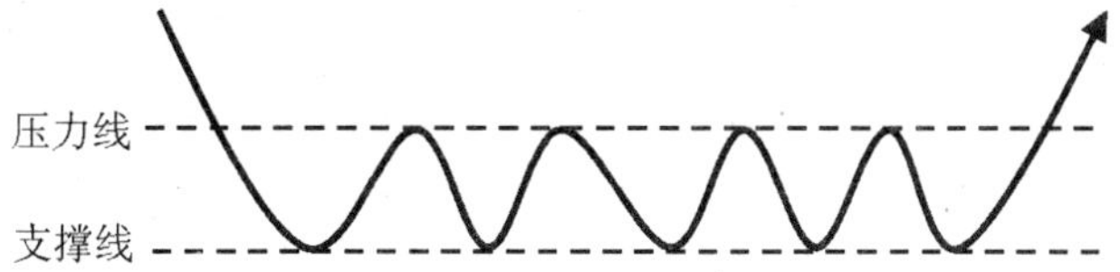

图 3—11　潜伏底

➲ 操作策略

（1）潜伏底是一个非常重要的看涨信号，股价一旦放量冲破上方压力线，便会有一个较大的上涨行情。所以，看到此情形后，投资者应该抓住机会大胆买入。

（2）由于潜伏底爆发之后上涨势头很猛，所以经常是股价已经被拉升到一定幅度，投资者才会觉察到。但是由于其上涨空间较大，所以只要股价上涨幅度不超过原来价位的 50%，且成交量依旧温和放大，投资者仍可以适度追涨。

（3）在低价位区域出现窄幅的横盘整理形态，极有可能形成潜伏底形态，投资者可以在此期间不断收集筹码。不过由于潜伏底持续的时间较长，可能会对投资者的现金流造成一定的压力。

➲ 形态解析

（1）潜伏底多出现在市场极其冷清之时或冷门股票的走势中，由于买卖盘都很少，所以供求十分平衡，筹码分布形成低位密集。与之类似但出现在高位的形态被称为潜伏顶，这种顶部形态出现的概率更低，所以本书就不作详解了。

（2）潜伏底的形成需要经历较长的时间，一般少则一个月，多则要两三年。股价在底部横盘的时间越久，后市上涨的幅度就会越大。

（3）潜伏底形态一旦形成，股价往往会一路高歌猛进，很少出现回抽现象。这是因为横盘时间较久，底部换手非常充分，多方已经完全占据了市场主导地位。

（4）在股价向上突破压力位时，需要伴随着成交量的放大。如果是缩量上涨，那么突破的有效性便会大打折扣，上涨空间也会十分有限。

实盘案例

如图 3—12 所示，2010 年 11 月 ~2011 年 1 月，TCL 集团（000100）的日 K 线图上出现了潜伏底形态。

2011 年 1 月 24 日，股价放量上涨，突破了之前的阻力位，这标志着潜伏底形态正式完成。投资者可以在当天果断买进，就可能获得几近翻倍的回报。

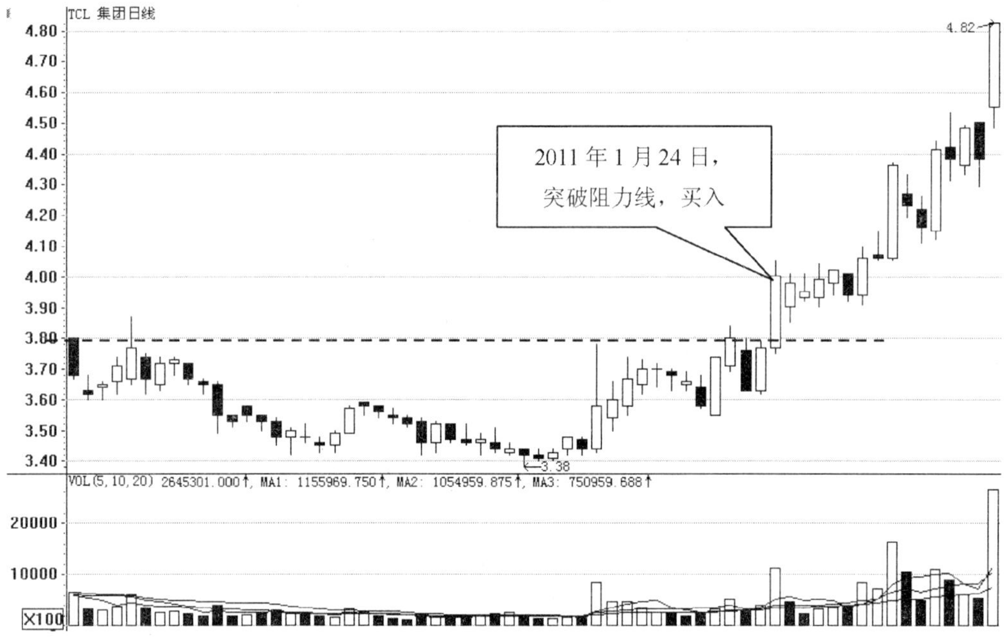

图 3—12　潜伏底：TCL 集团（000100）的日 K 线图

七、底部岛形的买入点

形态特征

底部岛形，出现在下跌走势的末尾，其形态表现为：股价先是下跌，接着进入整理阶段，然后又开始上涨。在股价下降和上升的过程中分别出现了跳空缺口，且这两个缺口大致处于同一价位区域，从而使得缺口下面的 K 线形态成为一座“孤岛”。如图 3—13 所示。

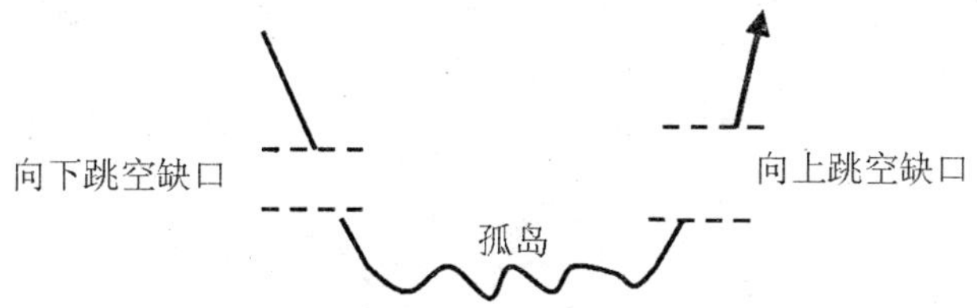

图 3—13 底部岛形

➲ 操作策略

（1）底部岛形是后市上涨的信号，提示投资者应从看空转向看多。

（2）底部岛形一旦形成，原来属于阻力位的缺口就会变成支撑位，股价之后下探到这一位置时可能会受到支撑。因此，一旦股价补回这一缺口，投资者应马上停损离场。

➲ 形态解析

（1）底部岛形两个缺口之间相隔的时间可能是一天，也可能是几天或几周。相隔的时间越长，总的换手率更高，说明市场从空头行情向多头行情转变得越彻底，后市上涨的力度也会越大。

（2）底部岛形反转时常会伴随着很大的成交量，如果成交量较小，则反转形态很难成立。

（3）底部岛形的走势有时会具有其他底部形态的特征。如果底部岛形呈现明显的 V 形底走势，则看涨信号更为强烈。

➲ 实盘案例

如图 3—14 所示，2010 年 7 月，中国宝安（000009）的日 K 线图上出现了底部岛形形态。

2010 年 7 月 2 日，中国宝安以跌停价开盘，之后跌停被打开，不过最终收盘时仍然被封于跌停板，当日收出一根倒 T 字线。这根倒 T 字线与前一根 K 线之间留下了一个向下跳空的缺口。后来，该股经过两天的下跌后进入了整理行情。

2010 年 7 月 23 日，该股跳空高开，以涨停的方式收出一根光头光脚的小阳线。这根阳线与之前的 K 线之间留下了一个向上跳空的缺口。看到这种情形，投资者应该在当日或次日逢低买入股票。

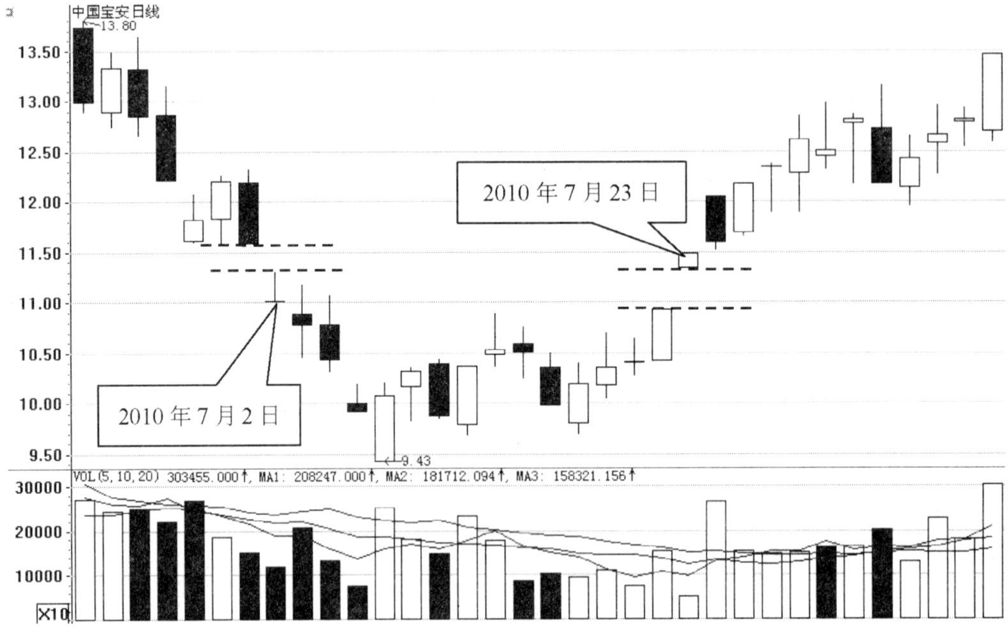

图3—14　底部岛形：中国宝安（000009）的日K线图

➲ 股海箴言

◆只有把握住合适的买入机会，才能真正做到“抄底”。只有能够准确识别各种底部形态的投资者，才能买在安全的位置，也才能获得丰厚的利润。

◆熊市中也会有很多上升行情，但是除了最后的底部外，其他全部是反弹行情。投资者如果在底部形态没有走出来之前，就急于进场，往往会被套在半山腰上。

第2节 顶部形态

技术导航

在上涨行情中，当股价抵达顶部区域后，往往会形成不同的技术形态，这种顶部形态比由个别K线或K线组合构成的见顶信号更为可靠。把握住顶部形态，就能够实现成功逃顶的愿望，将获利落袋为安。

一、圆弧顶的卖出点

形态特征

圆弧顶，又称锅盖顶，通常出现在股价的顶部区域，也就是一波上涨行情结束时。其形态表现为：股价经过一番上涨之后，升势减弱，并开始在高位反复震荡，经过调整后开始了下跌。把它的短期高点连接起来，就形成了一个向上凸起的圆弧状的顶，如图3—15所示。

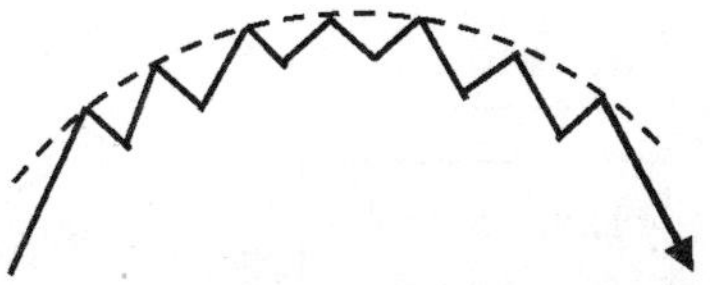

图3—15 圆弧顶

操作策略

（1）圆弧顶属于渐进渐变的形态。后市往往会有比较大的跌幅。

（2）圆弧顶并没有一个明确的卖出点。通常，投资者有两个较为有利的卖出机会：第一个是在上涨走势结束，股价和成交量从最高点开始逐渐下降时；第二个是圆弧顶构筑完成，股价加速下跌并形成有效突破时。

形态解析

（1）如果在股价上涨的过程中，成交量随之放大；而在股价下跌的过程中，成交量又能随之缩小，即成交量也呈现明显的圆弧状，则见顶信号的可靠性更高。

（2）圆弧顶形成的时间越长，说明多空力量转换越彻底，股价后期下跌的可能性就越大。

实盘案例

如图3—16所示，中国武夷（000797）的股价走势于2011年10月～12月形成了圆弧顶形态。

2011年10月下旬，中国武夷的股价开始发动了一波上涨。11月1日，该股收出一根大阳线，随后股价上涨趋势开始趋缓，形成了圆弧形上涨态势。11月16日，该股收出一根阴十字线，标志该股上涨行情开始转向下跌，随后，该股出现了一波缓慢的下跌走势。

12月5日，该股出现了跳空低开，标志着圆弧形态的确立。这时，投资者应该将手中股票悉数售出。

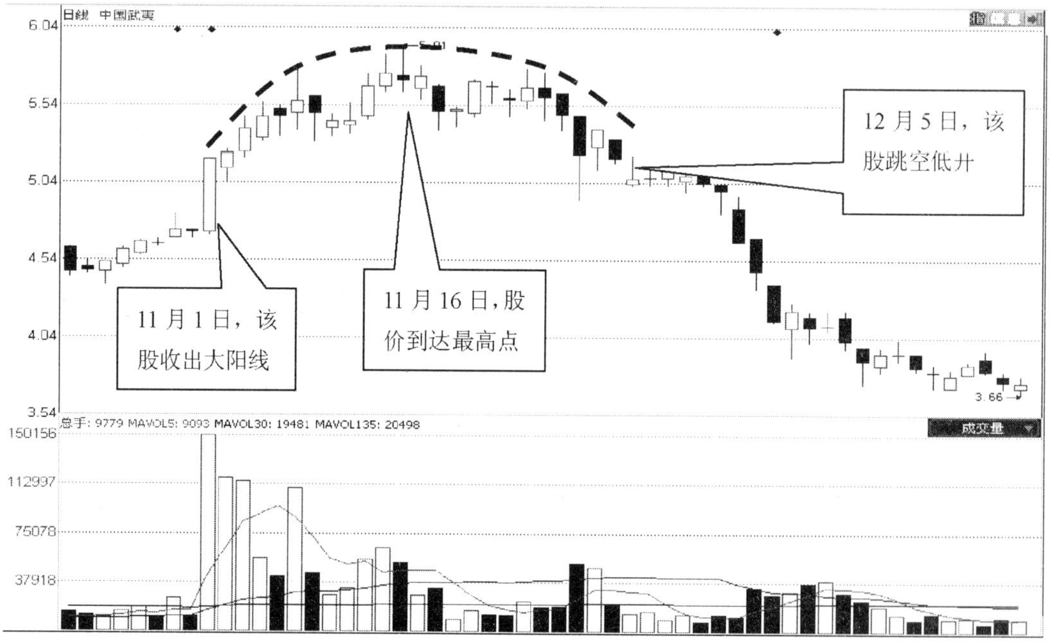

图3—16 圆弧顶：中国武夷（000797）日K线走势图

二、倒 V 形顶的卖出点

➲ 形态特征

倒 V 形顶，又称尖顶，出现在一段上涨行情的末尾。其形态表现为：股价先是经过一段快速上涨行情，上涨到一定高度后掉头向下，又开始了一段快速下跌行情，从而形成了一个形状像倒置的英文字母 V 的顶部走势。如图 3—17 所示。

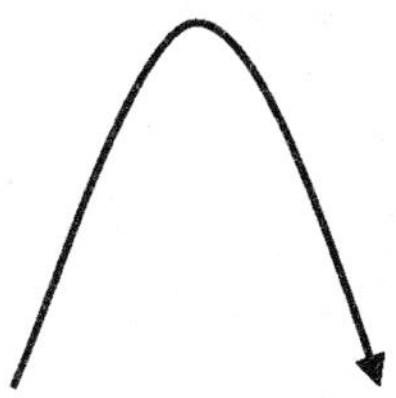

图 3—17　倒 V 形顶

➲ 操作策略

（1）当股价已经上涨了一段时间后，出现了倒 V 形顶形态，则反转信号的可靠性较高，投资者看到此形态后应该慎重持有股票。

（2）倒 V 形顶的卖点很难把握。从最高点快速向下回落的两三天里，经验丰富的投资者会果断实施减仓操作。因此，当股价放量下跌时，投资者也应该迅速跟进卖出。

（3）当股价下跌到倒 V 形顶开始快速上涨的价位时，可能会遇到一定的支撑，从而出现短暂的横盘整理。这是因为部分投资者不希望股价这样迅速跌落。不过股价一旦跌破这一支撑位，仍有很大的下跌空间，所以，投资者可以把这一横盘整理平台也视为一个卖点。

（4）基于倒 V 形顶的特点，投资者在及时卖出的同时，还应该认真分析股票的历史和行情的本质，注意倒 V 形顶目前所处的位置。当倒 V 形顶出现在低价位区域时，投资者可采取攻守兼备的半仓策略，这样既能预防风险，又不会踏空之后可能出现的上涨行情。

➲ 形态解析

（1）在倒 V 形顶形成的过程中，股价从顶部开始下跌时会伴随着成交量的明显放大。成交量越大，看跌的信号就越强烈，之后下跌的空间也就越大。

（2）形成倒V形顶时，前期上涨的速度越快、幅度越大，那么后期的下跌就会越猛烈，相应的跌幅也就会越大。

（3）倒V形顶的顶部位置常常会出现流星线、吊颈线、黄昏之星、乌云盖顶等K线或K线组合，投资者可以借助这些转势信号来识别倒V形顶。

➲ 实盘案例

如图3—18所示，2010年4月，惠天热电（000692）的日K线图上出现了倒V形顶形态。

惠天热电在2010年2月初，结束了横盘整理走势，重新进入上升通道。4月2日，以涨停的方式收出一根光头大阳线，吹响了加速上升的号角。4月23日，该股收出一根光头大阴线，吞噬了之前多日的涨幅。而当天的成交量明显放大了两倍，这说明前期利好已经放尽，主力正在加紧出货，股价的转折点出现。4月26日，该股低开并一路走低，收出一根大阴线，跌幅达7.24%，说明行情已经明显转弱。

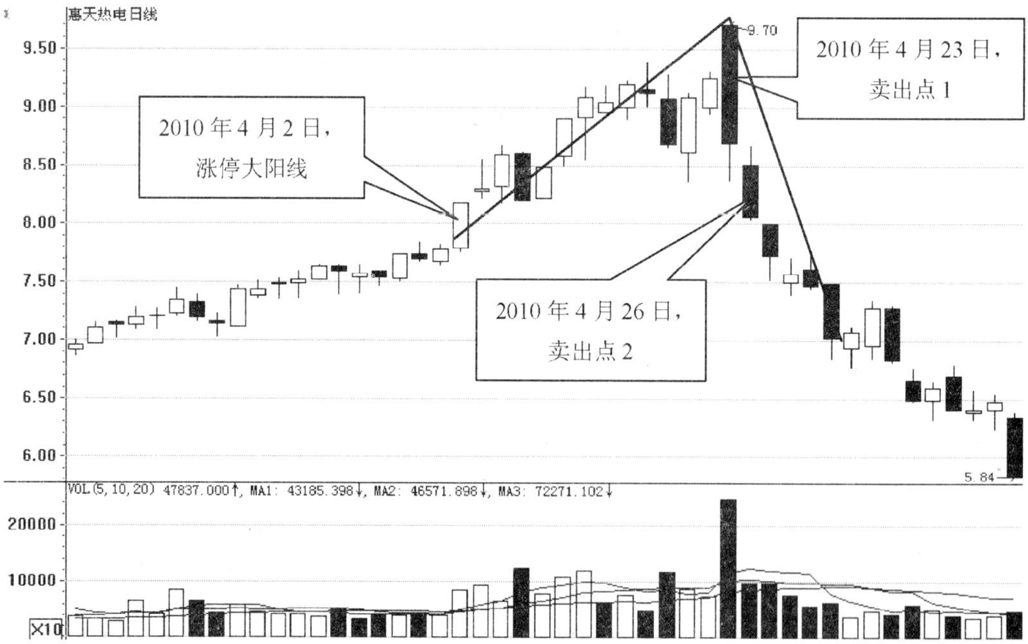

图3—18　倒V形顶：惠天热电（000692）的日K线图

三、M 形顶的卖出点

➲ 形态特征

M 形顶，又称双重顶，出现在一段上涨行情的末尾，该形态有两个明显的价格高峰，且两个高峰的最高点大致处于同一价位上，形状就像是一个英文字母 M。通过第一次回落的低点，画一条水平直线，就得到了 M 形顶的颈线。如图 3—19 所示。

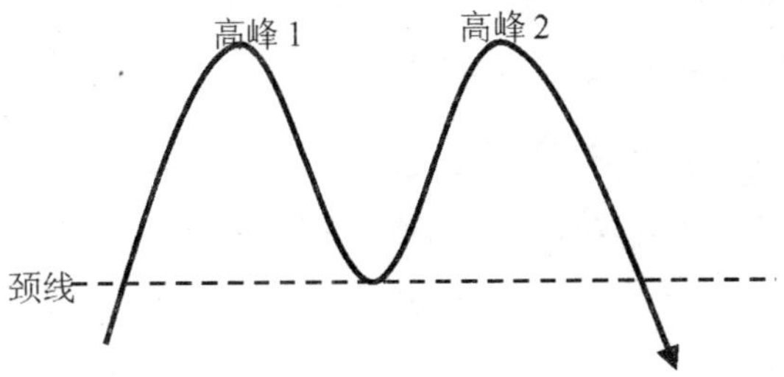

图 3—19　M 形顶

➲ 操作策略

（1）M 形顶形态是较为可靠的看跌信号，投资者看到此形态后应考虑卖出股票。

（2）如果出现第一个高峰之后，股价出现较大幅度的下跌，其后股价再度上升到前期顶点附近，但又无法突破前期顶点，同时成交量较前期有明显减少，则有形成 M 形顶的可能。这时投资者应先卖出部分股票、轻仓观望。

（3）M 形顶第一个明确的卖出信号出现在股价突破颈线位置时，这表明 M 形顶已正式形成，投资者应把握时机尽快卖出股票。

（4）股价在跌破颈线后，颈线从支撑位变成了阻力位。之后股价可能会对颈线有一个回抽动作以测试突破的有效性。如果股价在此位置受阻回落，则 M 形顶形态得到确认，这又是一个明确的卖出信号，仍持有股票的投资者应果断处理。

➲ 形态解析

（1）M 形顶两个顶点的相隔周期越长，在顶部的成交量越大，后市下跌的可能性就越大。

（2）在 M 形顶形成的过程中，如果第二个高峰的成交量小于第一个高峰的成交量，第二个顶点低于第一个顶点，则看跌的信号更为强烈。

（3）M形顶的最高点与颈线之间的垂直距离越大，通常表示未来股价下跌的幅度越大。

➲ 实盘案例

如图3—20所示，2010年3月~4月，ST华控（000607，当时称华智控股）的日K线图上出现了M形顶形态。

2010年2月，该股在震荡整理之后开启了新一轮的上涨行情。经过一番持续快速上涨，于4月2日收出一根上影线很长的中阳线。股价也在创出9.60元的近期新高之后开始回落，从而形成了M形顶的第一个高峰。

4月15日，股价在下跌过程中获得支撑而反弹，但反弹持续时间较短。4月23日，该股重新开始向下，形成了第二个高峰。这次的高峰低于前一个高峰，且成交量显著减少，出现M形顶形态的可能性较大。从第二个顶点下落的过程中，投资者应实施减仓操作以规避风险。

4月29日，该股股价跌破颈线位置，M形顶构筑完成，这时持股者应该果断卖出。此后不久，该股出现小幅回抽。5月6日，股价涨至颈线附近遇阻回落，此时还有剩余股票的投资者应该沽空出局。

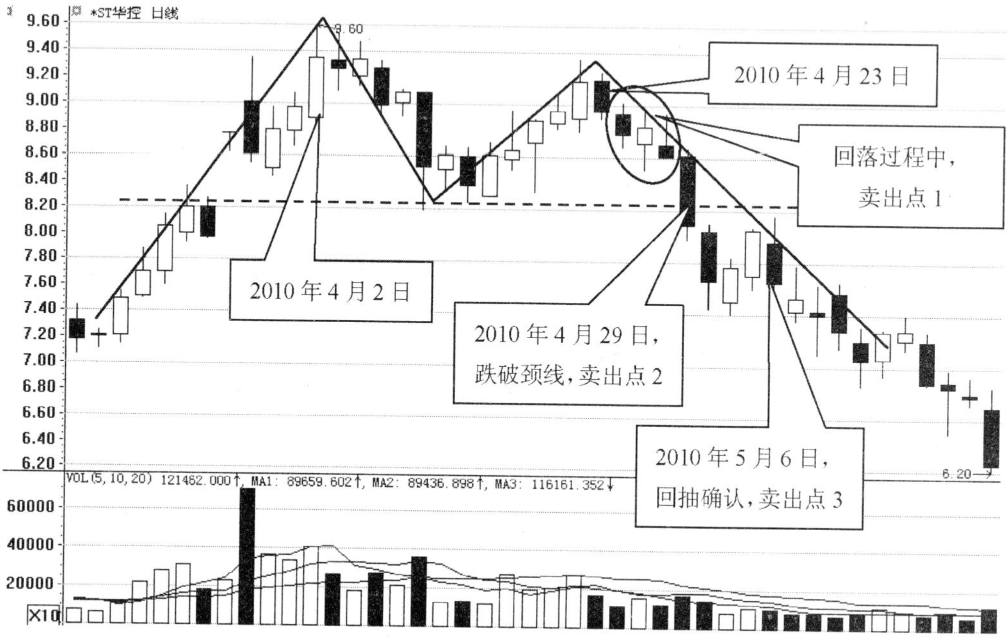

图3—20 M形顶：ST华控（000607）的日K线图

四、头肩顶的卖出点

形态特征

头肩顶，出现在上涨行情中，由三个高峰组成，左右两个高峰相对较低，基本处在同一水平位置上，中间一个高峰的高点明显高于左右两个高峰的高点，其形态就像一个人的头部和两肩。在两次回调的过程中，股价在非常接近的低点位置获得支撑，将这两个回调低点用直线相连就构成了头肩顶的颈线。如图 3—21 所示。

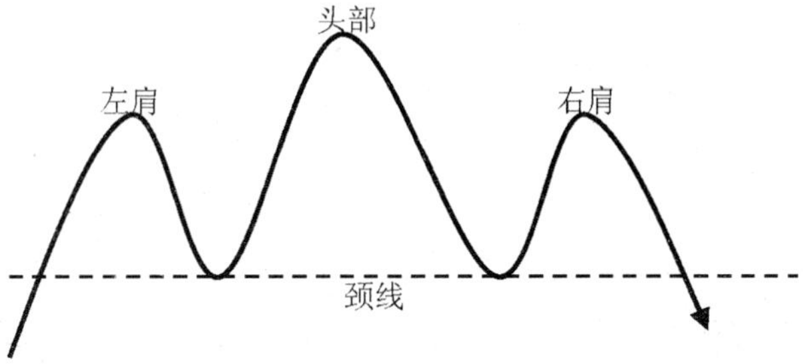

图 3—21 头肩顶

操作策略

（1）头肩顶形态是较为可靠的熊市信号，此形态出现之后常常会出现一波较为显著的下跌行情。投资者看到头肩顶形态后，应果断卖出股票。

（2）如果第二个高点的成交量较第一个高点大幅缩减，暗示头肩顶出现的可能性。

（3）当股价跌破了颈线位置，表示头肩顶形态构筑完成，这是头肩顶形态的第一个较为明确的卖出信号。如果颈线向下倾斜，表示后市下跌的可能性更大。

（4）股价跌破颈线后，往往会在不久之后回抽到颈线附近，如果股价上探回落，则向下突破的有效性便得到了确认，这是第二个明确的卖出信号。

形态解析

（1）成交量是表示头肩顶形态信号强弱的一个重要指标。如果在形成左肩和头部的过程中成交量显著放大，在冲破颈线形成右肩的过程中成交量却出现萎缩，说明看跌信号更可靠。

（2）一般来说，头肩顶形态较为平坦，需要较长的时间来完成。而形成头肩顶所用的时间越长，后市下跌的空间就可能越大。

（3）头肩顶形态可能演变成多个头部或多个肩部形态，但是其基本的技术含义并没有改变，并不影响作为头肩顶形态来进行研判。

➲ 实盘案例

如图 3—22 所示，2010 年 4 月 ~5 月，大连国际（000881）的日 K 线图上出现了头肩顶形态。从成交量来看，在左肩和头部形成的过程中，成交量明显放大；而在右肩形成的过程中，成交量出现了萎缩。这充分说明了多方力量被逐渐消耗，后市严重看跌。

2010 年 5 月 12 日，股价跌破了颈线，至此，头肩顶形态构筑完成，第一个明确的卖点出现，投资者应该将所持的股票果断出手。

2010 年 5 月 28 日、29 日，该股回抽到颈线附近遇阻回落，这是对头肩顶形态的确认。如果投资者还有剩余股票，就应该毫不犹豫地沽空离场。

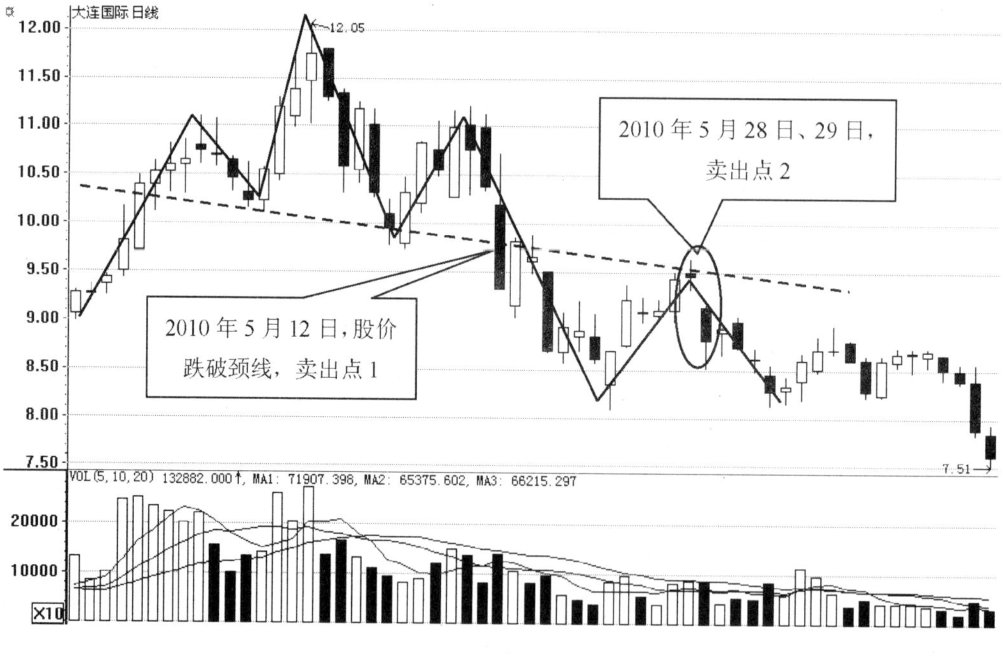

图 3—22　头肩顶：大连国际（000881）的日 K 线图

五、三重顶的卖出点

形态特征

三重顶，又称三尊头，出现在一段上涨行情的末尾，其形态表现为：股价在高位波动中，经历三次上升，但都在高点受到阻力而回落，从而形成了三个价格高峰，这三个高峰的顶点大致处于同一价位上。将三重顶两次回落的低点相连，便是三重顶的颈线。如图 3—23 所示。

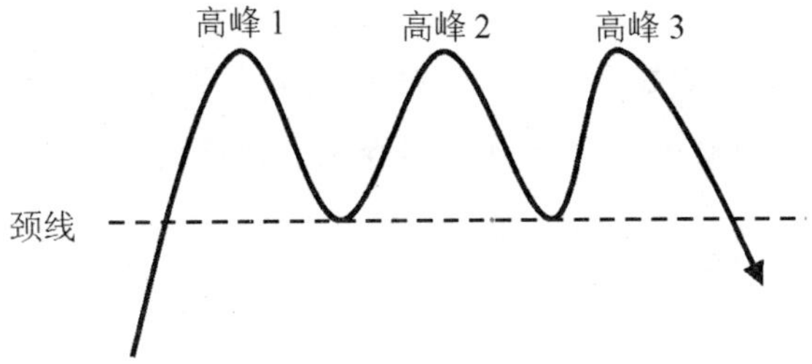

图 3—23 三重顶

操作策略

（1）在三重顶形态尚未完成时，如果前两次上攻失败，第三次上攻出现成交量萎缩的状况，或是未能达成之前的高度，则说明多方缺乏上攻动能，形成三重顶形态的可能性极大。此时，投资者应该进行减仓操作。

（2）当股价跌破颈线位置时，表明三重顶形态已经构筑完成，投资者应该将手中的股票尽快卖出。

（3）当股价跌破颈线后，可能在不久之后会回抽到颈线附近予以确认，这时股价往往会受阻再度下跌，对于投资者来说，这仍是一次卖出的良机。

形态解析

（1）在三重顶的三次回落过程中，成交量要呈现出逐次减小的势态，否则极有可能造成形态失败。而在最后一次回落时，如果成交量非常小，则更能显示出下跌行情的征兆。

（2）三重顶形成的周期越长，顶部整体的成交量越大，说明见顶的可能性越大，后市下跌的空间也会越大。

（3）三重顶的最高点与颈线之间的垂直距离越大，通常表示未来股价下跌的幅度越大。

➲ 实盘案例

如图 3—24 所示，2010 年 11 月～12 月，宏达新材（002211）的日 K 线图上出现了三重顶形态。

2010 年 12 月 20 日，该股跳空高开，然后一路走低，当天开盘价成为第三个顶部高点，这极有可能是主力托盘出货。投资者应该在这根大阴线形成的当日或次日卖出部分股票，轻仓观望。

2010 年 12 月 27 日，宏达新材的股价跌破了颈线位置，三重顶正式形成，此时，投资者应该把握机会卖出股票。2011 年 1 月 5 日，该股股价短暂回升，但在颈线附近遇阻再次下跌。这次回抽动作是对三重顶的确认。如果投资者还有剩余股票的话，此时应该马上将仓位清空。

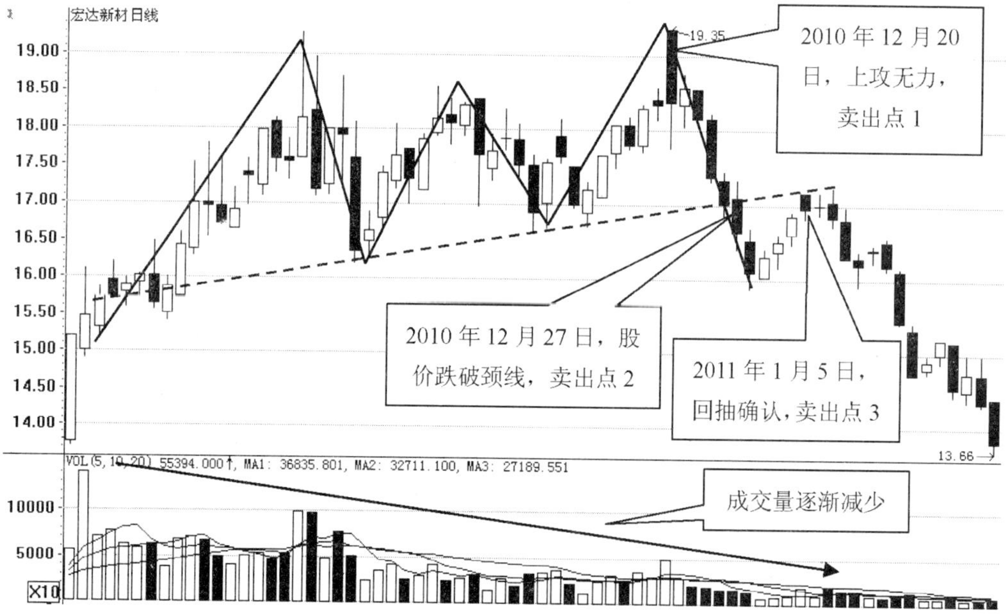

图 3—24 三重顶：宏达新材（002211）的日 K 线图

六、顶部岛形的卖出点

➲ 形态特征

顶部岛形，出现在上涨走势的末尾，其形态表现为：股价先是上涨，接着进入整理阶段，然后又开始下跌。在股价上升和下降的过程中分别出现了跳空缺口，且这两个缺口大致处于同一价位区域，从而使得缺口上面的K线形态成为一座“孤岛”。如图3—25所示。

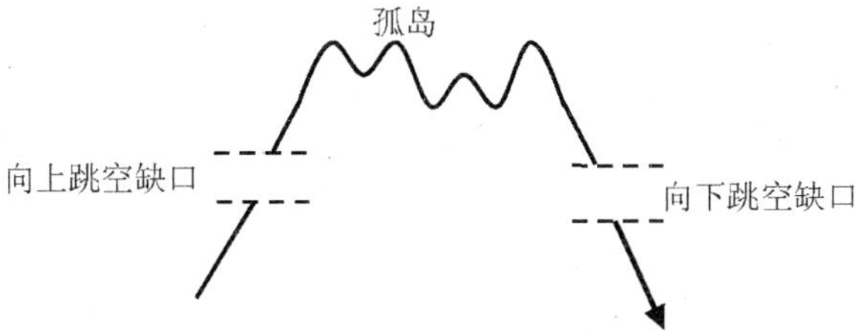

图3—25 顶部岛形

➲ 操作策略

（1）顶部岛形是后市下跌的信号，提示投资者应从看多转向看空。所以，当向下跳空缺口形成时，投资者就应抛空股票、出局观望。

（2）顶部岛形一旦形成，原来属于支撑位的缺口就会变成阻力位，股价之后反弹到这一位置时可能会遇到阻力。如果顶部岛形出现在高位，即使之后股价冲过了缺口，也不宜马上介入。

（3）某只股票的走势出现顶部岛形后，投资者在一段时间内最好不要过多关注该股，更不要盲目去抢反弹。

➲ 形态解析

（1）顶部岛形两个缺口之间相隔的时间可能是一天，也可能是几天或几周。通过对股市的长期观察可以发现，相隔的时间越短，后市下跌的力度反而越大。

（2）顶部岛形的反转不需要成交量的支持，一般情况下，此形态的下跌趋势具有一触即发的特点，无量也能形成较大的跌势。

（3）顶部岛形的走势有时会具有其他底部形态的特征。如果顶部岛形呈现明显的倒V形顶形态，则看跌信号更为强烈。

➲ 实盘案例

如图 3—26 所示，2010 年 9 月 ~ 10 月，中成股份（000151）的日 K 线图上出现了顶部岛形形态。

2010 年 9 月 6 日，正在上涨途中的中成股份高开高走，以涨停的方式收出一根光头光脚阳线，从而在走势图上留下了一个向上跳空的缺口。之后，该股开始了高位盘整。

2010 年 10 月 14 日，中成股份以跌停的方式收出一根大阴线。10 月 15 日，该股低开并收出一根光头阴线，因此形成了一个向下跳空的缺口。投资者应该在 15 日考虑将所持有的该股股票全部沽空。

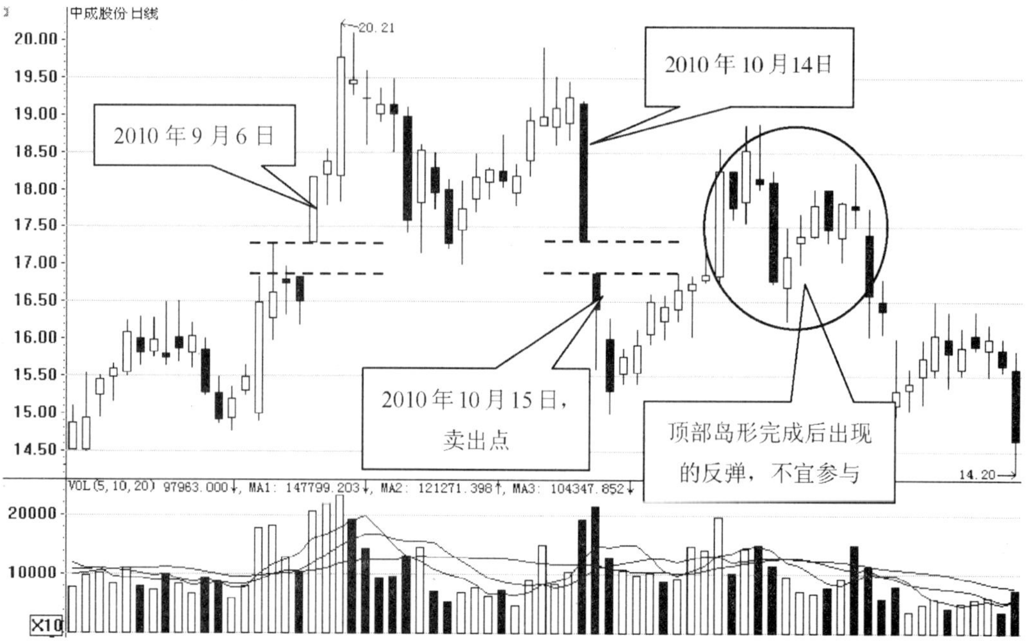

图 3—26　顶部岛形：中成股份（000151）的日 K 线图

➲ 股海箴言

◆只有把握住合适的卖出机会，才能真正做到“逃顶”。

◆牛市中也会有很多下跌行情，但是除了最后的顶部外，其他全部是调整行情。投资者如果在顶部形态没有走出来之前，就急于离场，往往会踏空未来的行情。

第3节　整理形态

➲ 技术导航

整理形态是股价运行的一个休整期，表示当行情向某个方向运行一段时间后，不再延续原趋势，而是开始进入一个反方向或者水平方向的运行形态，经过较长时间的整理之后，可能会继续按照原来的趋势运行，也可能将按照相反的方向运行。

一、上升三角形的买入点

➲ 形态特征

上升三角形，通常出现在上涨途中或下跌末期，该形态具有这样的特征：股价在反复震荡过程中，每次上涨的高点基本处于同一水平位置，而每次回落的低点却不断上移。随着形态发展，股价波动的幅度越来越小，即高点和低点逐渐靠拢。如果将这些高点和低点分别用直线连接，就形成了一个向上倾斜的三角形，如图3—27所示。

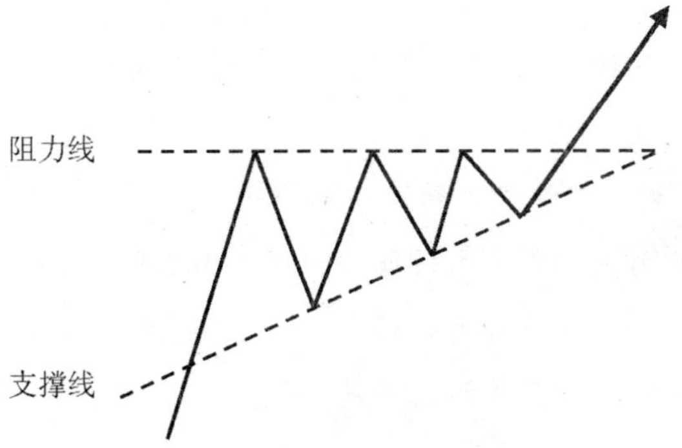

图3—27　上升三角形

➲ 操作策略

（1）上升三角形在上涨行情中出现，通常表现为中继信号；而在下跌行情中出现，则具有一定的转势意味。一旦股价放量突破上升三角形的上边线，投资者就应该果断买入。

（2）有时候，股价向上突破上升三角形后会有一次回抽，以确认突破是否有效。如果股价在三角形的上边线止跌回升就证明突破有效，投资者可在股价回升时迅速介入；如果股价又重新回到三角形之内，则表示形态失败，投资者应及时止损。

（3）上升三角形虽然绝大多数情况下是向上突破的，但少数情况下也可能会跌破支撑位。一旦形成向下破位，持币者不宜介入，而持股者应暂时离场。

➲ 形态解析

（1）通常在上升三角形形成的过程中，成交量会不断萎缩；但在向上突破时，成交量却会明显放大。如果在突破时，没有成交量的配合，那么看涨信号的可靠性将减弱。

（2）上升三角形高点与低点之间的最大垂直距离越大，股价向上突破后上涨的空间相应地也会越大。

（3）上升三角形不应在股价达到三角形上边线时才发生突破，否则，股价突破后上升空间会十分有限，甚至可能演化成横盘整理走势。

（4）当在高价位区域出现上升三角形，但股价却迟迟不能突破上边线，走势极有可能演变成M形顶或三重顶等顶部形态，这时投资者应实施减仓操作以回避风险。

➲ 实盘案例

如图3—28所示，2010年11月~2011年1月，三峡水利（600116）的日K线图上出现了上升三角形形态。

2010年11月初，处于上涨途中的三峡水利进入了横盘整理行情。在此阶段，股价上涨到某一位置附近时会遇到强大的阻力，因而上方形成了一条水平的阻力线；而股价回落所接触的低点却呈现逐渐升高趋势，将它们连起来近似一条向上的斜线。从形态上看，股价具有形成上升三角形的潜质。

2011年1月26日，该股在开盘后不久就被放量拉升，当股价突破三角形上边线时，投资者应该果断买入。当天，该股被封在了涨停板上，且之后一直没有被打开。1月27日，该股在前一日涨停的基础上跳空高开，且成交量明显放大，此时投资者可以加仓买入。

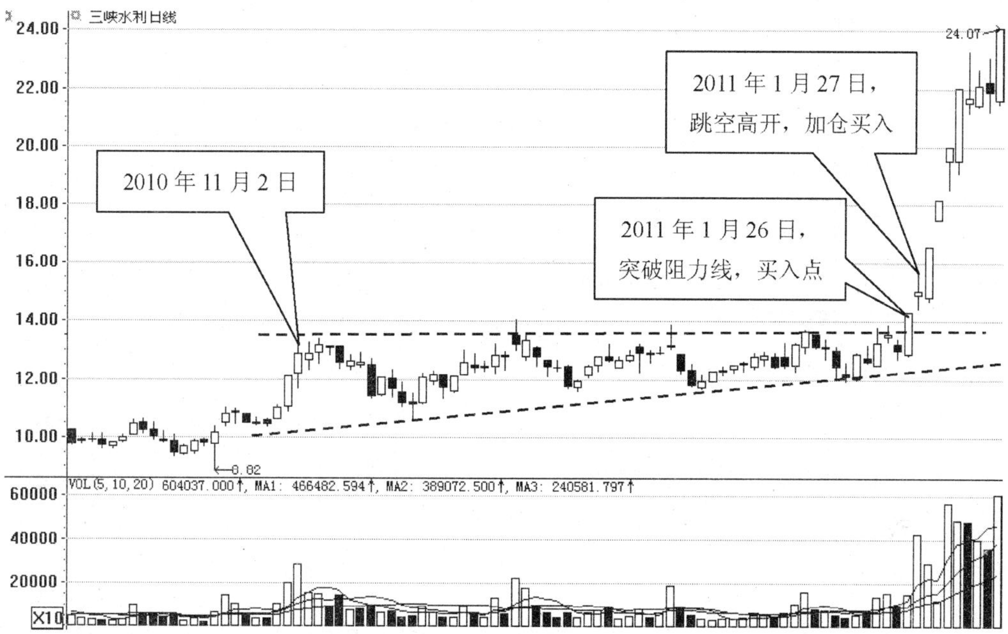

图 3—28　上升三角形：三峡水利（600116）的日 K 线图

二、下降三角形的卖出点

➲ 形态特征

下降三角形，通常出现在下跌途中或上涨末期，该形态具有这样的特征：股价在反复震荡过程中，每次下跌的低点基本处于同一水平位置，而每次反弹的高点却不断下移。随着形态发展，股价波动的幅度越来越小，即高点和低点逐渐靠拢。如果将这些高点和低点分别用直线连接，就形成了一个向下倾斜的三角形。如图 3—29 所示。

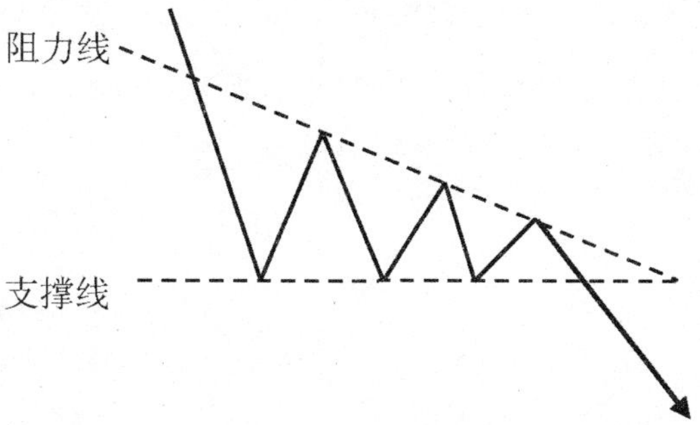

图 3—29　下降三角形

➲ 操作策略

（1）下降三角形在下跌行情中出现，通常表现为中继信号；而在上涨行情中出现，则具有一定的转势意味。因此，一旦股价跌破下降三角形的下边线，投资者就应该坚决卖出离场。

（2）有时候，股价向下突破下降三角形后会有一次回抽，以确认突破是否有效。如果股价在三角形的下边线受阻回落就证明突破有效，是投资者的另一个卖出机会；如果股价又重新回到三角形之内，则表示形态失败，但这时投资者仍不宜贸然介入。

（3）下降三角形在绝大多数情况下是向下突破的，但也有例外。一旦股价形成向上突破，持股的投资者不宜再卖出，而持币的投资者仍应以观望为佳。

➲ 形态解析

（1）通常在下降三角形形成的过程中，成交量不会出现极度萎缩情况，有时候甚至会出现量价背离。在向下突破时，成交量也不会有太大的变化。

（2）下降三角形高点与低点之间的最大垂直距离越大，股价跌破三角形支撑位后的向下拓展的空间相应也就越大。

（3）当在低价位区域出现下降三角形，如果股价持续整理，迟迟没有实现向下突破，那么走势极有可能演变成 W 形底或三重底等底部形态。

➲ 实盘案例

如图 3—30 所示，2011 年 8 月 ~ 10 月，孚日股份（002083）的日 K 线图上出现了下降三角形形态。在这段时间内，该股进入了震荡下跌行情。在反复震荡过程中，股价几乎在同一价位获得支撑，而反弹所形成的高点却越来越低，说明多方已经有些力不从心了。

2011 年 9 月 28 日，孚日股份的股价跌破了下降三角形的下边线（支撑线），这预示着股价将走向下跌之路，投资者应及时卖出股票。

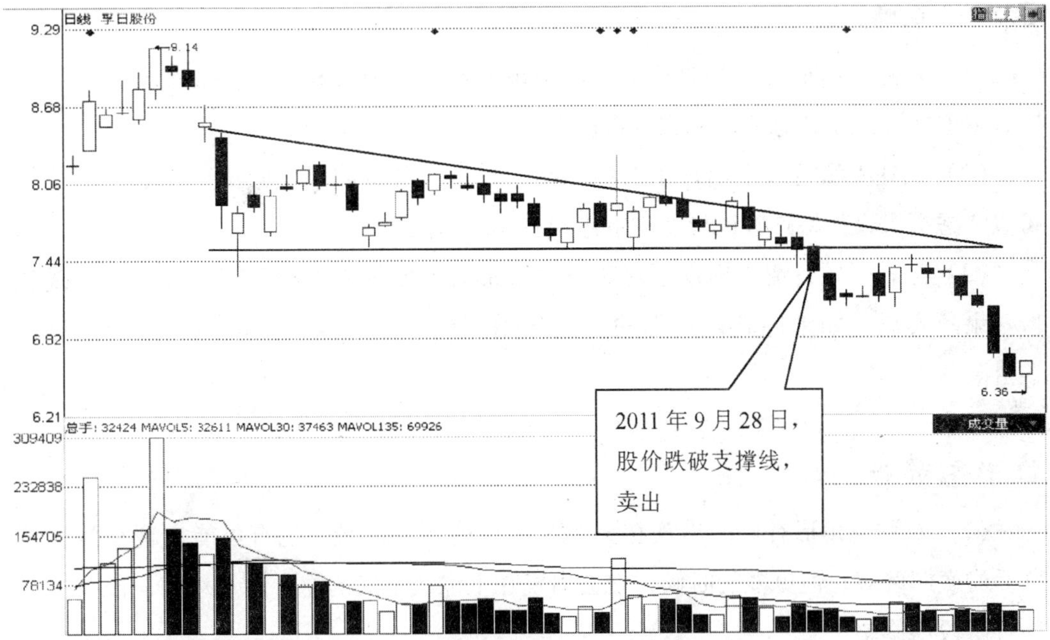

图 3—30 下降三角形：孚日股份（002083）日 K 线走势图

三、对称三角形的买卖点

➲ 形态特征

对称三角形，又称为收敛三角形，可以出现在任何行情中，其形态表现为：股价在一段时间内出现反复震荡整理局面，每次上升的高点都低于前一个高点，而每次下降的低点都高于前一个低点，于是股价波动幅度越来越小。如果将这些高点和低点分别用直线连接，就形成了一个逐渐收敛的三角形。如图 3—31 所示。

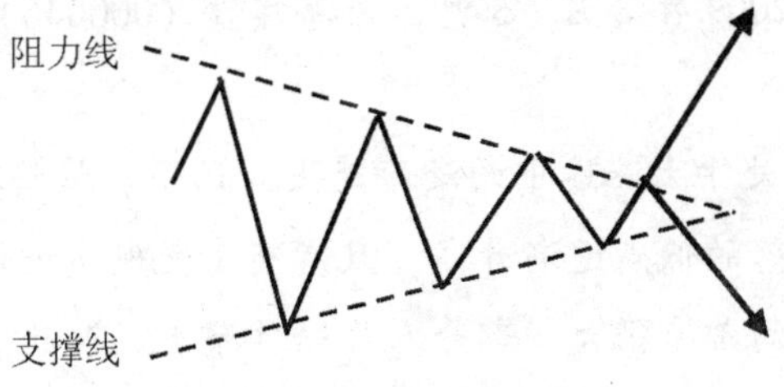

图 3—31 对称三角形

操作策略

（1）对称三角形是一种观望信号，在该形态的形成过程中，持股者或持币者都应该采取冷静观望的态度，不宜盲目操作。

（2）当在上涨行情中出现了对称三角形形态，股价如果突破该形态的上边线就可以考虑买入，如果跌破该形态的下边线就应该考虑卖出。

（3）当在下跌行情中出现了对称三角形形态，股价如果跌破该形态的下边线就应该果断卖出；如果冲破该形态的上边线则不能急于买入，应该等涨势确立后再买进。

形态解析

（1）对称三角形有可能出现在大幅上涨后的顶部区域，也有可能出现在深度下跌后的底部区域；但更多的时候，它会出现在上涨或下跌的途中，是对前一段行情的一种阶段性修整。

（2）对称三角形如果在上涨行情中出现，那么最终选择向上突破的可能性较大；如果在下跌行情中出现，那么最终选择向下突破的可能性较大。

（3）一般来说，对称三角形形态完成后，如果股价选择向上突破，则必须伴随着成交量的放大，否则有可能造成假突破。如果股价选择向下突破，成交量可能略微放大，但如果放出巨量，则极有可能是主力为了骗钱的洗盘动作。

（4）对称三角形向上突破后，股价上升到第一个高点的价位附近才会遇到阻力。因此，投资者通过这一高点画一条水平直线，并以此来度量突破后的最小涨幅。如果股价向下突破，那么也可以基于同样的方法来预测最小跌幅。

实盘案例

如图 3—32 所示，2009 年 2 月 ~3 月，泛海建设（000046）的日 K 线图上出现了对称三角形形态。

2009 年 2 月中旬，处于上涨途中的泛海建设开始了震荡整理。在整理过程中，上涨的高点逐渐降低，回落的低点逐渐升高，且成交量呈现减少趋势，说明多空双方僵持不下，多方和空方中间都有很大一部分人开始作壁上观。此时，投资者最好也保持观望姿态，静待明确的信号出现。

2009 年 3 月 17 日，该股以涨停的方式收出一根大阳线，股价一举冲破了对称三角形的上边线，买入点出现，这时投资者应该把握机会果断买进。

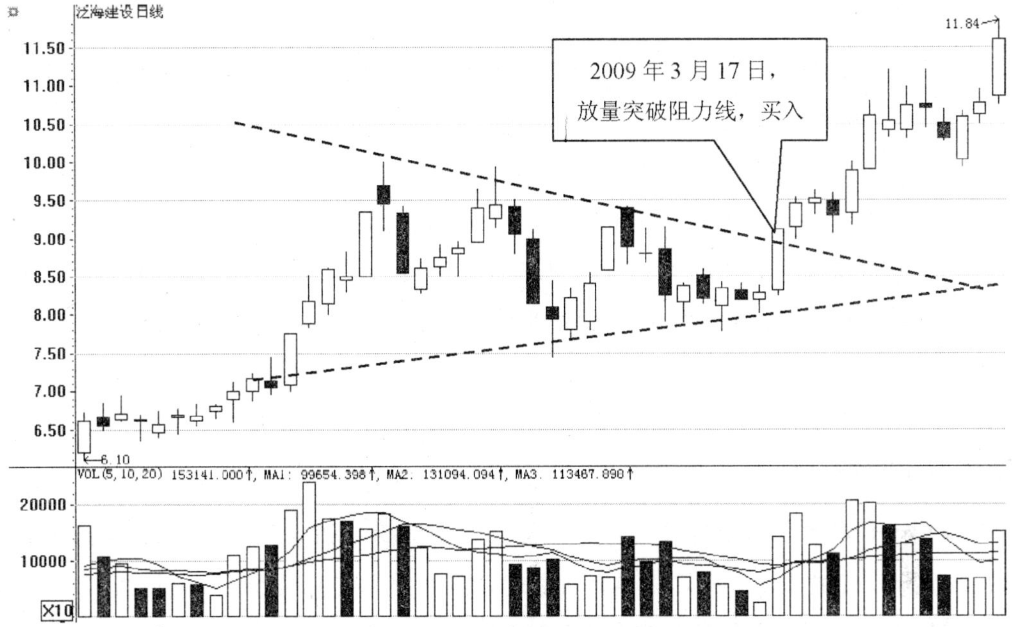

图 3—32　对称三角形：泛海建设（000046）的日 K 线图

四、上升楔形的卖出点

➲ 形态特征

上升楔形，又称上倾楔形，通常出现在下跌行情中，该形态表现为：在股价下跌过程中出现了一小段向上的震荡整理行情，将反弹的高点和回落的低点分别用直线相连，两条直线方向相同且呈收敛状，从而形成一个向上倾斜的楔子形态。如图 3—33 所示。

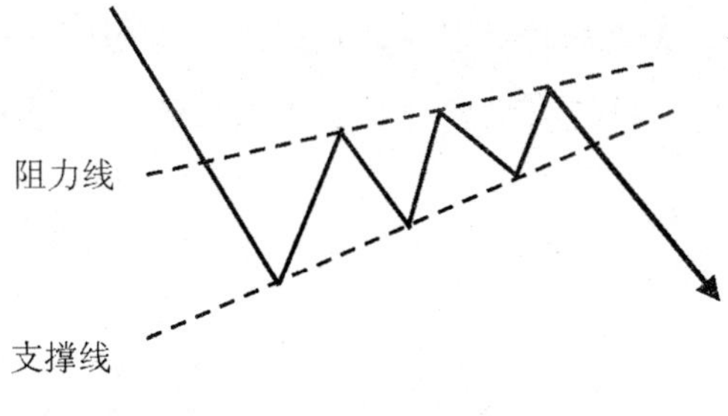

图 3—33　上升楔形

➲ 操作策略

（1）在下跌行情中出现上升楔形，一般只是投资者低位补仓或短线操作所致，不会影响下跌趋势的发展。因此，该形态通常表现为下跌中继信号。

（2）当股价跌破上升楔形的下边线时，表明上升楔形正式完成，投资者应该尽快将手中的股票抛空。

（3）上升楔形完成向下突破后，有时也会出现向上的回抽动作。出现回抽时，空仓的投资者不宜介入，仍然持股的投资者则应该抓住这一机会将剩余的股票全部卖出。

➲ 形态解析

（1）上升楔形在形成过程中，成交量一般会呈持续萎缩状态。当股价逐渐接近顶点，成交量也越来越少，这种量缩价涨的背离现象说明上涨势头不会持久。

（2）在向下突破上升楔形的下边线时可能会有成交量的配合，也可能不会。

（3）上升楔形形成的时间较长，一般至少需要三周（15 个交易日），有时甚至会持续 3 ~6 个月。持续的时间越长，下跌信号的可靠性越高，之后股价下跌的力度也会越强。

➲ 实盘案例

如图 3—34 所示，2011 年 9 月 ~11 月，美克股份（600337）的日 K 线图上出现了上升楔形形态。

2011 年 10 月 11 日，该股收出一根跌幅为 3.54% 的中阴线，然后该股进入了整理行情。在波动中，该股反弹的高点和回落的低点都有逐渐上升的趋势，且高点的连线和低点的连线呈收敛状，从而形成了一个上升楔形形态。

2011 年 11 月 17 日，美克股份的股价跌破了上升楔形的下边线，形成了一个较为明显的卖点，看到此情形，仍持有该股的投资者应该迅速清仓离场。

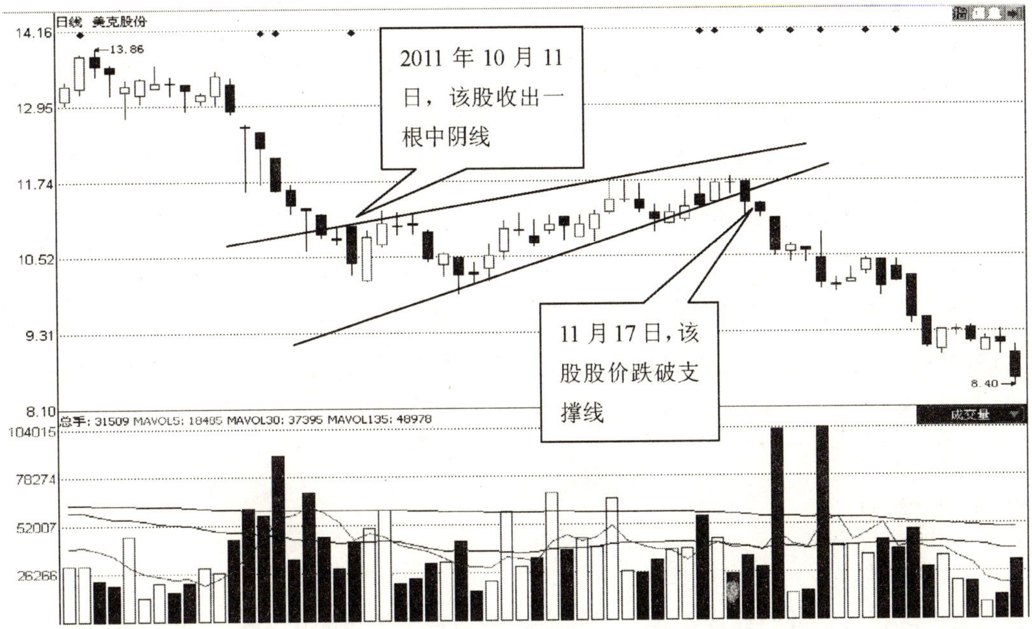

图 3—34 上升楔形：美克股份（600337）日 K 线走势图

五、下降楔形的买入点

➲ 形态特征

下降楔形，又称下倾楔形，通常出现在上涨行情中，该形态表现为：在股价上升过程中出现了一小段向下的震荡整理行情，将反弹的高点和回落的低点分别用直线相连，两条直线方向相同且呈收敛状，从而形成一个向下倾斜的楔子形态。如图 3—35 所示。

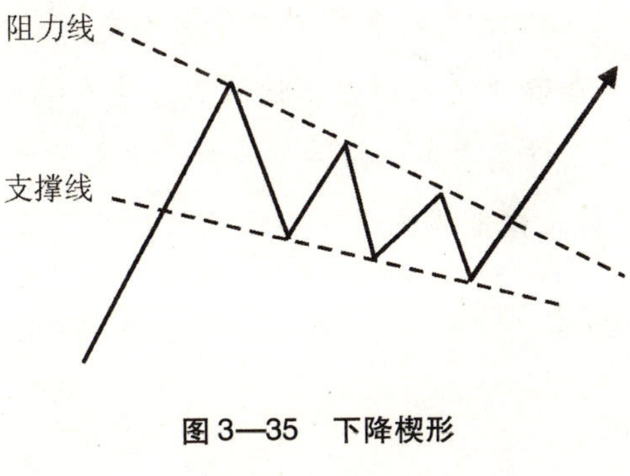

图 3—35 下降楔形

操作策略

（1）在上涨行情中出现下降楔形，一般只是前期获利的短线投资者的卖出行为所致，不会影响上升趋势的发展。因此，该形态通常表现为上涨中继信号。

（2）在下降楔形的后半阶段，也就是形态快要完成之前，投资者无论是持股还是持币，都应该保持观望的态度，最好不要轻举妄动。日后，一旦发现股价向上突破下降楔形的上边线，投资者便可以积极买入。

（3）下降楔形完成向上突破后，可能会出现一次向下回抽。如果股价在楔形的上边线获得支撑，则证明突破有效，投资者可再度买入股票。如果股价跌破这一位置，投资者则需要考虑斩仓止损。

形态解析

（1）下降楔形在形成过程中，成交量一般会呈持续萎缩状态，但是在突破上涨时，却应该有成交量的放量配合，否则会影响到看涨信号的可靠性。当然如果之后股价放量上涨也可以予以确认。

（2）下降楔形的形成时间较上升楔形稍短一些，但是也至少需要两周（10 个交易日）时间。

实盘案例

如图 3—36 所示，2009 年 2 月 ~3 月，山煤国际（600546）的日 K 线图上出现了下降楔形形态。

2009 年 2 月 10 日，处于上涨行情中的山煤国际收出一根光头大阳线，然后股价进入了整理走势。在波动中，该股反弹的高点和回落的低点都有逐渐下降的趋势，且高点的连线和低点的连线呈收敛状，从而形成了一个下降楔形形态。

下降楔形的下边线比上边线更趋于水平，且在形态形成的过程中成交量逐渐萎缩，因而可以认为下方存在较强的支撑力，股价很可能在调整结束后重回上升轨道。这时，持股的投资者不宜将股票卖出，而持币的投资者应该对后市保持关注。

2009 年 3 月 19 日，股价放量突破下降楔形的上边线，买点出现。投资者应该把握机会、积极买入。

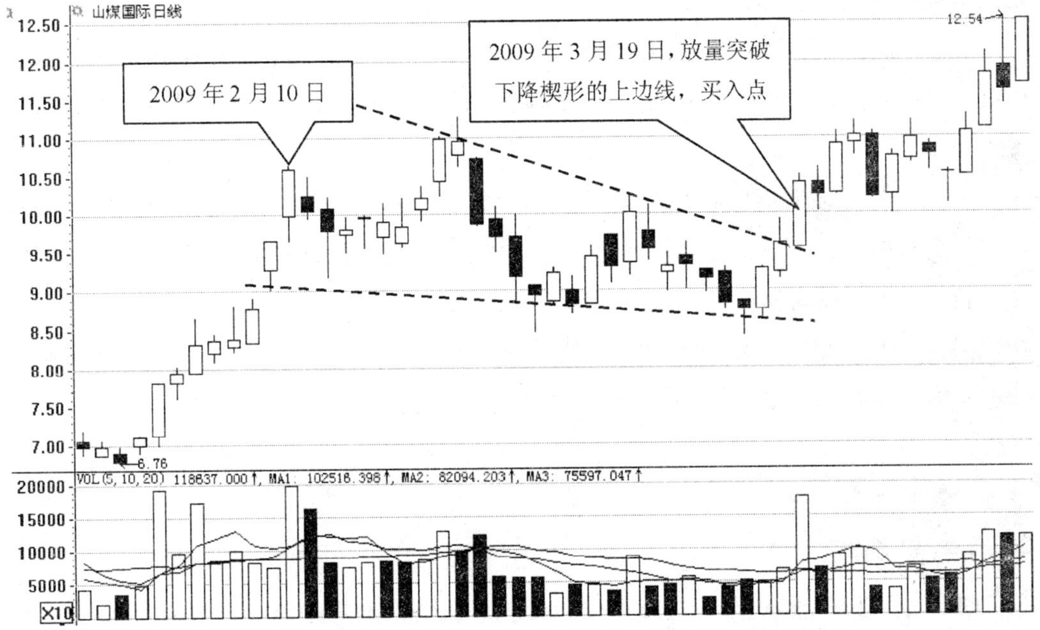

图 3—36　下降楔形：山煤国际（600546）的日 K 线图

六、矩形整理的买卖点

➲ 形态特征

矩形整理，又称箱型整理，是股市中最典型的整理形态，可以出现在任何行情中，该形态表现为：股价在一定的价位区间内上下波动，将上涨的高点和下跌的低点分别相连，就形成了两条平行的水平直线。如图 3—37 所示。

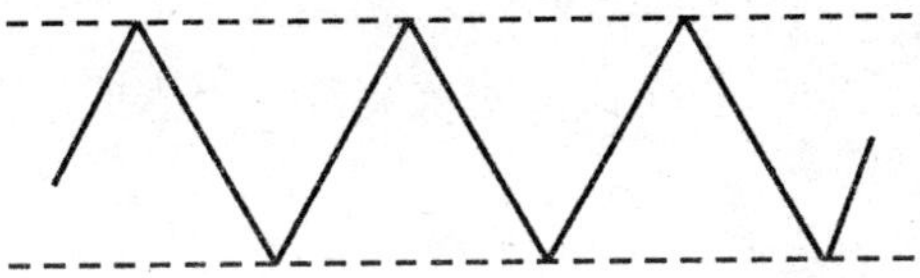

图 3—37　矩形整理

➲ 操作策略

（1）绝大多数情况下，矩形表现为一种中继形态，表示股价经过整理后仍然会按照原来的趋势运行。但是矩形整理出现后，投资者仍需要根据股价的历史走势和其他技术指标来判断其是否有演变成反转形态的可能。

（2）在矩形整理没有形成有效突破之前，如果矩形的上下边线距离较远，那么投资者可以在前期采取高抛低吸的短线策略；但如果矩形较窄，那么投资者最好保持观望姿态。

（3）经过一段时间的横向整理后，当股价向上有效突破矩形的上边线时，表示多方开始占据优势，投资者可以考虑买入股票；当股价向下有效突破矩形的下边线时，表示空方开始占据优势，投资者应该考虑卖出股票。

（4）矩形作为中继形态出现，股价在突破后可能会有一个回抽动作，如果在回抽过程中，股价没有回到原来的矩形整理区间，则是投资者第二个买入或卖出的机会。

➲ 形态解析

（1）矩形整理常常是在庄家强行洗盘下形成的，上边的阻力线是庄家预定的洗盘位置，下方的支撑线是护盘底线。因而，该形态出现在上涨途中的概率较高，也最具有价值。

（2）在矩形整理形成的过程中，成交量应该不断减少。特别是从高点回落时，成交量必须呈现逐渐萎缩的态势。

（3）股价向上突破矩形的上边线时，必须是伴随成交量的放大才有意义；而向下突破时，则不必有成交量的放量配合。

（4）矩形形成的过程中，成交量一直持续在较高的水平，则有可能是庄家托盘出货，即使之后向上突破也可能是一个诱多陷阱，投资者对此要多加提防。

（5）矩形整理完成之后，未来股价的涨幅或跌幅至少应该等于矩形的高度。

（6）矩形整理的形成时间要比三角形、旗形等整理形态都长，通常会超过 4 周（20 个交易日）。矩形整理的周期越长，完成突破后上涨或下跌的幅度相应也会越大。

➲ 实盘案例

如图 3—38 所示，2010 年 9 月～10 月，南玻 A（000012）的日 K 线图上出现了矩形整理形态。

2010 年 9 月 14 日，收出一根光脚阳线，这天的最高价也成为短期内的一个高点。之后该股开始回落并在前期的密集成交区域受到支撑反弹，从而形成一个低点。然后，股价便一直在高点和低点之间的水平通道中运行，形成矩形整理走势。

2010 年 10 月 28 日，该股出现放量突破矩形的上边线，且当天收于涨停位置。此时，投资者可以买入股票、持股待涨。11 月 4 日，该股回抽到矩形的上边线附近获得支撑，再次放量上涨，此时投资者可加仓买入。

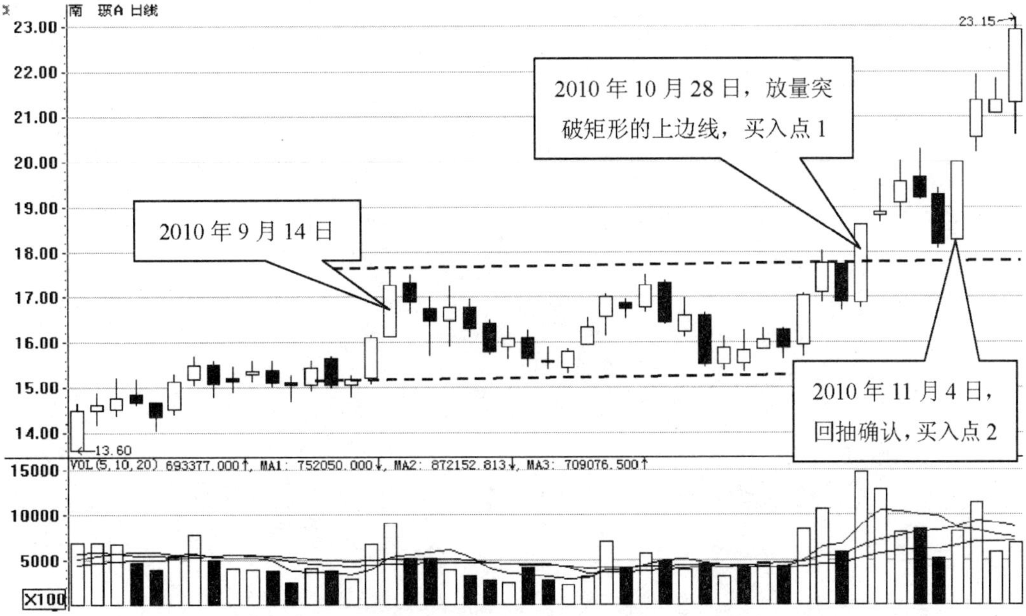

图 3—38　矩形整理：南玻 A（000012）的日 K 线图

➲ 股海箴言

◆当股价沿着一定的方向运行了一段时期之后，便会进入整理行情，进行休整。这种休整既有可能是前期趋势的主导方由于消耗过大，在重新聚集力量，又有可能是前期较弱的一方在为反攻做准备。休整过后，股价将按照力量较强的一方的意愿运行。

◆在大牛市中，股价的回调整理为踏空投资者提供了一个很好的介入机会；在大熊市中，股价的反弹整理为持股投资者提供了一个很好的卖出机会。要想把握住这些机会，就要对整理形态有深入的了解。

第四章

趋势分析

——股价趋势的判断技巧

第1节　趋势的基本形式

➲ 技术导航

股价随时间的推移，在图表上会留下自己的痕迹，这些痕迹会呈现一定的方向性，因此称为趋势。趋势一旦形成，股价的波动就会沿着既定的方向运行，直到趋势由于遇到外来因素破坏而改变为止。

一、趋势的基本概念和运行方向

简而言之，趋势就是一定的时间周期内股票价格的运动方向，或者是股票市场的运动方向。市场不会沿着一个方向直线运动，而是曲折蜿蜒的，恰似前赴后继的一组组波浪，在不断的波动中形成了一个又一个明显的波峰和波谷，当这些波峰和波谷在一个时间段中，按照一定的规律发展，就形成了这个时间段内股价的整体发展趋势。

趋势一旦形成，股价的波动就会沿着既定的方向运行。趋势有三种方向：上升、下降和水平。在上升趋势中，虽然有时也会下降，但不影响上升的大方向，不断创出的新高会使偶尔出现的小幅下降黯然失色；在下降趋势中，虽然有时也会上升，但也很难改变下降的大方向，不断出现的新低会使投资者悲观失望；而在水平趋势中，股价时而上升，时而下降，但总体方向是横向延伸的。

1. 上升趋势

当市场需求量大于供应量时，股票价格就会从低位向高位波动，从而形成了上升趋势，如图4—1所示。在上升趋势中，每个后面的波峰都要高于前面的波峰，每个后面的波谷也都要高于前面的波谷，也就是人们常说的一底比一底高或底部抬高。这种趋势如能持续较长时间，就属于典型的牛市特征，投资者宜采取先买后卖的交易策略。在上升趋势中股价短暂回调形成低点并重新回升时，也是较好的买入时机。

图 4—1　上升趋势

2. 下降趋势

当市场供应量大于需求量时，股票价格就会从高位向低位运行，从而形成了下降趋势，如图 4—2 所示。在下降趋势中，每个后面的波谷都要低于前面的波谷，每个后面的波峰也都要低于前面的波峰，也就是人们常说的一顶比一顶低或顶部降低。这种趋势如能持续较长时间，就属于典型的熊市特征，投资者应该采取先卖后买的交易策略。在下降趋势中股价短暂反弹形成波段高点时，也是较好的卖出时机。

图 4—2　下降趋势

3. 水平趋势

当市场供应量与需求量基本平衡时，股票价格就会在某一价格区间内波动，从而形成水平趋势，也称横盘整理行情，如图 4—3 所示。横盘整理，分为宽幅盘整和窄幅盘整。如果这种趋势持续的时间较长，就属于典型的“牛皮市特征”。在宽幅盘整时，投资者可以通过低买高卖进行波段操作；但如果股价处于窄幅盘整中，投资者则应坚持观望。水平趋势对上一轮上涨或下跌行情的消化，也是对下一轮上涨或下跌行情的能量储备。趋势持续的时间越长，后期爆发的力度越大。

图 4—3　水平趋势

下面来看一个深证成指的实盘示例，可以简单地认识一下上升、下降和水平这三种趋势。

图 4—4 是深证成指 2011 年 6 月下旬 ~8 月初的大盘走势图。深证成指先是处于上升趋势中，当上涨到一定阶段后，股价开始横盘整理，形成了水平趋势。经过十几天的横向移动后，股价开始下跌，进入了下降趋势。

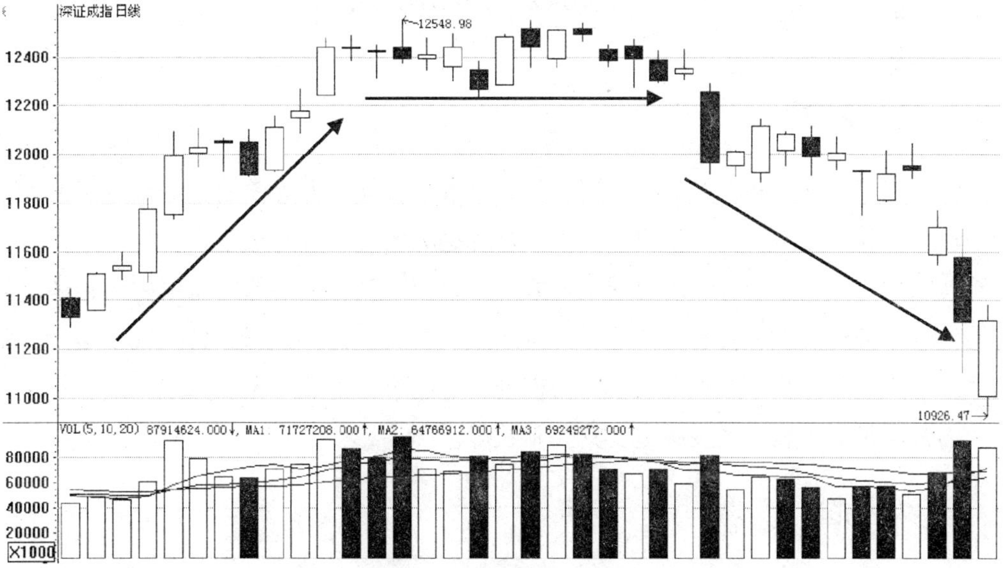

图 4—4　趋势的方向：深证成指的日 K 线图

二、主要趋势、次要趋势和短暂趋势

根据时间的长短，股票价格的运动周期可以分为长期、中期和短期三种类型，相应地股价的运动也有三种趋势：主要趋势、次要趋势和短暂趋势，如图 4—5 所示。

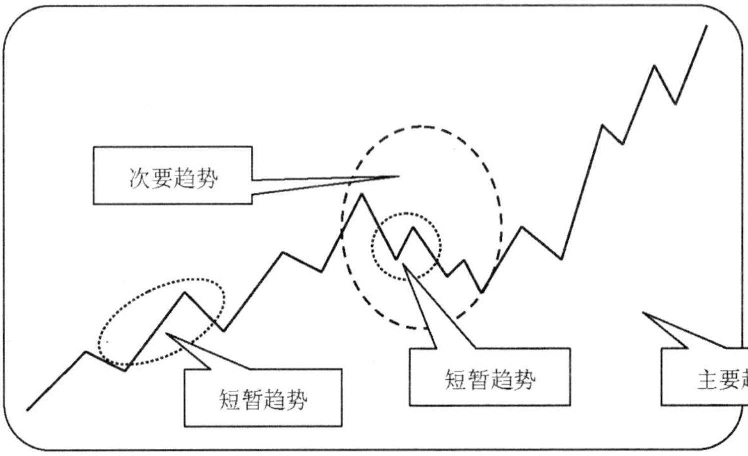

图 4—5 主要趋势、次要趋势和短暂趋势

1. 主要趋势

主要趋势，又称基本趋势、长期趋势，是股价长期且大规模的上涨或者下跌的变动情形，也就是通常所说的牛市和熊市。这种趋势的持续时间通常在一年以上，有时甚至持续数年。主要趋势是趋势的主要方向，投资者只有准确地判断出主要趋势之后才能做到顺势而为。主要趋势持续上升就形成了多头市场，说明市场牛气十足、非常活跃；主要趋势持续下降就形成了空头市场，说明市场萎靡不振、持续下跌。对主要趋势的判断是否正确，直接决定了其获利状况。

2. 次要趋势

次要趋势，又称修正趋势、中期趋势，指穿插于主要趋势之中的修正行情。当股价持续推进过快或上涨到一定阶段的时候，往往会进行局部的回调以修正整个走势，这个调整的动作是由次要趋势来完成的。这类趋势通常持续 3 周至数月不等，回调的幅度一般为基本趋势的 1/3 到 2/3 左右，最常见的是回调到 50% 左右的位置。如果回调过头，突破了主要趋势发生前的低点，那就不是调整而是趋势反转了。次要趋势对中长线投资者具有非常重要的意义。由于中途变数太多，即使是再有耐心的投资者也撑不到主要趋势走完之时，因此，抓住次要趋势中的获利机会尤为珍贵。

3. 短暂趋势

短暂趋势，又称小趋势、短期趋势，是贯穿于整个主要和次要趋势之中的较小的短时间波动行情，通常持续时间不超过4个星期。短暂波动有一定的随机性，其波动方向有时与主要趋势相同，有时相反。短暂趋势可以回撤到次要趋势的1/3、1/2或2/3处，如果回撤过了头，那就不是回撤而是主要趋势继续发力了。因此，短暂趋势的转折点往往是投资者的买卖机会，中长线投资者可以借此找到进场或出场时机，而短线投资者也能捕捉有效的利润段。

如果用大海的波浪来比喻股市的运动，那么潮汐对应的是主要趋势，浪涛应对的是次要趋势，波纹对应的是短暂趋势。潮汐的基本趋势是一定的，一浪高过一浪的涨潮是牛市行情，一浪低于一浪的落潮是熊市行情。次要趋势是潮涨潮落过程中的调整，而短暂趋势是杂乱无章的波纹。在分析趋势的过程中，应按照从长到短的原则，先分析主要趋势，再分析次要趋势，最后分析短暂趋势。

图4—6是上证指数某一个时间段内的走势图，从图中可以看出，主要趋势中有次要趋势，次要趋势中有短暂趋势。其主要趋势是上升趋势，中间出现的回调走势都是次要趋势。而次要趋势中的反弹属于短暂趋势。由于短暂趋势并不明显所以很难把握。所以，次要趋势至关重要，起着承上启下的作用。

图4—6 趋势的运行周期：上证指数的日K线图

➲ 股海箴言

◆趋势有不同的方向，可能上升，可能下降，也可能水平移动；趋势有不同时间跨度，可能是持续一年多的长期趋势，可能是包含数月的中期趋势，也可能仅是反映几天走势的短期趋势。对趋势的全面了解有助于对重要的价格形态和技术指标进行评估。

◆主要趋势制约次要趋势，次要趋势制约短暂趋势。对于股市技术分析来说，趋势是必不可少的。

第2节　趋势线和通道线

➲ 技术导航

在分析趋势的时候，投资者通常是利用趋势线和通道线进行分析的。趋势线和通道线是衡量趋势发展的手段，根据它们的方向以及对股价对它们的突破可以明确地看出股价的运行和转折方向。

一、趋势线：主要的趋势分析工具

1. 趋势线的概念

在上升趋势中，将两个或者两个以上的最初的波谷低点或者最有代表性的波谷低点相连接，就能得到一条向右上方倾斜的上升趋势线；在下降趋势中，将两个或者两个以上的最初的波峰高点或者最有代表性的波峰高点相连接，就能得到一条向右下方倾斜的下降趋势线；在水平趋势中，将两个或者两个以上波峰高点或波谷低点相连，就能得到一条横向移动的水平趋势线。连接时，可以允许有少许误差。如图4—7所示。

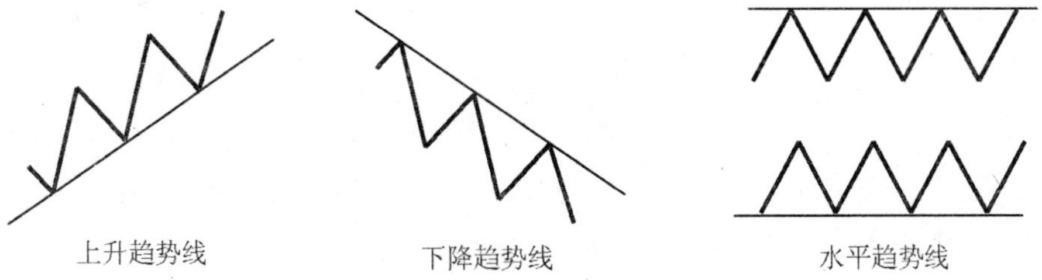

图4—7　上升势线、下降趋势线和水平趋势线

2. 趋势线的确认

通常而言，趋势线维持的有效时间越长，或者股价走势与趋势线接触的次数越

多，趋势线就越有效，用它来进行预测就越准确。

要想得到一条真正有效的趋势线，要经过多方面的验证才能最终确认。首先，必须判断趋势确实是存在的。即：在上升趋势中，必须确认出两个依次上升的低点。而在下降趋势中，必须确认两个依次下降的高点，才能确认趋势的存在，由此连接两个点的直线才有可能成为趋势线；其次，画出直线后，还应得到第三个点的验证才能确认这条趋势线是有效的。

此外，趋势线的倾斜角度也至关重要。倾角小于30度的趋势线，很难显示出力量，产生一个较大行情的可能性较低。如果倾角过小，就会向水平趋势看齐。但是趋势线如果过于陡峭也不能持久，股价很容易跌破趋势线，从而造成趋势逆转。

投资大师江恩认为，当趋势线呈现45度角时，是最为可靠的上升趋势线，通常趋势会持续上升，短时间内不会逆转。而当趋势线接近于水平状态时，它在技术心理上的作用也是非常重要的，水平趋势线充当了多空临界线的作用，对水平趋势线的突破往往会引发产生新的上升或下降趋势。当上升趋势线从45度，逐渐变成0度水平时就会引起投资者的警惕，而当股价跳到水平趋势线下方，形成向下倾角时，就会引发一波疯狂的抛售行为。

3. 趋势线的修正

原来的趋势线需要经过多次检验才能证明其有效，因此，投资者需要根据股价的实际走势对趋势线进行修正。

在上升趋势中，假如原来的趋势线连在两个最初的低点上，第三次股价回调时曾一度跌破该线，但之后又重新回归该线之上，则说明趋势线需要修正。投资者可以把趋势线设定为第一个低点和第三个低点的连线，也可以设定为第二个低点和第三个低点的连线。当股价再度回调，出现第四个低点时，就可以看它的落点是在哪条趋势线上，从而获得一条较为稳定而准确的趋势线。在下降趋势中的修正方法与上升趋势基本类似。

如图4—8所示，当时新五丰处于上升趋势，通过最初的两个低点可以作出一条趋势线A。由于此趋势线倾角过大，所以很容易被跌破，股价走势在此线下方形成了第三个波谷低点。这时，投资者可以将第一个低点和第三个低点连成趋势线B，同时将第二个低点和第四个低点连成趋势线C。至于哪一根正确，则要看价格的第四次回调落在哪里了。在第四次回调时，股价在趋势线C上获得支撑，通过了验证。此后的走势也证明，趋势线C是有效的，具有极强的支撑力。

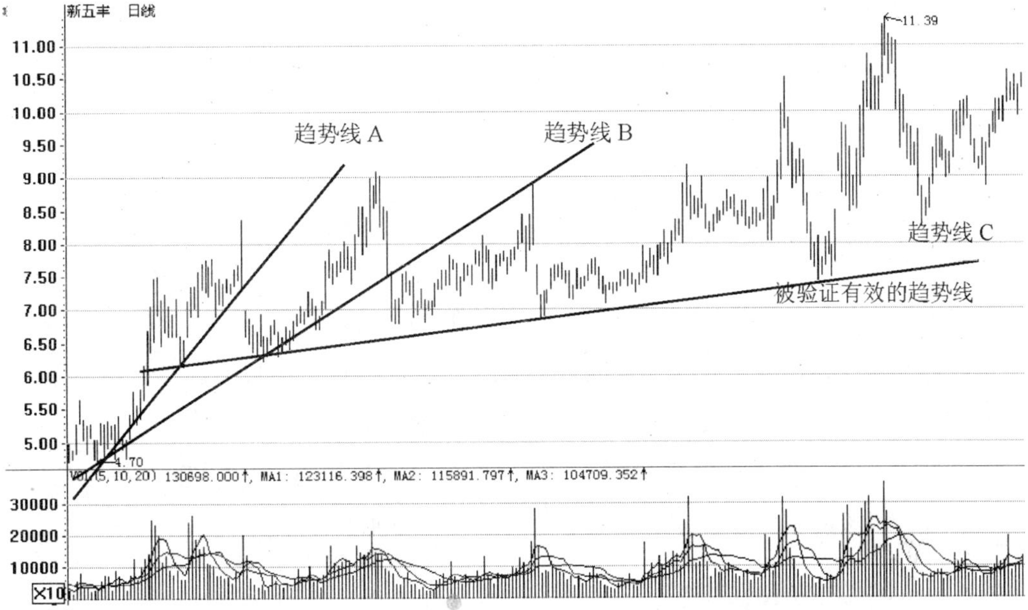

图 4—8　趋势线的修正：新五丰（600975）的日 K 线图

趋势线被突破，意味着趋势发展的轨迹已经发生了改变，因此，投资者需要对趋势线进行修正，遵循市场发展的轨迹，正确地做到紧随趋势。趋势线的修正并不是一次性工作，而需要根据股价的变动时常进行。最重要的是，千万不要强行迎合市场而修正趋势线。如果趋势线不符合市场实际运行状况的话，那么这根趋势线是没有意义的。

4. 趋势线的作用

趋势线对股价未来的变动起着约束的作用。上升趋势线一般起着支撑作用，股价跌至此线附近可获得支撑，使得股价总保持在趋势线上方运行；下降趋势线一般起着阻力作用，股价涨至此线附近会遇到阻力，使得股价总保持在趋势线下方运行。

如果趋势线被突破，则暗示股价下一步走势可能发生反转。趋势线的重要程度和有效性越高，那么它被突破后，行情发生反转的可能性越大。趋势线被突破后，原来所起的作用就会颠倒。原来是阻力线的，就会变成支撑线；原来是支撑线的，就会变成阻力线。

5. 利用趋势线交易

既成趋势的下一步常常是顺势发展。因此，投资者可以根据趋势线的支持或阻力作用进行操作，前提是趋势线保持有效。

（1）根据上升趋势线的支撑作用买入。若上升趋势形成，则当股价回档到上升趋势线附近获得支撑重新上涨之际，投资者可以买入。

（2）根据下降趋势线的阻力作用卖出。若下降趋势形成，则当股价反弹到下降趋势线附近遇到阻力重新下跌之际，投资者应该卖出。

（3）股价下跌到低位，形成水平趋势时，激进的投资者可以适时适量建仓，稳健的投资者可等到上升趋势确立后再介入。股价上涨到高位形成水平趋势时，不必等到下降趋势形成，投资者应尽早卖出。而在其他位置的水平趋势，通常是观望信号。波幅较宽时，有经验的投资者可以快进快出争取短线利润。

（4）股价向下跌破上升趋势线，投资者应该考虑减仓或清仓；股价向上突破下降趋势线，投资者不必急于介入，最好等到新的趋势确立后再说。

6. 有效突破的判定

正确地判断趋势线的有效突破，有助于投资者作出正确的买卖决策。任何判断失误都会让投资者的利润受到损失。因此，投资者必须对所有趋势线的稳定性都保持怀疑，尤其是在股价接近趋势线时，要密切关注市场的动向，以及可能出现的或真或假的突破。通常在判定有效突破时需要注意以下几点。

（1）看成交量变化。向上突破必须伴随相对较大的成交量，而向下突破时则不需要。

（2）看时间。突破趋势线后的两个交易日内，股价没有重新回归，可视为有效；如在这两天股价不断创出新高或新低，则更可确认。

（3）看幅度，突破后股价距离趋势线越远，有效性越高；通常幅度至少应在之前股价的3%以上。

（4）突破时最好以收盘价突破为有效，盘中的突破有效性会相对差一些。但是投资者并不能教条地认为必须在第二天才能进行交易，否则会遭受损失。

（5）趋势线被突破后，价格可能会前行，可能会回抽，也可能会往复，有时候需要几个交易日才能分辨出来。

二、通道线：辅助的趋势分析工具

通常情况下，只要两个点能确立一根趋势线，那么通过与之反向的另一个最高点或最低点，就可以画出一条与之平行的线。这条线称为通道线（又称管道线、轨道线）。通道线与趋势线将股价夹在中间运行，有明显的通道形状，就像火车运行的两条铁轨。如图 4—9 所示。

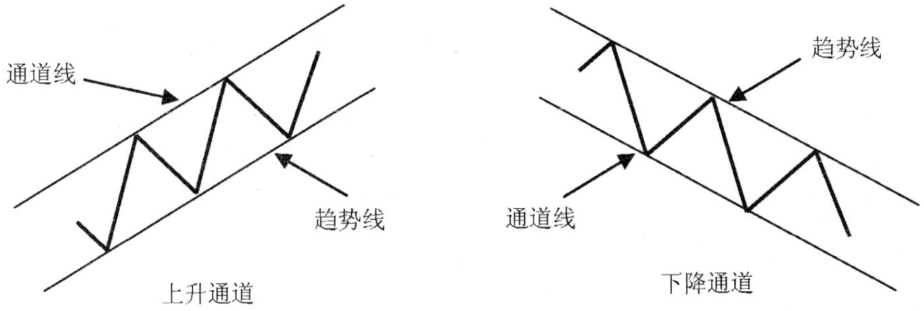

图 4—9 上升通道和下降通道

通道线与趋势线共同构成了通道。上升通道的上轨是通道线，下轨是趋势线；下降通道则与之相反，上轨是趋势线，下轨是通道线。

1. 通道线的作用

（1）限制股价区间

通道线的主要作用是限制股价的变动范围，使它不能变得太离谱。通道线一旦被突破，就意味着趋势将有一个较大的变化，趋势会加速上升或加速下降，会出现新的高点和低点，原来的通道线就应该被废止，需要重新修正并画出。而通道线被突破时，通常也是投资者加仓或减仓的时机。

（2）发出转势信号

通道线还有发出趋势反转警报的作用。如果股价在波动过程中，还没有触碰到通道线就早早地出现掉头，可能是趋势将要改变的信号。说明市场上维持原有趋势的力量正在减弱。如果趋势线随即被有效突破，突破后的前进幅度理论上等于通道的宽度。

2. 通道线的确认

同趋势线一样，通道线也需要经过多次确认才能证明有效。如果股价在上升通道中运行，并且一到通道线附近就出现掉头现象，则这条通道线就可以被确认。股价触碰通道线的次数越多，或是在通道内维持的时间越长，说明通道线越有效。

通道线被突破时，其确认方式与趋势线基本类似。所不同的是，通道线被突破后，很少会出现回抽动作，即通道线一般起不到支撑回抽的作用。股价突破该线后，要么按照突破方向加速运行，要么重新回到通道内，基本不会在通道线附近停留。另外，在下降趋势中，通道线的支撑作用非常有限，经常会被快速跌破。

3. 对通道的分析

上升通道是股价在上升趋势线的支持下沿着通道不断上涨。下降通道是股价在下降趋势线的压制下沿着通道不断下跌。如果股价在标准的通道中运行，投资者应做好以下分析。

（1）间距分析

尽管通道的上轨和下轨是平行的，但股价的波动会不断变化，通道的趋势线和通道线也需要得到修正。因此，上下轨之间的距离有可能变宽，也有可能变窄。如果通道逐渐变窄，则说明行情即将进入变盘阶段，此时投资者应该减少短线波段操作，确立中长期操作计划。

（2）量能分析

股价在上升通道中运行，往往在上涨时成交量会适度放大，而在回调时成交量会出现萎缩，这种量价关系说明上升通道的运行状态良好。如果成交量迅速放大，呈现巨量，且股价加速运行，则说明股价可能形成向上或向下突破。股价在下降通道中运行，成交量往往会逐步萎缩，有时在反弹时偶尔会放大，但很少有巨量出现。

（3）指标分析

当股价处于上升通道中，如果股价仍在不断上涨，而技术指标却呈下降趋势，就形成了顶背离现象，说明顶部已经不远了。当股价处于下降通道中，如果股价仍在不断下跌，而技术指标却呈上升趋势，就形成了底背离现象，说明行情即将见底。

（4）突破分析

通道被突破是必然的结果。通常情况下，当股价在下降通道中运行时，其上轨如果被突破，往往会形成一波较强的上涨行情；而其下轨被跌破，股价通常会加速下跌。当股价在上升通道中运行时，其上轨被突破，股价会加速上涨；而其下轨被跌破，往往会打开下跌空间。但是当股价上涨到相对高位时，上升通道的上轨被突破却是有危险的，往往暗示顶部即将到来。这是由于经过长期上涨之后，累积的获利盘较多，庄家和部分投资者会乘势派发。

4. 通道的买卖点

当股价走势出现上升通道或下降通道时，短线投资者需要把握股指波动的高低位置，进行多头市场或空头市场中的短线波段操作。不过在下降通道中，如果不是经验丰富的短线高手，就最好不要冒险抢反弹，还是应该以卖出或空仓观望为主。

在上升通道中，若股价突破通道的上轨（通道线），且股价没有处于高位，投资者可以加仓买入。但如果股价处于高位，投资者不仅不宜买入，同时还要警惕顶部的出现。若股价跌破通道的下轨（趋势线），投资者应该实施减仓操作。但投资者要谨防庄家设置的洗盘陷阱。

如图 4—10 所示，2010 年 9 月，首创股份（600008）的股价进入到一个标准的上升通道中运行，2010 年 12 月 28 日，股价跌破了上升通道的下轨（趋势线），此时投资者应该果断卖出。趋势线被跌破后，由原来的支撑线变成了阻力线，几日之后，股价一度回抽到该线附近，但遇阻再次回落。

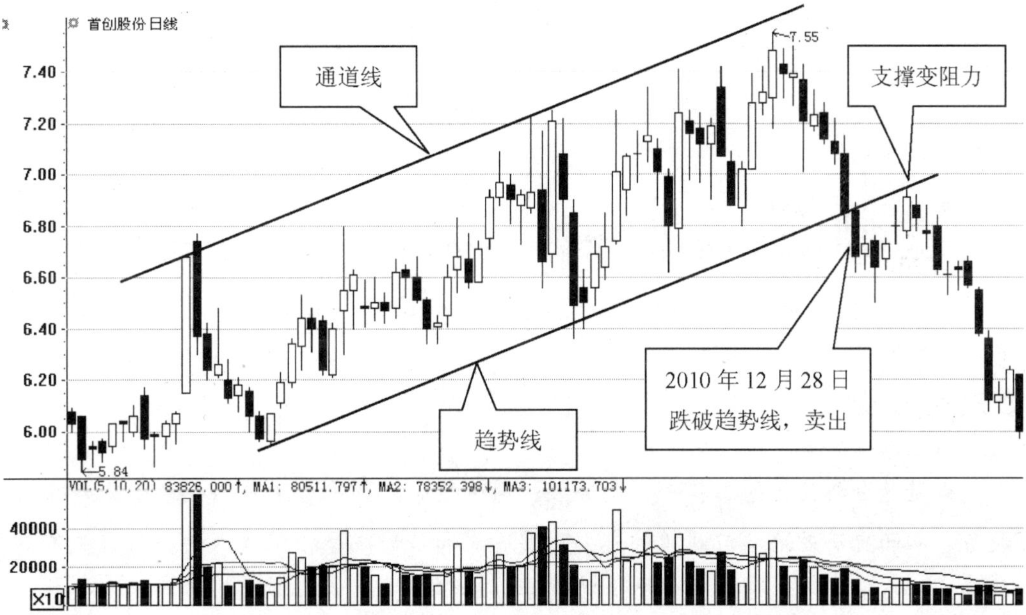

图 4—10　上升通道：首创股份（600008）的日 K 线图

在下降通道中，若股价突破通道的上轨（趋势线），投资者要注意诱多陷阱，应该等有明确的反转信号或上升趋势正式确立后再买入。若股价跌破通道的下轨（通道线），投资者应该坚持做空、果断斩仓。下降通道不言底，千万不要自认为股价已经很低了而贸然介入。

如图4—11所示，中信海直（000099）从2011年3月14日开始进入了下降通道，在此过程中投资者应该空仓观望。2011年6月14日，该股突破了下降通道的上轨（趋势线），但次日该股又回到通道内，形成了一次假突破。6月下旬该股在远离通道线的地方出现回头现象，6月27日，该股再度突破了趋势线，之后两天继续上涨，没有再落回通道内。此时投资者可以放心买入。

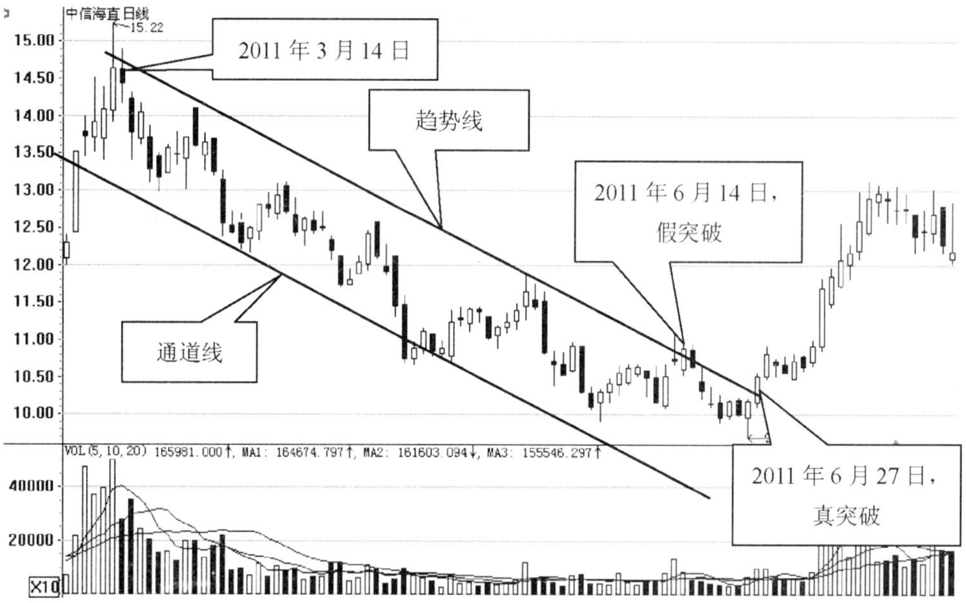

图4—11 下降通道：中信海直（000099）的日K线图

股海箴言

◆趋势分析使用的工具——趋势线、通道线等，都是为了帮助投资者衡量市场趋势，从而更有效地参与到趋势中去。通道线和趋势线是相互作用的一对，先有趋势线，后有通道线，但趋势线比通道线要重要得多，也更为可靠。另外，趋势线可以独立存在，而通道线则不可以。

◆逆势而为等于是螳臂当车，顺势而为才是真谛。只有做到“顺水行舟”，避免“逆水行舟”，才能取得长期而稳定的收益。每位投资者都应当知道顺势操作的重要性：在上升趋势中寻机做多，在下跌趋势中寻机做空。

第3节 至关重要支撑和阻力

➲ 技术导航

每个投资者都希望在低点买入，在高点卖出。那么这些低点和高点究竟在什么位置？对于这个问题很难找到完美无缺的答案，不过支撑线和阻力线或许会为投资者提供一些帮助。

一、支撑线和阻力线的定义和作用

支撑线和阻力线是技术分析中的重要概念，前面提到的趋势线和通道线都可以作为支撑线或阻力线来使用，不过支撑线和阻力线所包含的内容不仅于此。

1. 支撑线和阻力线的定义

在美国技术分析专家罗伯特·爱德华兹和约翰·迈吉合著的《股市趋势技术分析》一书中，给出了支撑和阻力的定义。“支撑是指存在或潜在的购买力是遏制股价进一步下跌的原因，并且这种购买力必须是以充分的成交量来体现的；而阻力的含义与之相反，是指存在或潜在的抛售力是遏制股价进一步上涨的原因，并且这种抛售力也必须以充分的成交量来体现。”由此，可以得到支撑线和阻力线的定义。

支撑线，又称抵抗线，是指当股价跌到某个价位附近时，将会引起多方的积极买入，从而使股价停止下跌，甚至出现回升，这个阻止或暂时阻止股价继续下跌的位置，就是支撑线所在的位置。阻力线，又称压力线，是指当股价上涨到某价位附近时，将会引起空方的积极卖出，从而使股价停止上涨，甚至出现回落，这个阻止或暂时阻止股价继续上涨的位置，就是压力线所在的位置。如图4—12所示。

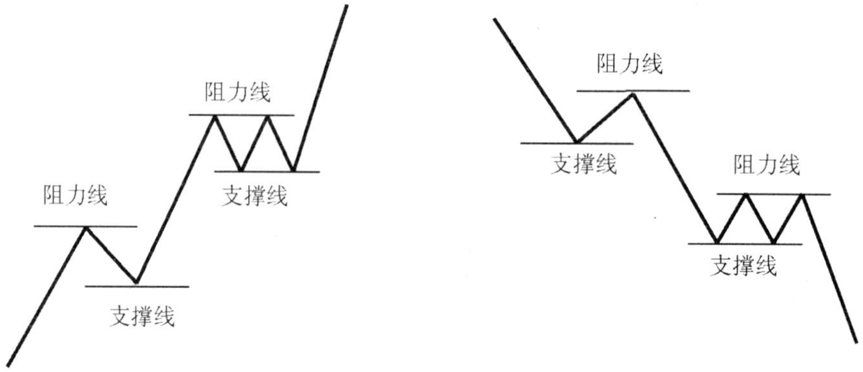

图 4—12　支撑线和阻力线

上图分别清晰地显示了上升趋势和下降趋势中的支撑线和阻力线。在趋势发展的过程中，供求关系不是一个均匀的渐变过程，因而股价也会出现涨涨跌跌的循环反复。

在上升趋势中，多方力量占据优势并会推动股价上涨，当股价上涨到一定程度时，持股者就会将获利回吐，此时空方力量增强而多方力量减弱，供求关系也发生变化，导致股价受阻回落，形成一个暂时的顶部（波峰），从这个顶部的高点画一条水平直线，就是阻力线；股价跌到某个位置时，多方会逢低买入将股价再次拉起，形成一个暂时的底部（波谷），从这个底部的低点画一条水平直线，就是支撑线。

在下降趋势中，空方力量占据优势并会推动股价下跌，当股价下跌到一定程度时，短线投资者会逢低买入，此时多方力量增强而空方力量减弱，需求量突然增大，导致股价止跌回升，形成一个暂时的底部（波谷），从这个底部的低点画一条水平直线，就是支撑线；股价跌到某个位置时，短线投资者会反手做空将股价打压下来，形成一个暂时的顶部（波峰），从这个顶部的高点画一条水平直线，就是阻力线。

2. 支撑线和阻力线的作用

（1）暂时阻止股价沿原方向运动

阻止股价向一个方向继续运动，是支撑线或阻力线最基本的作用。股价变动是有趋势的，要维持原来的趋势，就必须冲破前进中的障碍。在上涨行情中，必须突破阻力线的干扰才能创出新高；在下跌行情中，必须跌破支撑线的阻碍才能创出新低。很多支撑线或阻力线都具有一定的时效性，它们早晚会被突破，所以通常只是暂时停顿而已。

（2）使行情彻底反转

支撑线和阻力线有时能彻底阻止股价按原方向变动，造成行情反转。当一个趋势发展到极限时，它就不会再创新高或再创新低，这时的支撑线和阻力线就显得异常重要。在上升趋势中，如果股价没有向上突破阻力线，之后反而向下跌破了支撑线，暗示上涨行情即将结束，后市可能进入下跌行情；在下降趋势中，如果股价没有向下跌破支撑线，之后反而向上突破了阻力线，暗示下跌行情即将结束，后市可能步入上涨行情。

二、支撑线和阻力线的确认和转化

1. 支撑线和阻力线的确认

一个支撑线或阻力线的重要程度可以从以下 4 个方面来进行考虑。

（1）看成交量大小

一般而言，支撑或阻力位置的成交量越大，所起到的作用就越明显。投资者如果在支撑线位置大量成交，当股价再回落到该位置时，很多投资者因为没有获利而不愿卖出，部分场外资金由于错过了前次反弹机会也会逢低买入，因此该位置存在较强的支撑。投资者如果在阻力线位置大量成交，当股价再反弹到该位置时，前期没有及时卖出者和短期获利盘就会选择沽空出局，以免受煎熬，因此该位置就会有较强的阻力。

（2）看接触次数

股价接触支撑线或阻力线的次数越多且没有突破，支撑或阻力作用就越强。如果股价多次下跌到支撑线附近，都被多方力量所托起，说明下方有强支撑；如果股价多次上涨到阻力线附近，都由于空方力量的打压而回落，说明上方阻力较大。

（3）看走势强弱

走势强弱有两个看点：一是看前期股价的运动速度，速度越快，支撑线或阻力线就越有效；二是看前期在同一位置是否存在较强的支撑或阻力。如果存在，则这个位置就有可能再次成为走势的关卡。

（4）看时间长短

时间也有两个看点：一是看同一位置作为支撑线或阻力线的间隔时间长短，原来的支撑区域或阻力区域与现阶段相隔越远，相应的支撑力或阻力就会越弱；二是看股价在当前这一支撑或阻力区域所持续的时间长短，所持续的时间越长，相应的作用就越明显。

由于股价变动，原来确认的支撑线或阻力线被突破后，可能不再具有支撑或阻力的作用，这时就必须对支撑线或阻力线进行修正，这和趋势线的修正道理相同。修正过程其实也是对当前的支撑线和阻力线的确认过程。

2. 支撑线和阻力线的相互转化

支撑线和阻力线的角色不是一成不变的，它们之间可以相互转化。一条阻力线如果被突破，那么这条线可能会成为以后的支撑线。同理，一条支撑线如果被突破，那么这条线可能会成为以后的阻力线。

图 4—13 是万科 A（000002）的上升趋势图。从图中可以看出，股价向上突破原来的阻力线后，阻力线就转化成为支撑线，后来股价多次回落到该位置附近又重新上涨。

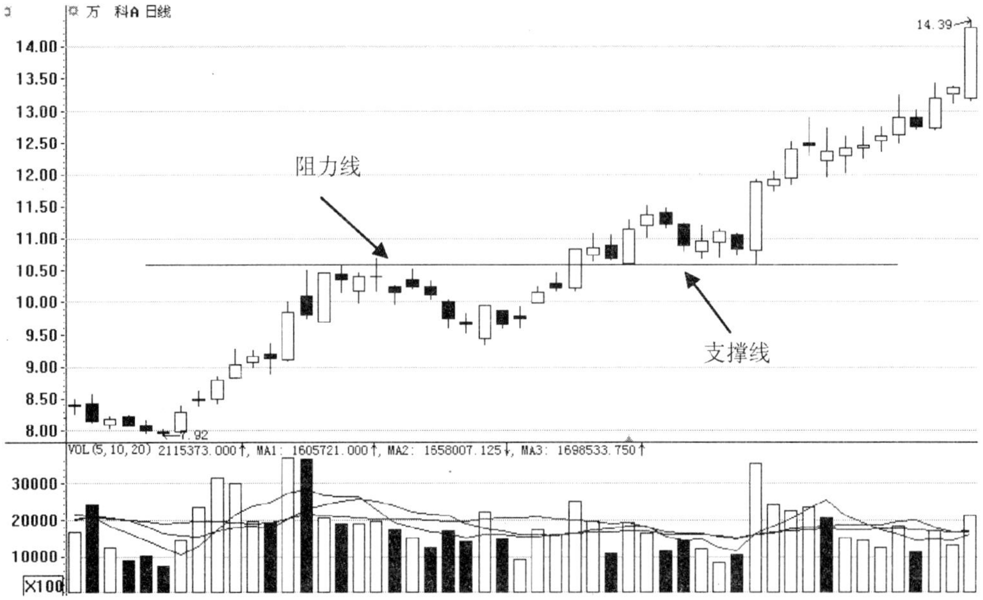

图 4—13　阻力线转化为支撑线：万科 A（000002）的日 K 线图

转化的前提是支撑线或阻力线能被强大的股价变动所有效突破。一般来说，股价穿过支撑线或阻力线后，距离被突破的位置越远，则突破越值得相信。

三、支撑线和阻力线的预测及买卖点

1. 支撑线和阻力线的预测

实际的支撑线和阻力线，是由股价的实际波动决定的。在股价正式走出来前，支撑线和阻力线只存于投资者的感觉之中。投资者可以凭借自己的经验和某些方法提前预测出支撑线或阻力线。对于支撑线和阻力线的预测通常是空间上的，即只能估测出股价可能出现的价位，而对于什么时间会到达该价位则并不能明示。

（1）前期密集成交区

在上涨行情中，股价上方的某一位置在前期如出现过密集成交区或阶段顶部，则这一位置往往会形成阻力线；在下跌行情中，股价下方的某一位置在前期如出现过密集成交区或阶段底部，则这一位置往往会形成支撑线。

（2）整数关口

出于简单记忆的需要，人们习惯在整数价位上进行交易。因此一些重要的整数关口，如 10 元、20 元等，常常也构成了支撑线和阻力线。当股价靠近这些整数价位，往往就是交易活跃的时候。

如图 4—14 所示，2010 年 11 月下旬，中国国贸（600007）经过高位震荡后进入

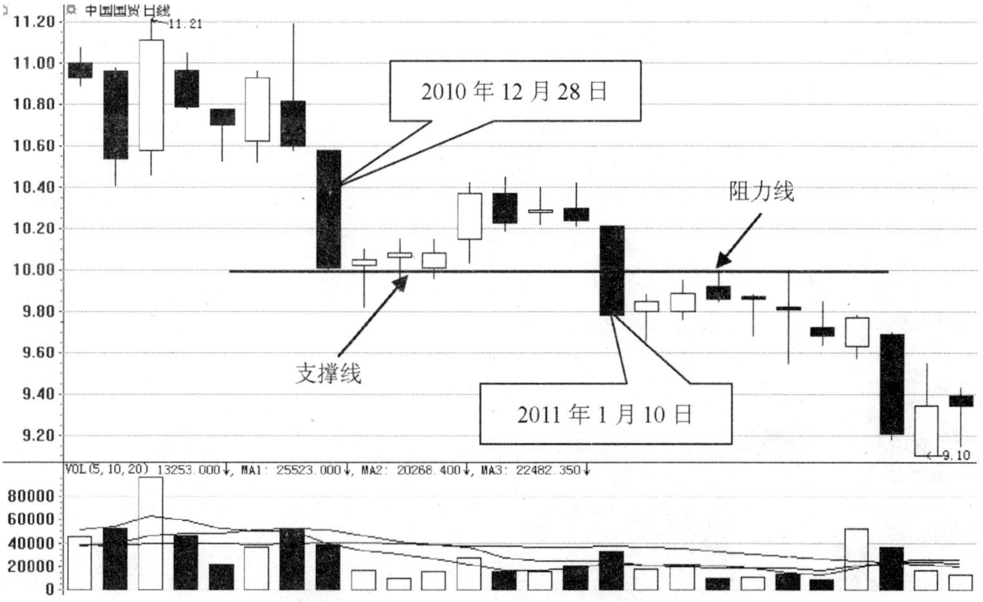

图 4—14　整数关口支撑：中国国贸（600007）的日 K 线图

到下跌行情中。2010 年 12 月 28 日，该股下跌到 10 元附近，之后在该价位获得支撑。2011 年 1 月 10 日，股价跌破了支撑线，这时支撑线就变成了阻力线，此后股价曾两次反抽到该线附近后，但都遇阻回落。

（3）黄金分割比率

黄金分割比率，是通过一个古老的数学方法得出的一系列具有神奇魔力的数字，比如，0.191、0.382、0.618、0.809…这些数字有时与支撑线或阻力线出奇的一致，屡屡会为投资者带来意想不到的惊奇。在后面的黄金分割理论中我们会对黄金分割比率进行详细介绍。

（4）特定的百分比

股价经过一轮大幅上涨之后开始下跌，可以将这轮行情的总涨幅作为基数进行预测，当跌幅达到这一基数的某一特定百分比时，股价可能获得支撑而反弹；股价经过一轮大幅下跌之后开始上涨，可以将这轮行情的总跌幅作为基数进行预测，当涨幅达到这一基数的某一特定百分比时，股价可能遇到阻力而回落。在实际操作中，经常会用到以下 9 个重要的百分比。

12.5%（1/8）　33.3%（1/3）　25%（1/4）　37.5%（3/8）　50%（1/2）

62.5%（5/8）　66.7%（5/8）　75%（3/4）　87.5%（7/8）

图 4—15 是深振业 A（000006）2008 年 10 月～2010 年 3 月的股价走势图。该股

图 4—15　百分率支撑：深振业 A（000006）的日 K 线图

2008 年 10 月末从 3.88 元的价位开始启动，到 2009 年 7 月下旬才到达顶部，创出了 15.38 元的最高价，然后股价开始下跌。

我们可以把这轮上涨行情的总涨幅作为基数，点击画图工具中的百分比线工具，以最高点为起点、最低点为终点画出 9 条百分比线。这 9 条百分比线就是股价下跌过程中可能的支撑线。从图中可以看到，股价在 25%、33.3% 和 50% 这三条百分比线上都曾获得过支撑，其中 50% 线是强力支撑线，股价较长时间内都没能跌破该线。

2. 支撑线和阻力线的买卖点

（1）在股价下跌时，提前预测出支撑线位置，当股价跌至该位置附近，如果下跌势头减弱，股价稍作停顿后开始放量回升，则是进场时机；如果股价出现横向移动走势，投资者应以旁观为主，不宜马上介入；如果股价断然跌破支撑线，则投资者应坚决做空。

（2）在股价上涨时，提前预测出阻力线位置，当股价涨至该位置附近，如果上涨势头减弱，股价稍作停顿后开始出现回落，则是卖出机会；如果股价出现横向移动走势，投资者可持股观望，不必急于卖出；如果股价瞬间击穿支撑线，则投资者可考虑买进。

（3）对支撑线或阻力线的突破也存在真假两种可能，其检验方式与趋势线有效突破的判定方式相同。

➲ 股海箴言

◆一个皮球触及地板会反弹，触及天花板会下落，支撑线与阻力线就像地板与天花板一样，在一定时间段内，股价会像皮球一样夹在两者之间上下波动。

◆支撑线和阻力线可以是水平的，也可以是倾斜的，也可能是曲线。最初的支撑线和阻力线都是水平的，这也是本节所重点介绍的。后来经过发展，趋势线、通道线、江恩角度线、均线、布林带、薛斯通道等斜线或曲线都可以作为支撑线和阻力线来使用。

◆预测得到的支撑线或阻力线仅仅是可以参考的价格位置，不能把它们当成万能的工具而完全依赖。

第五章

均线分析

——移动平均线的使用技巧

第1节　移动平均线概述

➲ 技术导航

由于太多的偶然因素，所以股价的波动具有不规则性。移动平均线却能够利用移动平均的方式消除股价不规则的偶然变动，以观察股市的整体运行趋势，并研判股价的可能变化。

一、均线的概念和计算方法

移动平均线，简称均线，英文简称为MA，该指标是以“平均成本概念”为理论基础，采用统计学中“移动平均”的原理，将某一段时间内的股价平均值画在坐标轴上连成曲线，用来显示股价的历史波动情况，进而反映股价未来的发展趋势，为投资者提供操作依据，如图5—1所示。

图5—1　移动平均线（MA）

移动平均线是在某段期间股价平均成本的基础上，配合每日收盘价的变化分析这段时间内多空双方的优劣，以研判股价的可能变化。均线的计算又分为算术移动平均线、加权移动平均线、指数平滑移动平均线等多种，其中最常用的是算术移动平均线，这也是炒股软件中最基本、最常用的 MA 指标。

$$MA(n) = (C_1 + C_2 + \cdots + C_n) \div N$$

注释：其中 C_n 代表某交易日的收盘价，N 代表移动平均周期。

以表 5—1 为例。

表 5—1　　某只股票连续 10 个交易日的收盘价（单位：元）

第 1 日	第 2 日	第 3 日	第 4 日	第 5 日	第 6 日	第 7 日	第 8 日	第 9 日	第 10 日
C_1	C_2	C_3	C_4	C_5	C_6	C_7	C_8	C_9	C_{10}
10.22	10.41	10.65	10.53	10.76	11.12	10.98	11.74	12.01	12.34

如果要计算 5 日短期均线的话，就可以将移动平均周期 N 的数值为 5，我们可以得到以下的 5 日股价平均值。

第 5 日的均值为：$(C_1 + C_2 + C_3 + C_4 + C_5) \div 5 = (10.22 + 10.41 + 10.65 + 10.53 + 10.76) \div 5 = 52.57 \div 5 = 10.51$

第 6 日的均值为：$(C_2 + C_3 + C_4 + C_5 + C_6) \div 5 = (10.41 + 10.65 + 10.53 + 10.76 + 11.12) \div 5 = 53.47 \div 5 = 10.69$

其余日期的均值计算依此类推。

我们将计算得到的这些均值画在移动坐标图上，再用一条曲线将它们连起来，就得到了一条 5 日均线。从上述数据的发展变化来看，虽然股价有涨有跌，但是均值却在不断变大，因此整个趋势是向上的。

二、均线的基本种类和组合

1. 均线的基本种类

根据周期参数的长短，均线可以被分为短期均线（$N \leq 10$ 日，如：3 日、5 日、10 日等均线），中期均线（10 日 $< N \leq 60$ 日，如：20 日、30 日、60 日等均线），长期均线（$N > 60$ 日，如：120 日、250 日等均线）。

（1）短期均线

短期均线中最常用的是 5 日均线和 10 日均线，分别代表一周或两周的平均价。

短期均线揭示了市场的短期震荡，投资者可以以此作为短线买卖的依据。

（2）中期均线

中期均线中最常用的是以 20 日、30 日和 60 日为计算周期，20 日均线代表一个月（4 周）的平均股价，在中短线操作时常会被用到；30 日均线和 60 日均线（季线）的波动更具稳定性，能指出市场的中期波动方向，是投资者中线操作的重要依据。

（3）长期均线

长期均线中最常用的是 120 日均线和 250 日均线。250 日与股市的一年的开市时间相差不多，因而常被称为年线；而 120 日一般代表了半年的周期，因而常被称为半年线。长期均线指明了行情的长期趋势，具有相当高的稳定性。

2. 均线的周期组合

一般情况下，某些炒股软件通常默认的均线为 MA5、MA10、MA20、MA30、MA60，也就是我们常说的 5 日均线、10 日均线、20 日均线、30 日均线和 60 日均线，如图 5—2 所示。

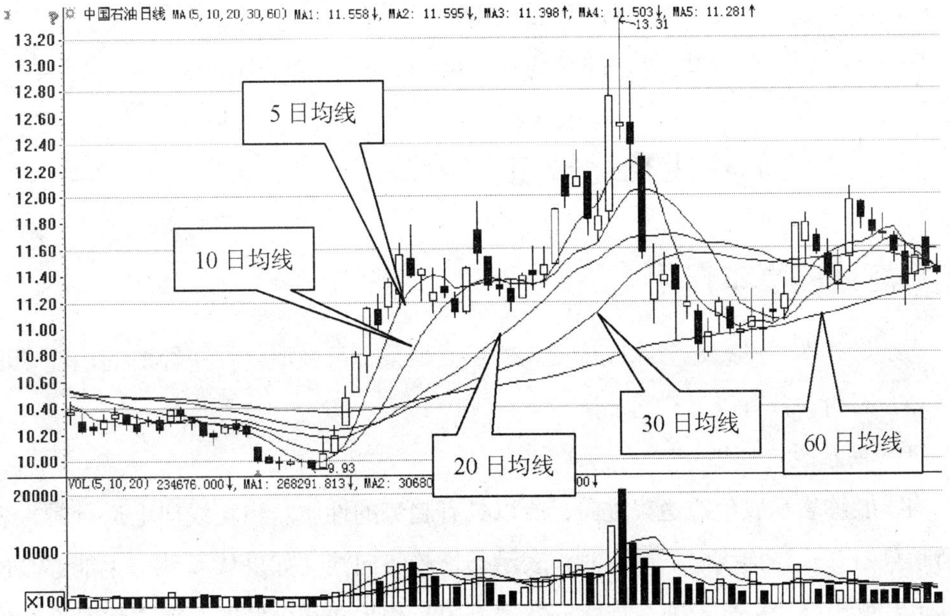

图 5—2　炒股软件上的默认均线

均线的周期参数是可以修改的，投资者可根据需要自行设定和增减。投资者在运用时可以单独使用某一根均线来进行研判，也可以采取均线组合的方式进行分析。通常均线组合都设为3根，有的短线投资者也会根据自己的需要只设置两根短期均线，还有的投资者会根据自己的炒股软件所允许的最大范围进行设置。

目前股市中常用的均线组合有以下几种。

①5日均线、10日均线、20日均线；

②5日均线、10日均线、30日均线；

③10日均线、30日均线、60日均线；

④5日均线、10日均线、30日均线、60日均线；

⑤10日均线、30日均线、60日均线、120日均线；

⑥30日均线、60日均线、120日均线、250日均线；

⑦10日均线、30日均线、60日均线、120日均线、250日均线。

此外，一些投资者还习惯使用一些特殊周期的均线，这些特殊的均线组合有：

①3日均线、8日均线、21日均线；

②5日均线、13日均线、34日均线；

③5日均线、13日均线、34日均线、55日均线、89日均线；

④8日均线、21日均线、55日均线、89日均线、144日均线；

⑤13日均线、34日均线、89日均线、144日均线、233日均线。

三、均线的作用及优缺点

1. 均线的基本作用

均线最基本的思想是消除股价变动的偶然因素，反映股价在一段时间内变动的基本趋势，因而它具有以下作用。

（1）揭示股价趋势

均线能够表示股价的趋势方向，所以具有趋势的性质。当均线向上运行时，表示行情趋势向好；当均线向下运行时，表示行情趋势向淡。如果从K线图上能够画出明显的上升或下降趋势线，那么均线的发展方向与趋势线是一致的，能消除股价在这个过程中出现的起伏波动。

（2）反映市场平均成本

均线是近期收盘价的平均值的连线，因而它能有效地揭示当前市场的平均成本。

比如，某只个股在某一交易日内的10日均线位所对应的数值，代表了该股近10个交易日内的平均成本。通过对平均成本的分析，能够准确认识市场目前的成本结构，进而可以判断出自己的买入价位是否处于有利位置。而且平均成本是市场操作，特别是跟踪庄家踪迹的重要依据。

（3）助涨和助跌的作用

在一个较大的趋势中，均线会朝着一个方向移动，通常会持续一段时间后才会转向。因而均线在上涨行情中通常是多头的防线，具有助涨的作用；而在下跌行情中通常是空头的防线，具有助跌的作用。而且当股价向上突破或向下跌破均线时，往往还有向突破方向再进一步的愿望，这也表现了均线的助涨和助跌作用。

（4）支撑和阻力的作用

移动平均线在股价走势中会起到支撑线和阻力线的作用。股价在均线上方运行时，均线会对股价形成支撑；股价在均线下方运行时，均线会对股价形成阻力。均线被突破，实际上是支撑线或阻力线被突破。

（5）给出明显的交易信号

均线能够为投资者提供适当的交易时机。比如，当周期较短的均线由下向上穿越周期较长的均线时，称为黄金交叉（金叉），此为买入信号；反之，当周期较短的均线由上向下穿越慢周期较长的均线时，称为死亡交叉（死叉），此为卖出信号。

2. 均线的优点和缺点

移动平均线既有优点，也有缺点。投资者只有在了解其长处和不足之后，才能在使用时游刃有余。均线的优点和缺点见表5—2。

表5—2　　均线的优点和缺点

均线的优点	均线的缺点
◆均线相对于股价变化来说更为稳定，而且周期越长的均线，稳定性越高。 ◆均线直观易懂，通过均线组合可以研判行情的趋势走向，能够识别出明确的买卖点。 ◆利用均线原理进行买卖可以有效控制风险，能使投资者将损失降至最低。 ◆在行情反转或启动时利用均线制定操作策略，能够抓住获利机会，获得可观利润。	◆当行情反转时，均线调头的速度会落后于大趋势，因而具有一定的滞后性。 ◆在横向震荡行情中，均线发出的信号过于频繁，会让投资者感到无所适从。 ◆均线的周期组合一般很难确定下来，需要根据市场强弱来改变。 ◆均线给出的买卖信号强度有限，还需要借助其他技术手段的支持。

➲ 股海箴言

◆在股市技术分析中，移动平均线是除了K线之外，使用频率最广泛、准确率也相对较高的一种技术分析方法。它简单、直观、易于观察，是大众投资者最喜爱的技术分析工具。

◆均线是股价（收盘价）的算术平均值所连成的曲线，因此，股价会围绕均线上下波动，如果股价严重脱离均线，就会有向均线方向移动的意愿，投资者要注意行情的变化。

第2节 单根均线的使用技巧

➲ 技术导航

单根均线也能被用来识别买卖信号。当股价由下向上突破均线时，意味着股价短期内将向上发展，是买入信号；当股价由上向下跌破均线时，意味着股价短期内将向下发展，是卖出信号。

一、葛兰碧均线操作8法则

在移动平均线的诸多理论中，以技术分析大师葛兰碧的均线操作8大买卖法则最为著名，这也是单根均线应用的基本法则。

1. 买入法则

（1）均线从下降逐渐走平且略有向上方抬头迹象，而股价从均线的下方向上突破均线时，是买进信号。（如图5—3的A点）

（2）均线处于上升之中，股价位于均线之上运行，若股价下跌在均线位置获得支撑后再度上涨，是买进信号。（如图5—3的B点）

（3）均线处于上升之中，股价向下跌落至均线下方，但均线短期内依然保持上升势头，此时为买进信号。但如果股价水平已经相当高时，这一条只能作参考用。（如图5—3的C点）

（4）股价在均线下方突然加速下跌，远离均线位置，这是超卖现象，股价自然有向均线靠拢的回升机会，此为买进信号。（如图5—3的D点）

2. 卖出法则

（1）均线从上升逐渐转为水平，而当股价从均线上方向下跌破均线时，说明沽售压力增大，为卖出信号。（如图5—3的E点）

（2）均线处于下降趋势中，股价位于均线下方运行，之后股价曾一度反弹至均线附近，但遇到阻力再度下跌，此为卖出信号。一般来说，在下跌行情中常会出现这种短暂反弹现象。（如图 5—3 的 F 点）

（3）均线缓慢下降，股价虽然一度上升至均线上方，但均线短期内仍保持下跌势头，此为卖出信号。通常股价会快速逆转，重新回到了均线之下。（如图 5—3 的 G 点）

（4）股价在均线上方运行时突然暴涨，离均线越来越远，表示近期买入的持股者都有利可图，随时可能将获利回吐，股价不久会回档，此为卖出信号。（如图 5—3 的 H 点）

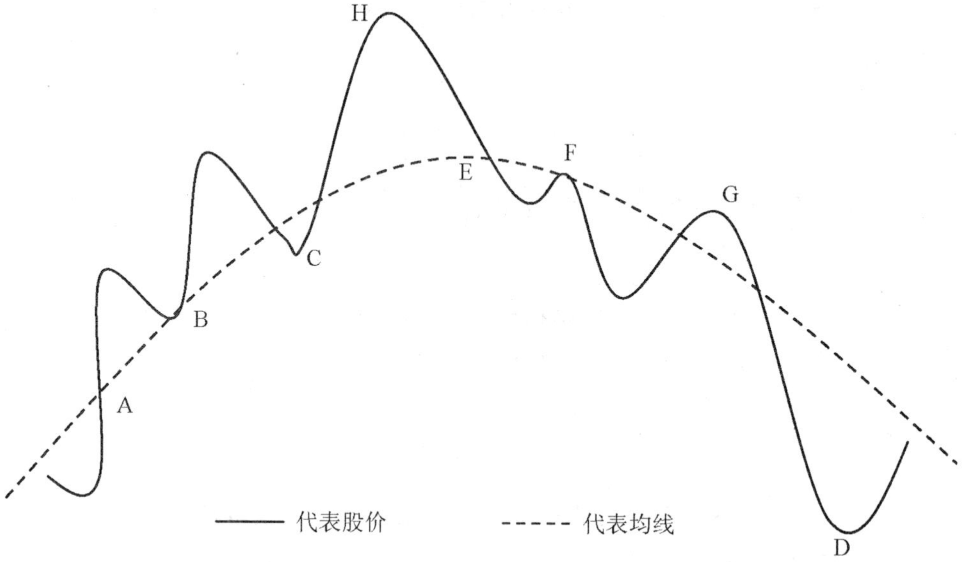

图 5—3　葛兰碧均线操作 8 法则示意图

以上 8 大法则中买入法则的第 3 条和卖出法则第 3 条不易掌握，单独使用时风险较大，如未熟练掌握均线的用法，投资者应该放弃使用。

买入法则的第 4 条和卖出法则的第 4 条虽然可以使用，但却没有明确股价距离均线多远才是买卖时机，因此投资者需要借助乖离率指标来解决这一问题。

二、5 日均线实战使用技巧

均线说明

5 日均线是近 5 个交易日内的股价或指数的平均值所连成的曲线，对应的是股价的5日均线和指数的5日均线。它是短线投资者最关注的一根均线，又被称为强势股的生命线。5日均线反映了一周（5个交易日）的平均成本。当股价位于5日均线上方时，表明最近5个交易日买入的投资者基本处于赢利状态；反之，当股价位于5日均线的下方时，表明最近5个交易日买入的投资者大多处于亏损状态。5日均线反应灵敏，一些投资者比较喜欢使用5日均线作为短线进出依据。

➲ 操作策略

（1）当股价向上突破5日均线时，通常为短线买入信号；当股价向下跌破5日均线时，通常是短线卖出信号。

（2）股价位于5日均线上方且与均线同步攀升，则说明该股属于强势股，投资者尽可追涨；股价如果位于5日均线下方且与均线同步下跌，则说明该股属于弱势股，投资者宜远离该股。

（3）股价高于5日均线，并远离5日均线时，表现为5日乖离率太大，是短线卖出机会；股价低于5日均线，且离5日均线过远时，是短线买入机会。通常情况下，股价与5日均线之间幅度超过7%，可视为远离均线。

（4）股价在均线上方运行，然后股价回落，没有跌破5日均线，再次启动上涨时，投资者可适量买入；股价在均线下方运行，然后股价反弹，没有突破5日均线，再次遇阻回落时，投资者应考虑短线回避。

➲ 注意事项

（1）当要买入股票时，必须首先判断大盘的方向是向上的，同时，股价的短期趋势也是向上的。

（2）当大盘处于震荡市中，只要股价没有跌破5日均线，就可以持股待涨。

（3）参考5日均线进行买入或卖出操作时，必须确定股价是否有效突破均线，如果股价在突破后两天内重新回归，则不能被视为有效跌破。

（4）在5日均线发出买卖信号的同时或前后，如果K线形态发出具有相同含义的信号，两者叠加信号的可靠性更高。

➲ 实盘案例

如图5—4所示，2011年6月8日，万科A（000002）的股价有效突破5日均线，大盘也同步向上，说明股价开始短期反弹，投资者可以果断买入。

之后股价基本沿着5日均线的方向不断攀升，不断在5日均线处获得支撑。即使偶尔有跌破5日均线的，也在两日内重新回到5日均线上方，没有形成有效跌破。投资者可在股价获得支撑重新上涨和再次突破时加仓买入。

2011年7月11日，万科A的股价上涨乏力，股价跌破了5日均线，当天收出一根十字线，表示股价行情有反转的可能。7月13日，该股反弹到5日均线附近，遇阻回落，表示股价已经有效跌破了均线，持股者应果断卖出。

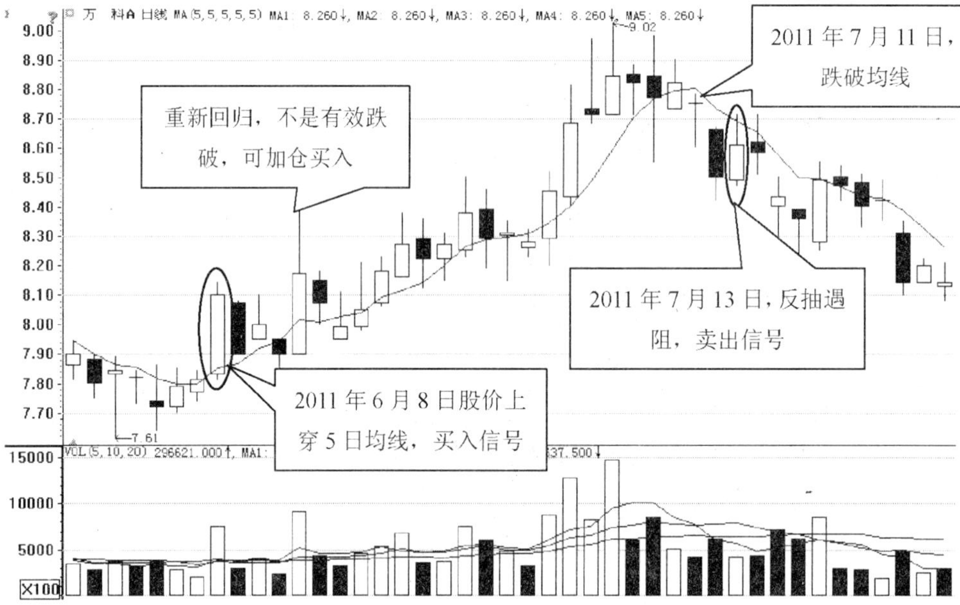

图5—4　5日均线：万科A（000002）的日K线图

三、10日均线实战使用技巧

均线说明

由于5日均线起伏较大，震荡行情时该线走势极不规则，很难把握，因此很多投资者会选择10日均线作为自己的短线操作工具，因为它不仅能正确地反映短期内股价平均成本的变动和趋势发展情况，而且稳定性相对更高一些。

10日均线是短期内多空双方力量强弱的分界线。当股价位于10日均线上方运行时，说明多方力量强于空方力量时，市场属于强势，股价短期内以上涨为主；相反，当股价位于10日均线下方运行时，说明空方力量强于多方力量时，市场属于弱势，股价短期内以下跌为主。由于10日均线有重要的推涨助跌作用，因此，常常在单边市场中为投资者所使用。

➲ 操作策略

（1）在低价位区间，股价从下向上有效突破10日均线，表示上涨趋势确立，是买入信号。此时如果10日均线走平或略有上升，则信号意义更强。在高价位区间，股价从上向下有效跌破10日均线，表示下跌趋势确立，是卖出信号。此时如果10日均线走平或略有下降，则信号意义更强。

（2）在上升趋势中，短线获利盘沽出时，股价会下跌，但只要股价不跌破10日均线且在10日均线附近获得支撑再度上涨，就说明上涨行情没有结束，投资者可以追涨买入；在下降趋势中，短线投资者买入时，股价会上涨，但只要股价未能成功突破10日均线且在10日均线附近遇到阻力再度下跌，就说明下跌行情没有结束，投资者应该杀跌卖出。

（3）在上涨初期或途中，如果股价在跌破10日均线后又重新返回10日均线之上，是较好的短线介入机会。但如果此时股价已经处于高位，投资者就要小心对待了。在下跌初期或途中，如果股价在突破10日均线后又重新返回10日均线以下，是短线沽出机会。

（4）在下降趋势中，股价在10日均线之下运行，如股价连续出现急跌或暴跌并远离10日均线，致使负的乖离率过小，投资者可以在股价企稳后入场争抢反弹；在上升趋势中，股价在10日均线之上运行，如股价连续出现急涨或暴涨并远离10日均线，致使正的乖离率过大，投资者可以在股价滞涨时适量减持。

➲ 注意事项

（1）投资者在买入股票前，应注意观察大盘的情况，如果大盘也是站在10日均线以上，则后市看涨的成功率更高。

（2）许多个股，特别是庄家已经锁仓控盘的股票，在上涨行情的主升期股价往往会沿着10日均线涨升，其结束的经典方式是大阳线的爆出。

（3）在下跌行情中，股价向上突破10日均线应有量的配合，否则可能仅仅是下跌中途的反弹，很快又会跌回10日均线之下。

（4）在上升趋势的回调过程中，成交量应该呈现萎缩状态；当股价在10日均线附近获得支撑重新上涨时，成交量应该有所放大。

（5）通常情况下，幅度超过3%，或两日内未能重新回归，可视为有效突破或跌破。

（6）投资者在买进股票时应观察均线的走向，只有当均线的方向向上时才可买入。如果均线走平或下降，则要谨慎介入。

➲ 实盘案例

如图5—5所示，从2011年4月开始，首创股份（600008）便进入到了下跌行情中。2011年6月23日，该股开始反弹，但在反弹过程中，成交量并没有持续放大，而且股价的上涨幅度也十分有限，所以投资者不可急于介入。

2011年7月25日，该股回到了10日均线以下位置（跌破均线两日内没有重新涨至均线以上），且10日均线再度向下倾斜，这时持股者应该果断卖出。

2011年8月9日，经过了两日的暴跌之后，首创股份再次以极低的价格开盘，这时股价已经距离10日均线很远了，致使负的乖离率过小。当天该股一路上涨，大有回升之势。看到这种情形，投资者可以短线买入、争抢反弹。

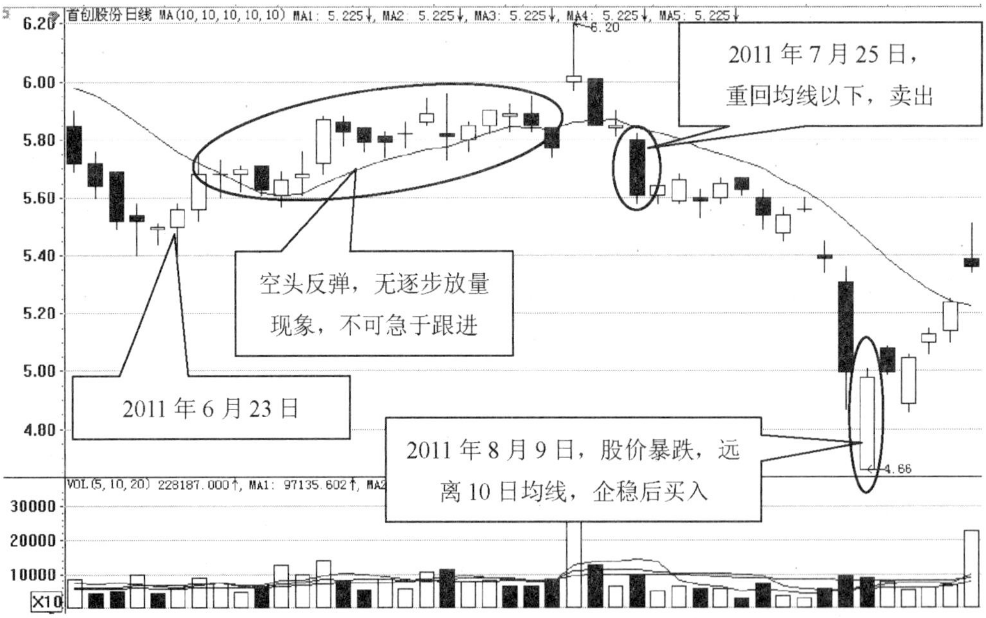

图5—5　10日均线：首创股份（600008）的日K线图

四、20日均线实战使用技巧

➲ 均线说明

由于我国股市开市的时间基本上是每周一至周五，而一个月大概有4周，所以20日均线，可以看做是月均线，代表一个月股价的平均成本。在实战操作时，周期太短不容易反映大势，而周期过长，又不利于中短线买卖，因此，更能反映股价和股指中期趋势的20日均线具有广泛的适用性，因此获得了很多投资者的青睐，人们将它称为万能均线。

➲ 操作策略

（1）一般情况下，股价上穿20日均线并且有成交量放大的配合可视为重要的买入信号，股价下破20日均线可视为重要的卖出信号。

（2）在低价位区域，20日均线一旦掉头向上，表示短期内趋势有好转迹象，股价如果能即时站在该线之上，那么投资者可以果断买入。在高价位区域，20日均线出现拐弯，表示短期内趋势向淡，股价如果跌破该线，投资者应该果断卖出。

（3）在上涨行情中，20日均线只要不被有效跌破，则表明中期趋势还是向上的。在下跌行情中，20日均线只要不被有效突破，则表明中期趋势是向下的。

（4）在上升趋势中，股价如果跌到20日均线附近得到支撑，能够企稳回升，则投资者可以果断买进，投资者也可以按照这种方法在上涨行情中进行选股操作。在下降趋势中，股价如果涨到20日均线附近遇到阻力，之后出现回落，则投资者应该果断沽空。

➲ 注意事项

（1）股价向上突破20日均线时必须伴随成交量的放量配合，否则可能是假突破。而股价向下跌破20日均线时，则不需要成交量的配合。

（2）20日均线在横盘整理时参考价值不高，因为此时行情的波动幅度十分有限，20日均线可能持续走平，此时难以据此对未来的中期趋势进行研判。

（3）沪深两市的指数变化基本上是一致的，但仍然是有先有后，如果某一大盘指数领先突破或跌破20日均线，则另一大盘指数同步跨越20日均线的可能性就会相应增加。

➲ 实盘案例

如图5—6所示，2010年年末，如意集团（000626）处于震荡下跌行情中，由图中可以看出20日均线是股价走势的阻力线，股价往往反弹至该线位置就会遇阻回落。

2011年1月21日，该股创出7.14元的阶段最低价后止跌回升。2月10日，股价一举突破了20日均线压制，表明股价趋势已经彻底得到了扭转。尽管这时股价已经脱离了底部，但却是一个风险较小的买入时机，投资者如能适时买入，就会把握后市的中线上涨行情。

后来，股价开始在20日均线的上方运行，而20日均线也由阻力线变成了强力支撑线。当股价回档至该线附近得到支持时，投资者可以加仓买入。

图5—6　20日均线：如意集团（000626）的日K线图

五、30日均线实战使用技巧

➲ 均线说明

30日均线属于中期均线的技术范畴，是股价或指数近30天的平均收盘价。30日均线往往是大盘或者个股行情的生命线，是多空的中短线分水岭。每当一波中期下跌行情结束，大盘指数向上突破30日均线时，往往会产生一波新的中期上涨行情。对于个股来说，通过30日均线能够分析出庄家是否入驻（出货）以及中期走势的强弱。此外，30日均线已经具备了较强的趋势性，上升或下跌趋势一旦形成，短期内很难改变。

➲ 操作策略

（1）在上升趋势中，股价回档相继跌破短期均线，却没能跌破30日均线，且成交量明显萎缩，则股价再度上涨时，是较佳买入时机；在下跌趋势中，股价反弹相继突破短期均线，却没能突破30日均线，则股价再度下跌时，是较好的卖出时机。

（2）如果股价和30日均线都呈现上升趋势，表明上涨行情仍在继续，投资者可适度追涨；如果股价和30日均线都呈现下降趋势，表明下跌行情仍在继续，投资者应该坚决空仓。

（3）在上升趋势中，股价跌破30日均线后很快又重回30日均线上方是新的买入时机；在下跌趋势中，股价突破30日均线后很快又重回30日均线下方是新的卖出时机。这两种情况对于波段操作具有重要意义。

（4）30日均线有助于投资者对个股进行研判，当30日均线处于低位并开始走平时，可能是主力进场建仓的信号，当30日均线由走平开始向上翘头时，表明主力建仓基本结束。投资者应密切关注股价动态，一旦股价突破并站稳30日均线，投资者应果断买入。

（5）当股价上涨到一定高度后，如果30日均线有走平迹象，说明股价滞涨，有可能是庄家刚开始出货，此时持仓者可以先卖出部分股票、轻仓观望。如果30日均线掉头向下，或股价跌破30日均线，就应毫不犹豫地清空仓位。

➲ 注意事项

（1）有量能配合的30日均线方向是可靠的，而没有量能配合的30日均线的可靠性会稍差一些，投资者需要认真分析。

（2）在使用30日均线进行分析时，也要密切注意10日均线与20日均线的变化，因为10日与20日均线的变化最终要导致30日均线的方向改变。

（3）当股价处于高位时，30日均线走平，有两种可能：一是庄家出货，二是庄家洗盘。对两者的识别主要靠观察成交量的大小。成交量持续放大，呈现巨量，是庄家出货；反之，成交量逐步萎缩，保持较小态势，是洗盘。

➲ 实盘案例

如图5—7所示，2011年1月底，合肥三洋（600983）下跌到了低价位区域，经过短暂的底部整理之后，2011年2月10日，该股放量上涨，股价突破了30日均线，最终以涨停价收盘。看到此情形，投资者应该在当天果断买入。

之后，合肥三洋的股价逐步上升，30日均线也由走平转为向上翘头，双双呈现不断上升的走势。在此过程中，投资者可以加仓买入。

2011年3月25日，该股出现回落迹象，2011年3月31日，股价跌破了30日均线，此时，持股者应该果断卖出。此后，30日均线逐渐走平并有向下倾向，走势进入了中期下跌行情。

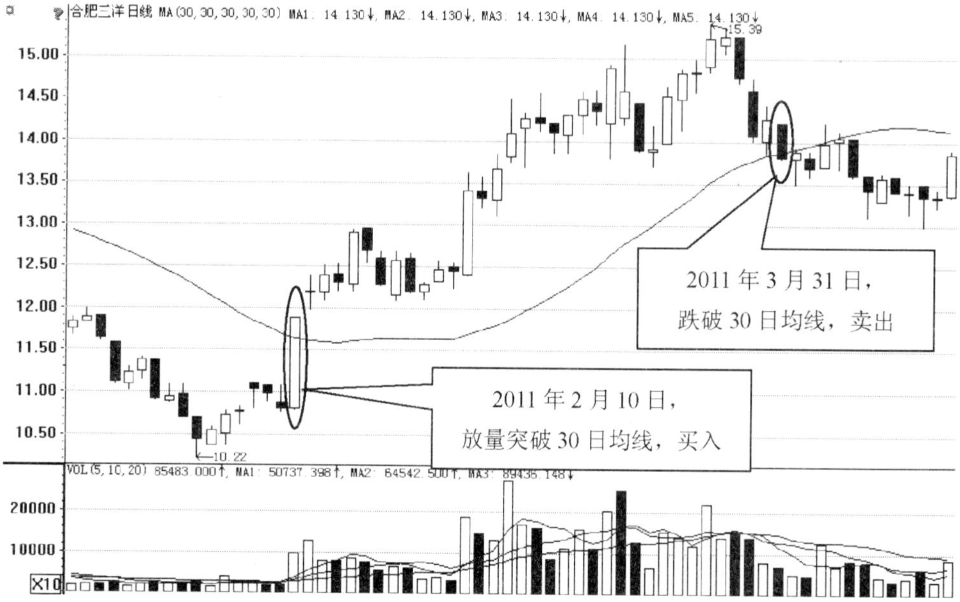

图5—7　30日均线：合肥三洋（600983）的日K线图

六、60日均线实战使用技巧

➲ 均线说明

60日均线是最近60日的收盘平均价的连线，反映了最近三个月的平均成本，对股价或股指的后期走势，尤其是中长期走势有重要意义。60日均线为中线行情的分析和判断提供了比较准确的依据，所以在实际运用时比较受到投资者的青睐。通常情况下，股价或股指如能向下有效跌破60日均线，则后市看跌；股价或股指如能向上有效突破60日均线，则后市看涨。

操作策略

（1）股价由下而上有效突破60日均线，表明该股中长期趋势已经转为上升，投资者可以考虑买入；股价由上而下有效跌破60日均线时，表明该股中长期趋势已经转为下跌，投资者应该果断卖出。

（2）股价在60日均线上方不断攀升，且均线方向向上，投资者可追涨买入或持股待涨；股价在60日均线下方不断下跌，且60日均线方向向下，投资者应该果断止损或空仓观望。

（3）股价在60日均线上方运行，若股价回落到60日均线附近，获得支撑后重新上涨，则是买入信号；股价在60日均线下方运行，若股价反弹到60日均线附近，遇到阻力后重新下跌，则是卖出信号。

注意事项

（1）股价在向上突破60日均线时，要有明显的放量配合，这样股价才能够站稳于60日均线之上，否则后市会有较长时间的反复。

（2）60日均线不适用于短线操作，如果投资者将60日均线作为短线买卖依据，操作上会出现很多失误。

（3）60日均线对于大盘指数的研判准确性较高，可以视为中线牛熊的分界线。

（4）一个坚定的中长期投资者，通常不会参与60日均线之下的行情。

（5）并非所有股价站在60日均线之上的个股都可以买入。在下跌行情中，60日均线暂时走平或仍不断下降，即使股价在60日均线上方运行，也不适宜介入。

实盘案例

如图5—8所示，2010年7月初，中国宝安（000009）的股价从底部开始回升。2010年7月22日，该股突破了60日均线，投资者可以适量买入。之后该股开始横盘整理，股价曾小幅回落，但始终没有跌破60日均线。2010年8月13日，该股在60日均线处获得支撑重新上涨，此时，投资者可以加仓买入。

随着股价的上涨，60日均线由走平变为上倾。投资者可以坚持持股。2010年9月中旬，中国宝安的股价出现回落，10月19日，该股在60日均线处获得支撑重新上涨，这对于投资者来说又是一次较好的买入时机。

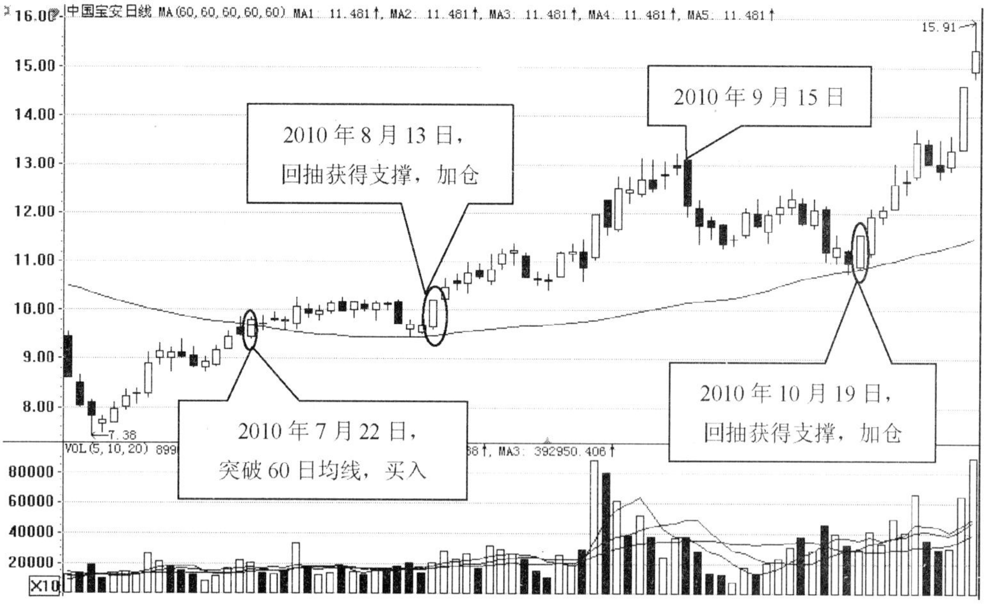

图5—8　60日均线：中国宝安（000009）的日K线图

➲股海箴言

◆目前，投资者利用均线进行买卖操作，主要集中在60日及以下的中短期均线。

5日均线：又称周线，能够紧跟趋势，变动较快，适合短线操作，可与周K线相互印证。

10日均线：使用广泛，能较好地反映短期趋势，适合短线买卖，是较好的短线止损位。

20日均线：又称月线，可反映中期趋势，适合中线止损，可与月K线信号相互印证。

30日均线：多空的中短线分水岭，行情由盛而衰、由弱转强的转折点。

60日均线：又称季线，中线牛熊的分界线，可解释中期行情变动趋势。

◆60日以上的120日均线和250日均线等，属于大周期成本线，反映的是市场整体的趋势，而不是局部的变化。因而这些长期均线不适用于寻找买卖时机，其实战应用难度较大、要求也相对较高。

第3节　组合均线的使用技巧

➲ 技术导航

由于单根移动平均线使用时会发出较多的虚假信号，所以为了提高移动平均线方法的效果和可信度，投资者常常选择两根、三根，甚至更多的均线，将其组合起来使用。

一、多头排列和空头排列

均线有两种重要的位置关系：股价走势与均线的位置排列，以及短期均线、中期均线与长期均线之间的位置排列。需要说明的是，这里的短期均线、中期均线与长期均线只是个相对的概念，与前面提到的均线的基本种类是有区别的。比如，如果选取三根均线来进行分析，若将均线的时间周期分别设为5日、10日和20日，那么5日均线是短期均线，10日均线是中期均线，而20日均线是长期均线；但如果将均线的时间周期分别设为10日、20日和30日，那么10日均线就变成了短期均线，20日均线就变成了中期均线，而30日均线则是长期均线。

1. 多头排列

多头排列，是指短期均线、中期均线和长期均线按照自上而下的顺序排列，三根均线呈现向上倾斜，如图5—9所示。均线的多头排列，表示多方力量强大，股价进入了一个稳定的上升期，通常是中线进场的机会。

投资者在根据均线的多头排列进行操作时，应该注意以下几点。

（1）当均线呈多头排列时，投资者可以在前期和中期积极做多，尤其是多头排列刚形成的首个交易日，是最佳的介入时机。

（2）均线如呈多头排列，股价往往会处于短期均线之上运行，如果股价回落，并在某条均线附近获得支撑再度上涨，投资者仍可适量买入。

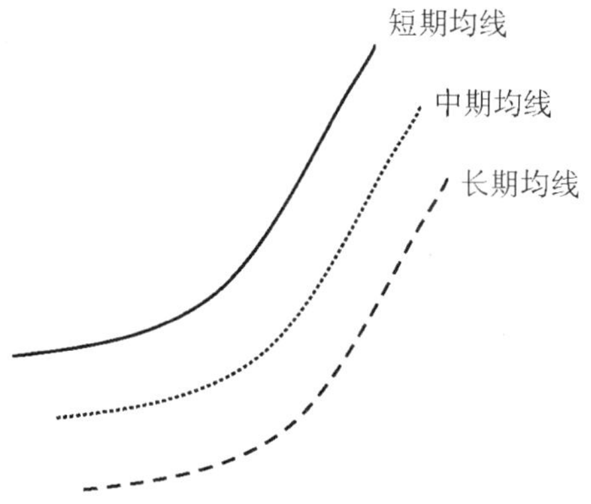

图 5—9　均线的多头排列

（3）当股价上涨到高位后，均线虽然仍呈多头排列，但是已经有走平或掉头向下的迹象，此时投资者应该对买入持谨慎态度。

如图 5—10 所示，2011 年 6 月初，深长城（000042）处于盘整阶段，2011 年 6 月 24 日，该股放量上涨，5 日均线、10 日均线和 20 日均线形成了多头排列走势，此时投资者可以果断进场。

之后，股价和均线都呈现逐步上升势头，从图中可以看出 10 日均线是股价的一个较强的支撑线，股价回落到该线附近，不久就会重新上涨。在此过程中多头排列的

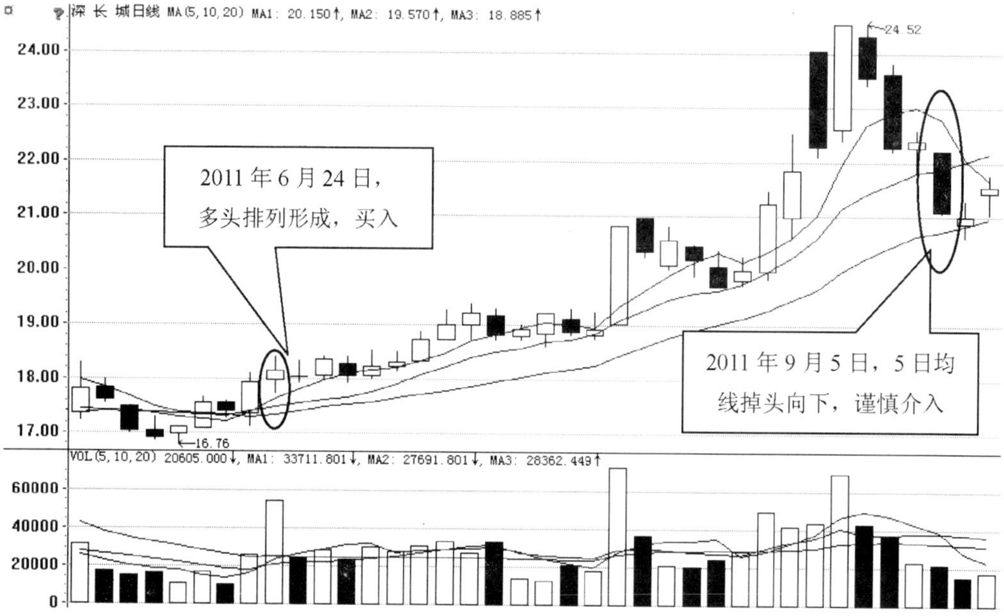

图 5—10　均线多头排列：深长城（000042）的日 K 线图

基本走势没有改变，投资者可以加仓买入。

2011 年 9 月 5 日，深长城的股价已经涨至高位，并出现滞涨回落现象，当天该股的 5 日均线掉头向下，多头排列有被破坏的危险，此时投资者最好不要盲目介入。

2. 空头排列

空头排列，是指长期均线、中期均线和短期均线按照自上而下的顺序排列，三根均线呈现向下倾斜，如图 5—11 所示。均线的空头排列，表示空方力量强大，股价进入了一个持续的下跌期，通常是中线离场的信号。

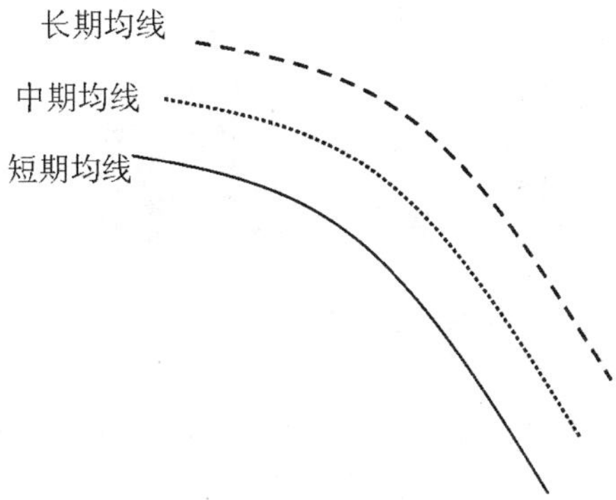

图 5—11 均线的空头排列

投资者在根据均线的空头排列进行操作时，应该注意以下几点。

（1）当均线呈空头排列时，投资者可以在前期和中期积极做空，尤其是空头排列刚形成的首个交易日，是最佳的卖出时机。

（2）均线如呈空头排列，股价大多会处于短期均线之下运行，如果股价反弹，并在某条均线附近遇到阻力再度下跌，持股者应果断卖出。

（3）当股价下跌到低位后，均线虽然仍呈空头排列，但是已经有走平或掉头向上的迹象，此时投资者不应再盲目割肉。

如图 5—12 所示，2011 年 7 月中旬，处于空头反弹阶段的美的电器（000527）出现滞涨现象，随后股价进入下跌走势。2011 年 7 月 19 日，股价连续跌破 5 日、10 日和 20 日均线，投资者应及早卖出。

2011 年 7 月 21 日，20 日均线、10 日均线、5 日均线形成了空头排列。看到这种情形，投资者应该果断卖出。此后，股价和均线都呈现逐步下降走势，在此过程中投资者应保持空仓，从图中可以看出 10 日均线是该股重要的阻力线。

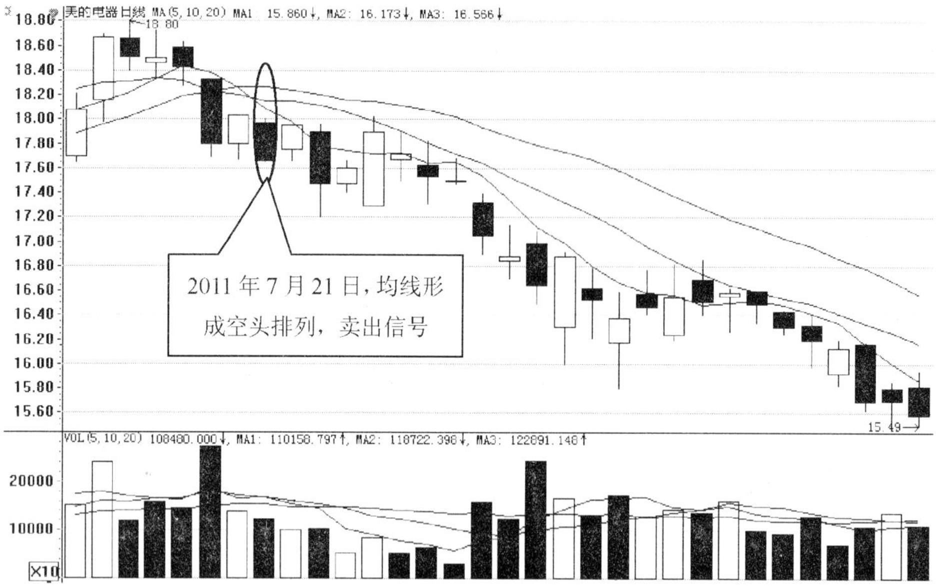

图5—12 均线空头排列：美的电器（000527）的日K线图

二、黄金交叉和死亡交叉

当走势发生转向时，均线之间以及均线和股价之间会打破原来的顺序重新排列。当行情由下跌转向上涨时，均线会由空头排列逐渐演变成多头排列，在转变过程中，首先会出现股价上穿均线，并带动短期均线向下穿越中期均线和长期均线，接着中期均线向上穿越长期均线，这种均线的交叉现象称为黄金交叉。当行情由上涨转向下跌时，均线会由多头排列逐渐演变成空头排列，在转变过程中，首先会出现股价跌破均线，并带动短期均线向下跌破中期均线和长期均线，接着中期均线向下跌破长期均线，这种均线的交叉现象称为死亡交叉。

1. 黄金交叉

黄金交叉，简称金叉，是指周期较短的均线由下而上穿过周期较长的均线，而且这两条均线的方向都是向上的，如图5—13所示。均线金叉，代表阻力线被向上突破，表示股价将继续上涨，通常是买入信号。

投资者在根据均线的黄金交叉进行操作时，应该注意以下几点。

（1）短期均线上穿上升中的长期均线，形成黄金交叉，投资者可以在金叉形成

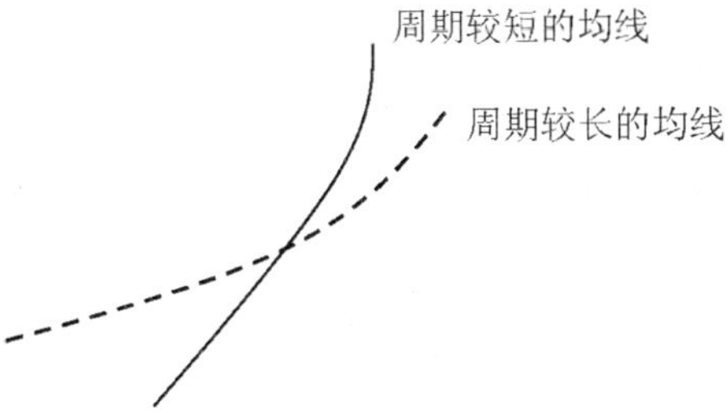

图 5—13 均线的黄金交叉

的当天果断买入。

（2）均线形成金叉时，周期较长的均线应该是向上的，如果该均线走平或向下，则是一个虚假的金叉，不能视为买入信号。

（3）如果周 K 线图或月 K 线图上的均线出现金叉，中长期投资者可以考虑买进。

（4）两条交叉的均线上倾的角度越大，周期越长，看涨信号越强烈。

（5）两条周期较长的均线发生金叉时，如果股价在交叉点上方附近，那么投资者可以适量买入；如果股价远离均线，那么投资者不宜买入。

（6）如果在均线形成金叉的同时，MACD 指标中 DIFF 线与 DEA 线也形成金叉，那么买入信号的更为可靠。

如图 5—14 所示，经过一段时间的上涨之后，2011 年 3 月初，中国化学（601117）的股价出现了深度回调。到了 2011 年 5 月底、6 月初时，该股抵达阶段性

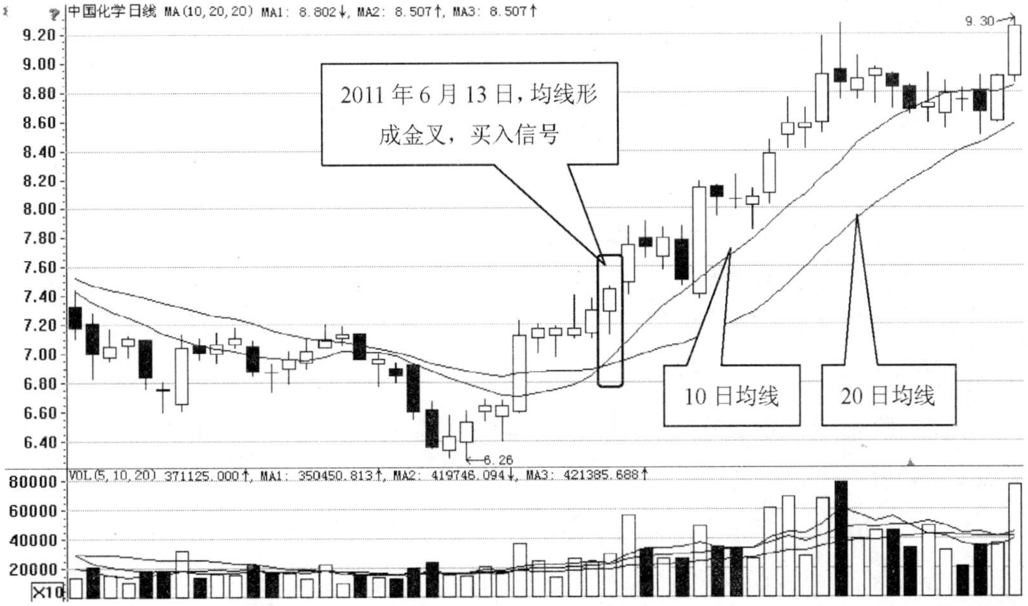

图 5—14 均线金叉：中国化学（601117）的日 K 线图

底部并开始回升，随着股价的回升，10 日均线和 20 日均线开始向上翘头。

2011 年 6 月 13 日，10 日均线向上突破了 20 日均线，形成了黄金交叉，投资者可以在金叉形成的当日果断买入。此后，股价与均线皆呈现持续上升走势。

2. 死亡交叉

死亡交叉，简称死叉，是指周期较短的均线由上而下跌破周期较长的均线，而且这两条均线的方向都是向下的，如图 5—15 所示。均线死叉，代表支撑线被向下突破，表示股价将继续下跌，通常是卖出信号。

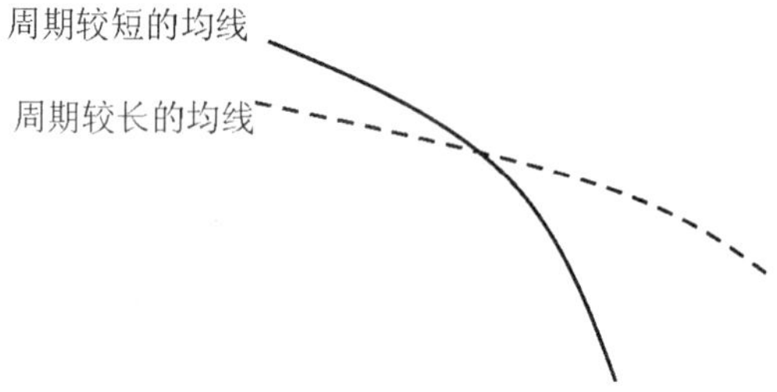

图 5—15　均线的死亡交叉

投资者在根据均线的死亡交叉进行操作时，应该注意以下几点。

（1）短期均线跌破下降中的长期均线，形成死亡交叉，投资者应该在死叉形成的当天果断卖出。

（2）均线形成死叉时，周期较长的均线应该是向下的，如果该均线走平或向上，则是一个虚假的死叉，不能视为卖出信号。

（3）如果周 K 线图上的均线出现死叉，中长期投资者应该积极做空、持币观望。

（4）两条交叉的均线下倾的角度越大，周期越长，看跌信号越强烈。

（5）两条周期较长的均线发生死叉时，如果股价在交叉点下方附近，那么投资者可以继续做空；如果股价位于均线下方较远的位置，那么股价有可能出现反弹，持股者不宜马上割肉，应等反弹出现后择高卖出。

（6）如果在均线形成死叉的同时，MACD 指标中 DIFF 线与 DEA 线也形成死叉，那么卖出信号的更为可靠。

如图 5—16 所示，2011 年 7 月 6 日，处于上涨行情末期的宝安地产（000040）创出新高后回落，当天收出一根上影线很长的阳线。次日该股收出一根十字线，表示多方无力上攻，股价随时有下跌可能。之后该股出现连续的小幅下跌。

2011年7月22日，宝安地产的10日均线跌破了正在向下移动的20日均线，形成了死亡交叉。这是较为明显的卖出信号，投资者应考虑卖出该股。

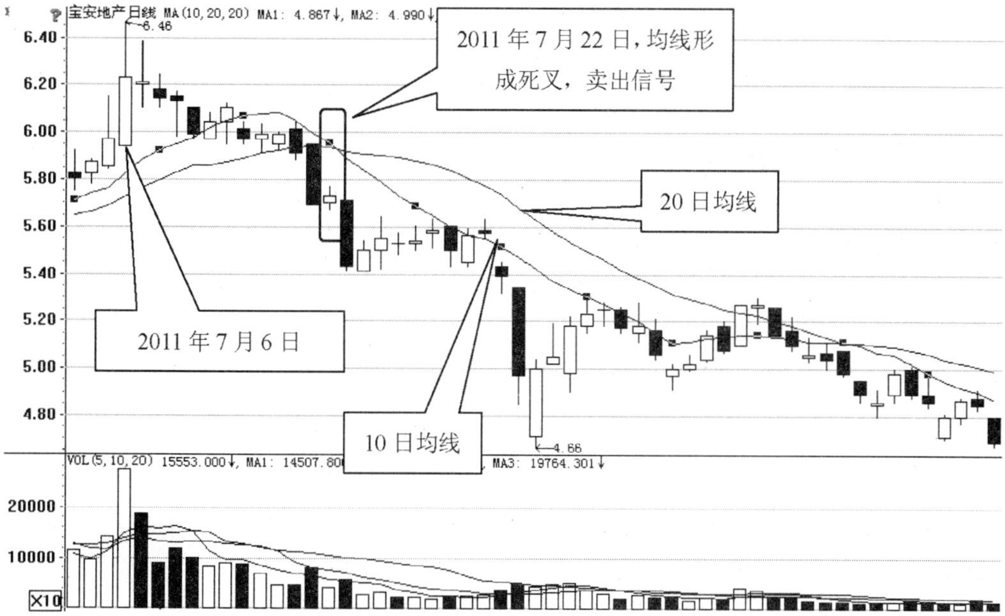

图5—16 均线死叉：宝安地产（000040）的日K线图

三、均线粘合和均线发散

在股价横盘整理过程中，经常会看到几条周期不同的均线逐渐靠拢，反复纠缠在一起上下波动。而当股价重新上涨或下跌时，均线又会由靠拢逐渐开始分离。前一种情况称为均线粘合，后一种情况称为均线发散。

1. 均线粘合

均线粘合，是指短期均线、中期均线和长期均线纠缠在一起，处于粘合状态，这种均线形态大多出现在盘整过程中。均线在粘合之后，必然会发散，但究竟是向上发散，还是向下发散要根据股价所处的位置和当时的市场状态而定。

当均线出现粘合状态时，投资者在操作中要注意以下几点。

（1）当股价经过长期上涨，处于高价位区间时，这时均线粘合在一起，说明股价出现了滞涨现象，持股者可以考虑将部分获利回吐。均线粘合的时间越长，后市下跌的可能性越大。

（2）当股价经过长期下跌，处于低价位区间时，这时均线粘合在一起，说明股价出现了止跌现象，持股者不宜再卖出股票。均线粘合的时间越长，后市上涨的可能性越大，投资者应密切关注股价动态。

（3）在上涨途中的横盘整理过程中，出现均线粘合，之后股价继续上涨的概率较大，投资者可持股观望；在下跌途中的横盘整理过程中，出现均线粘合，之后股价继续下跌的概率较大，投资者应空仓观望。

（4）具有均线粘合形态的股票，未来一旦上涨其涨幅往往是惊人的，这样的例子在实盘中比比皆是。

（5）在均线粘合状态下，均线会频繁发出金叉和死叉信号，这些信号不具有参考意义。

如图 5—17 所示，2010 年 9 月初，银鸽投资（600069）进入横盘整理阶段，9 月中旬该股的 5 日、10 日和 20 日均线开始纠缠在一起，在此过程中三条均线频繁地发生交叉现象，投资者最好不要轻举妄动。

2011 年 1 月 5 日，该股放量收出一根大阳线，股价连续突破 5 日、10 日、20 日均线形成蛟龙出海（一阳破多线）形态，投资者可以适量买入。

1 月 11 日、12 日，该股连续两日收出涨停一字线，均线也开始向上翘头，且呈

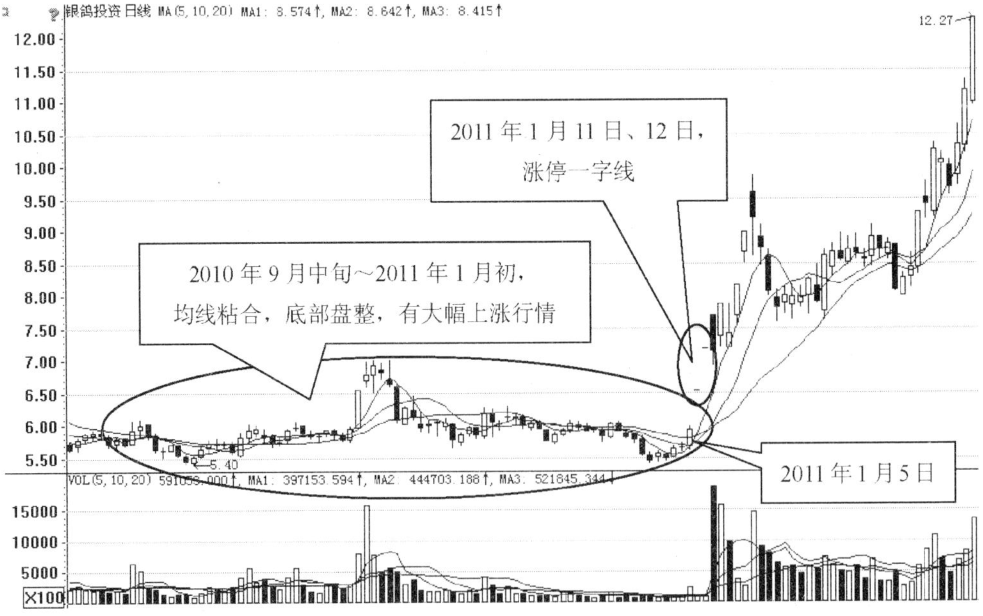

图 5—17　均线粘合：银鸽投资（600069）的日 K 线图

现发散状，暗示一波上涨行情已形成。看到这种情形，投资者应该果断买入。由于之前均线粘合的持续时间较长，所以这波上涨行情也非常可观。正印证了那句股市谚语："横有多长，竖有多高。"

2. 均线发散

均线发散，是指短期均线、中期均线和长期均线由原来的粘合状态转为明显的分离状态，并逐渐演变成多头排列或空头排列。通常情况下，均线由粘合转为向上发散为看涨信号，均线由粘合转为向下发散为看跌信号。

当均线出现发散状态时，投资者在操作中要注意以下几点。

（1）均线结束粘合后，开始向上翘头，且逐渐呈现发散状态，意味着股价将出现一波上涨行情，投资者可以适量买入。

（2）均线结束粘合后，开始向下移动，且逐渐呈现发散状态，意味着股价将出现一波下跌行情，投资者应该考虑卖出。

（3）在均线向上发散时，成交量如能同步放大，则看涨信号更可靠；在均线向下发散时成交量如能放量配合，则后市更为不妙。

（4）均线呈现发散状态时，如果短期均线离长期均线较远，便会有靠拢的意愿，此时股价往往会进入短期的回档或反弹阶段。

如图5—18所示，2011年3月初，大冷股份（000530）上涨到了相对高位，股

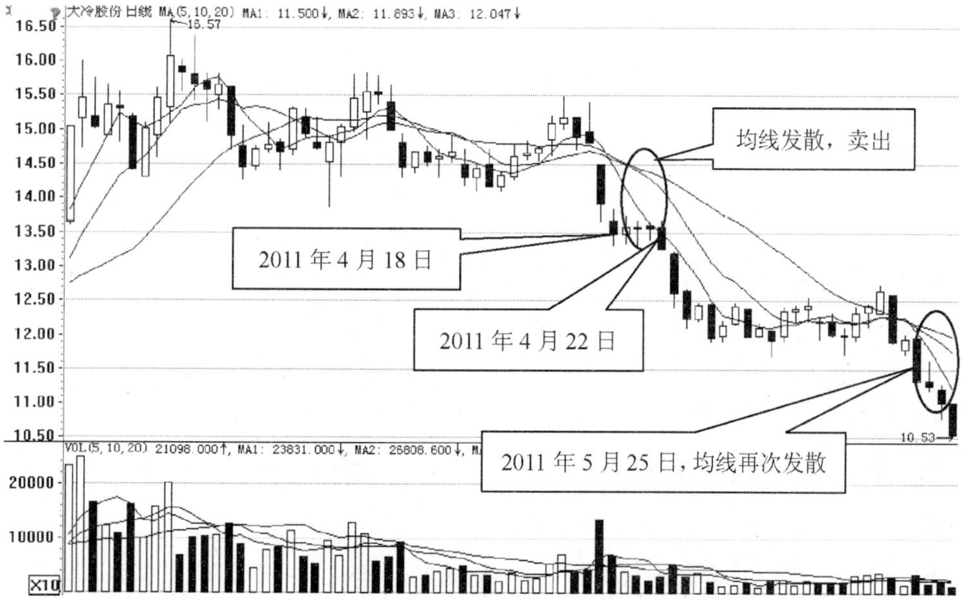

图5—18 均线发散：大冷股份（000530）的日K线图

价由于缺乏上涨动能而开始在高位震荡，5 日、10 日和 20 日均线逐步靠拢，粘合在一起，此阶段金叉死叉频繁出现。

2011 年 4 月 18 日，均线开始向下发散。到 4 月 22 日，发散状态已经非常明显。这时，持股者应该果断清空仓位。

之后，由于均线过于发散，5 日均线远离 20 日均线，股价进入横盘阶段。2011 年 5 月 23 日，三条均线再次粘合，但仅仅两天之后，均线再度向下发散。仍然持股的投资者应该清仓出局。

四、蛟龙出海和断头铡刀

如果一根拔地而起的大阳线向上穿越多根均线，则形成一阳破多线的局面，这种走势称为蛟龙出海；反之，如果一根大幅下跌的大阴线向下跌破多根均线，则形成一阴破多线的局面，这种走势称为断头铡刀。

1. 蛟龙出海

蛟龙出海，是指一根大阳线向上连续突破短期、中期和长期均线，收盘价位于这些均线之上，如图 5—19 所示。蛟龙出海，是一种明显的上攻信号，暗喻股价像一条久盘海中的蛟龙，突然腾空而起，一飞冲天。

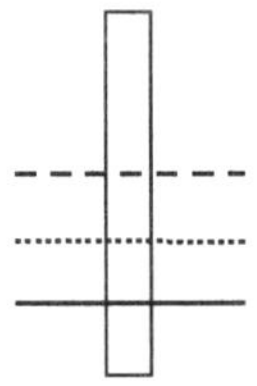

图 5—19　蛟龙出海

投资者在根据蛟龙出海形态进行操作时，应该注意以下几点。

（1）蛟龙出海表示多方突然发力上攻，是强烈的看涨信号，投资者可根据具体情况适时参与。

（2）蛟龙出海走势出现后，激进的投资者可以大胆跟进，而稳健的投资者可以再观察几日，等到股价站稳均线上时再买进不迟。

（3）大阳线的实体越长，收盘价距离均线的位置越高，看涨信号越强烈。

（4）如果股价上涨的同时，成交量显著放大，则信号更为可靠。

（5）蛟龙出海走势形成时，均线可能是多头排列，也可能是空头排列，也有可能形成金叉。

（6）在周 K 线或月 K 线图上出现蛟龙出海走势，做多信号更为强烈，准确度也更高。

如图 5—20 所示，2011 年 6 月，ST 中达（600074）处于阶段性底部的盘整阶段。2011 年 6 月 22 日，该股放量上涨，股价连续突破 5 日、10 日和 20 日均线，收出一根光头光脚阳线。看到这种情况，激进的投资者可以适量买入，稳健的投资者可以再观察几日，可以等待均线形成金叉，股价站稳均线后再介入。

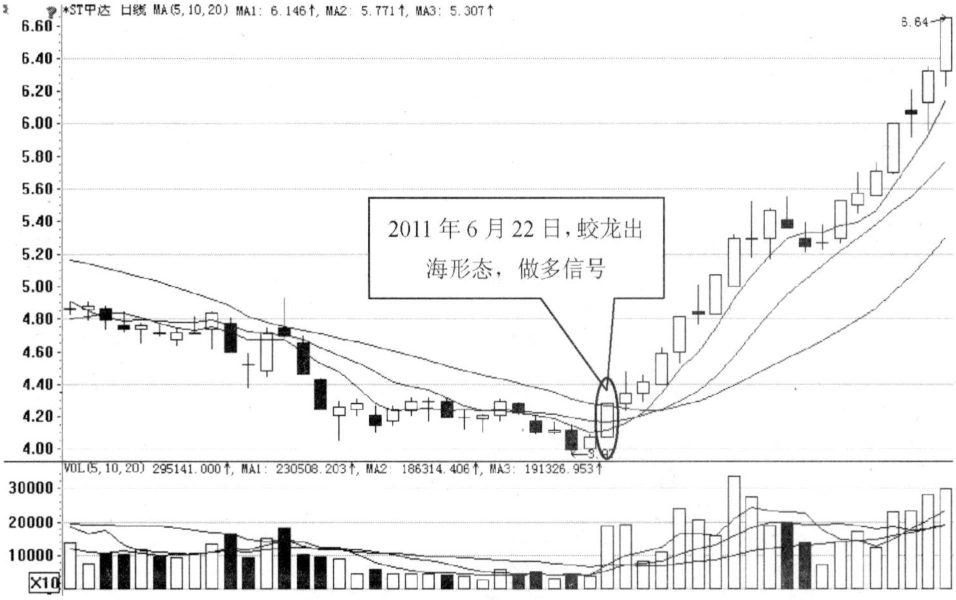

图 5—20 蛟龙出海：ST 中达（600074）的日 K 线图

2. 断头铡刀

断头铡刀，是指一根大阴线向下连续突破短期、中期和长期均线，收盘价位于这些均线之下，如图 5—21 所示。断头铡刀是一种明显的看跌信号，暗喻股价上涨势头已经到顶，头部将被铡断，下跌之势无法抵挡。

投资者在根据断头铡刀形态进行操作时，应该注意以下几点。

（1）如果某个交易日，投资者发现一根阴线连续吃掉多根均线，就表示断头铡刀形态正在形成。断头铡刀表示空方突然抛盘打压股价，是强烈的卖出信号，遇到这

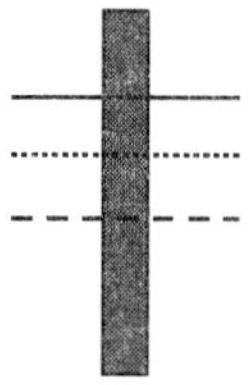

图 5—21　断头铡刀

种走势千万不能犹豫，要果断减仓或是平仓离场。

（2）大阴线的实体越长，收盘价距离均线的位置越低，看跌信号越强烈。

（3）如果股价下跌的同时，成交量显著放大，则信号更为可靠。

（4）断头铡刀走势形成时，均线可能是空头排列，也可能是多头排列，也有可能形成死叉。

（5）在周 K 线或月 K 线图上出现断头铡刀这种技术形态，做空信号更为强烈，准确度也更高。

如图 5—22 所示，2011 年 5 月 23 日，正在高位反复震荡的 * ST 中葡（600084）放量下跌，股价连续跌破 5 日、10 日和 20 日均线，形成断头铡刀形态。这是强烈的看空信号，投资者应该在当天果断实施减仓或平仓操作，不能有丝毫犹豫。毕竟在如此疲软的走势中，越早卖出，损失就越小。

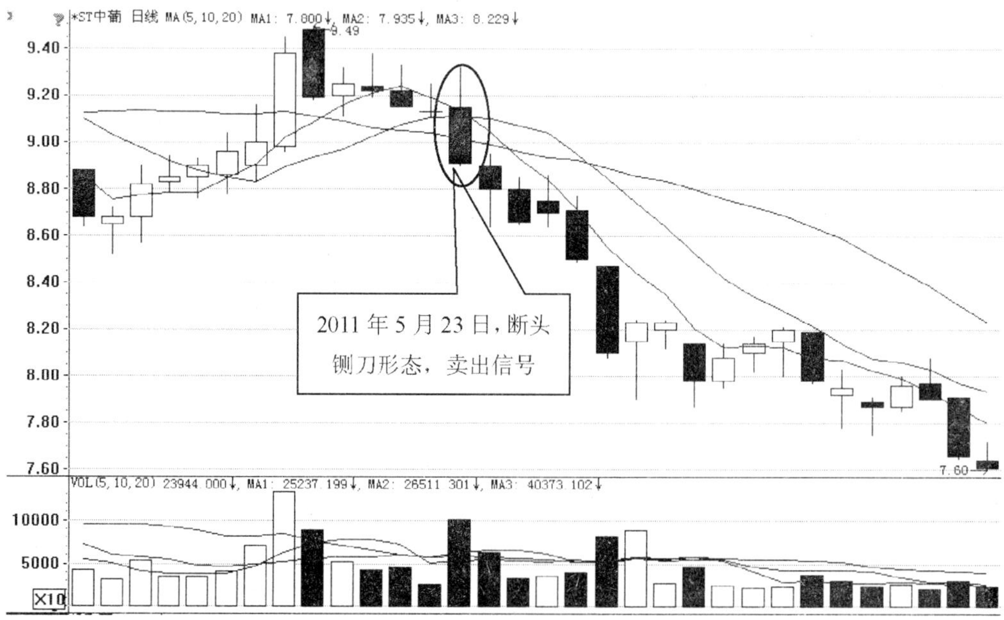

图 5—22　断头铡刀：* ST 中葡（600084）的日 K 线图

五、银山谷、金山谷和死亡谷

股价经过整理后向上攀升或向下回落时，短期均线和中期均线分别穿越长期均线，就会形成一个不规范的三角区。在上涨行情中，三条均线分别交叉所形成的第一个尖头向上的三角区，称为银山谷。而之后出现的与之类似的三角区，称为金山谷。在下跌行情中，三条均线分别交叉所形成的尖头向下的三角区，称为死亡谷。

1. 银山谷

银山谷是指短期均线由下向上穿越中期均线和长期均线，然后中期均线向上穿越长期均线，此时会形成一个尖头向上的不规则三角形，如图 5—23 所示。银山谷通常出现在底部刚刚形成后的上涨初期，通常是底部信号。

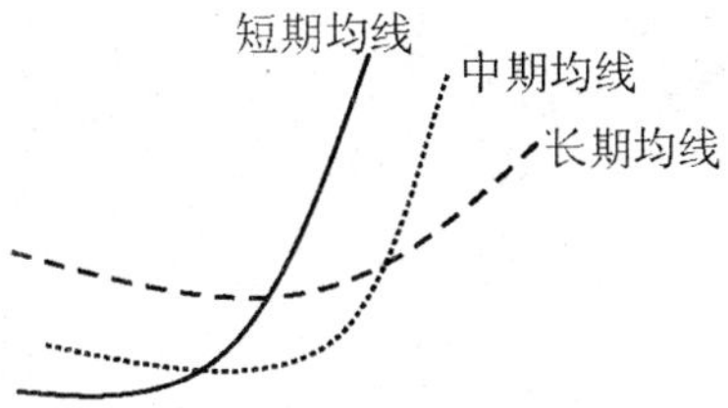

图 5—23　银山谷

投资者在根据均线银山谷进行操作时，应该注意以下几点。

（1）银山谷的出现表示股价筑底成功，但是由于距离底部太近，有时主力为了试探上方的抛压，会在短暂反弹后进行洗盘。因此，银山谷更适合短线操作，激进的投资者可以适量买入。

（2）银山谷尚未完成之时，通常可以提前预测到该形态的出现。如果长期均线出现明显的上倾状态，在短期均线金叉长期均线时，投资者就可买入。

（3）银山谷相当于“三个金叉 + 多头排列”，因此其技术含义比金叉更强一些。通常股价上涨幅度会在 20% 以上。

（4）银山谷的三角区面积越大，未来的上涨空间可能会越大。

（5）周 K 线图上出现银山谷则表明真正的牛市行情已经到来，这对中长线投资者来说是绝好的买入良机。

如图 5—24 所示，经过长期下跌之后，2011 年 6 月 23 日，四方股份（601126）

放量收出涨停大阳线，当天5日均线向上突破了上升中的10日均线，形成金叉。次日，5日均线又突破了上升中的20日均线，三条均线有形成银山谷的可能，激进的投资者可以适量买入。

2011年6月30日，10日均线上穿20日均线，银山谷形态形成，这是短线买入信号，投资者可以适量买入。此后均线形成了多头排列，股价保持稳步攀升态势。

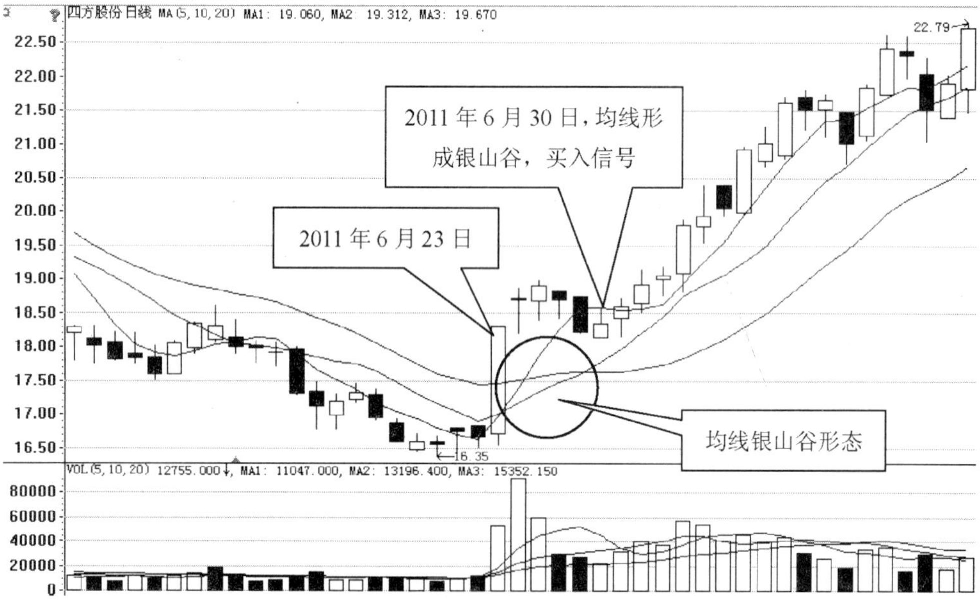

图5—24　银山谷：四方股份（601126）的日K线图

2. 金山谷

金山谷与银山谷的技术形态相同，也是短中期均线上穿长期均线所形成的三角形。两者的区别在于出现的时间不同，银山谷出现在股价刚刚启动上涨时，而金山谷出现在银山谷之后，如图5—25所示。金山谷是较为可靠的看涨买入信号。

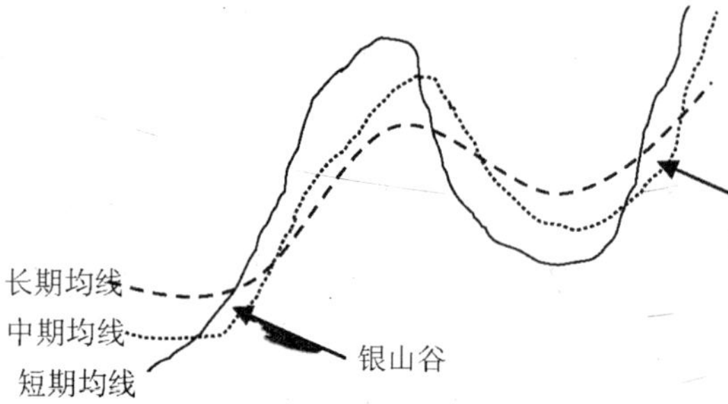

图5—25　金山谷

投资者在根据均线金山谷进行操作时，应该注意以下几点：

(1) 金山谷的出现是对银山谷的再一次确认，说明多方在前次上攻的基础上准备更加充分，因而其作为买入信号的可靠性更高，稳健的投资者可以放心买入。

(2) 银山谷与金山谷又被合称为“价托”。金山谷的“托”形成后，若股价相对较高，很可能面临回调，如果股价在某条均线上获得支撑企稳回升，投资者也可买入。

(3) 金山谷的三角区面积越大，未来的上涨空间可能会越大。

(4) 通常金山谷的位置会高于银山谷，但有时也会略低于银山谷。金山谷出现的位置越高，与银山谷间隔时间越长，信号越准确，上升的潜力也就越大。

(5) 银山谷出现之后，股价可能直接涨了上去，不一定会出现金山谷，因此，单把金山谷作为买入点的投资者可能会因此踏空行情。

(6) 在盘整行情中，均线的波动也会加剧，此时形成的金山谷是没有参考意义的。

如图5—26所示，2011年1月末，处于中线下跌行情的ST金谷源（000408）触底反弹，之后该股的5日、10日和20日三条均线形成了银山谷形态，但这次反弹没有持续太长时间便出现了回落。

2011年3月中旬，该股再度触底反弹，5日均线先后上穿10日和20日均线。

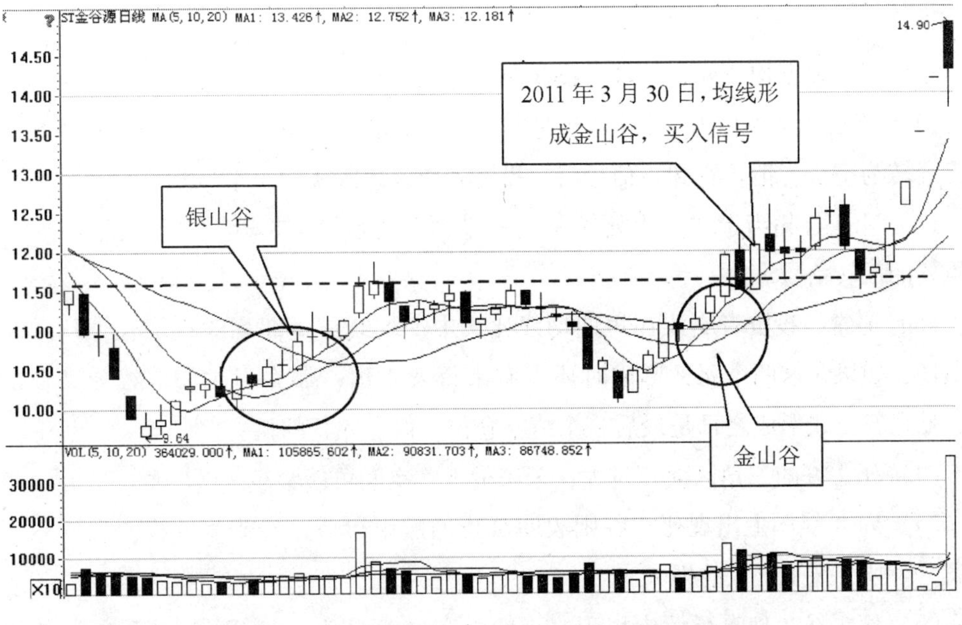

图5—26 金山谷：ST金谷源（000408）的日K线图

2011 年 3 月 30 日，ST 金谷源收出一根涨停大阳线。当天该股的 10 日均线向上突破了 20 日均线，金山谷形态正式形成。看到这种情形投资者可以果断买入。从图中可以看出，该股之后被快速拉升，涨幅可观。

需要说明的是，在银山谷和金山谷形成的过程中，正好也是该股构筑 W 底的过程，2011 年 3 月 30 日，均线形成金山谷的当天，股价也正好在颈线上站稳了脚跟。

3. 死亡谷

死亡谷是指短期均线由上向下穿越中期均线和长期均线，然后中期均线向下穿越长期均线，此时会形成一个尖头向下的不规则三角形，如图 5—27 所示。死亡谷的出现表明空方已经聚集了大量的杀跌能量，后市股价将以下跌为主，是典型的做空信号。

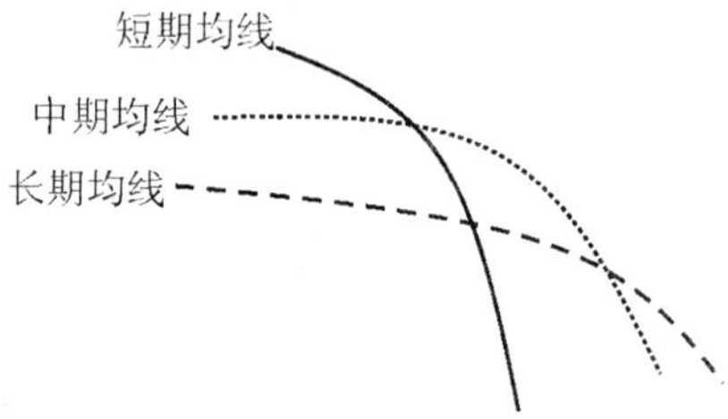

图 5—27　死亡谷

投资者在根据均线死亡谷进行操作时，应该注意以下几点。

（1）死亡谷又被称为“价压”，是非常危险的信号，说明多头行情在卖盘的压力下已经转为空头行情。看到该信号后，投资者应该果断卖出、空仓观望。

（2）死亡谷相当于“三个死叉 + 空头排列”，因此其技术含义比死叉更强一些，是重要的反转信号。

（3）通常，投资者应该在短期均线死叉中期均线或短期均线死叉长期均线时就应离场，如果在这两个死叉形成时还没有来得及卖出，那么当中期均线死叉长期均线，死亡谷正式形成之日是最后一个清空仓位、保存元气的机会。

（4）死亡谷的三角区面积越大，未来的下跌空间可能会越大。

（5）周 K 线图上出现死亡谷则表明真正的熊市行情已经到来，投资者应该果断撤离，否则会遭受巨大的损失。

（6）死亡谷在盘整行情中出现，一般没有参考意义，投资者应该参照其他指标进行综合研判。

如图5—28所示，2011年7月中旬，金路集团（000510）的股价上涨到阶段高位后出现滞涨现象。2011年7月12日，该股收出一根中阴线，同时5日均线向下跌破10日均线形成死叉。两天后，5日均线又跌破了20日均线。在这两次死叉形成之时，投资者应该考虑卖出。

2011年7月19日，10日均线下穿20日均线，死亡谷形态正式形成。仍然持仓的投资者应果断平仓。此后，20日均线、10日均线和5日均线呈现空头排列，股价也随之逐渐下移。

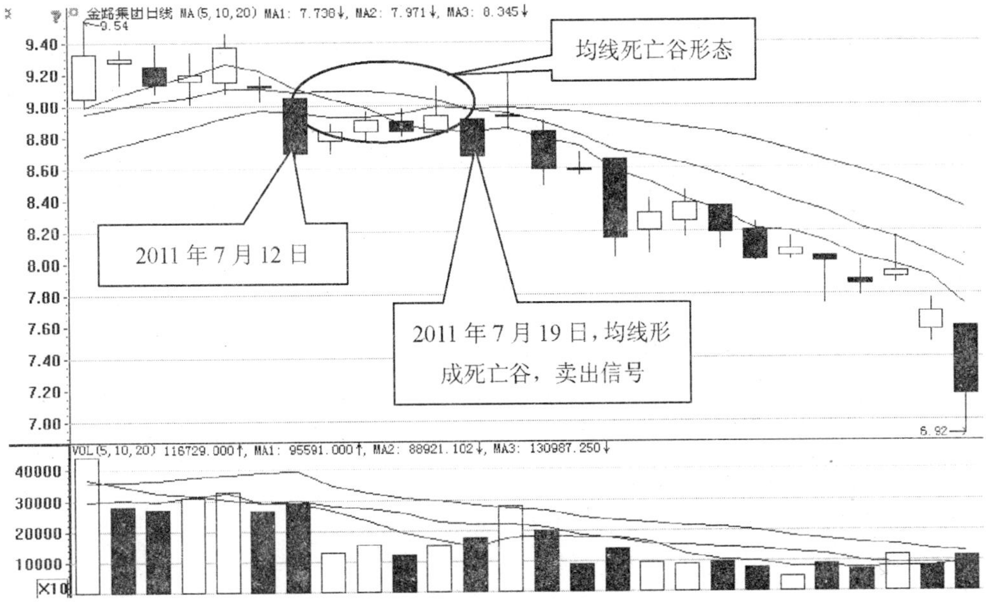

图5—28　死亡谷：金路集团（000510）的日K线图

股海箴言

◆均线的特长是顺势交易，能充分获利，并减少损失。均线通过以这些原理为基础的具体买卖信号，促使投资者遵守这些规则。它们在趋势跟随系统中相当流行。

◆运用单根均线时，需要使用时间或幅度来过滤掉虚假信号。显然将均线组合使用时，信号的精度会更高一些，错误相应也会更少一些。如果你已经熟练地掌握了均线这门功课，那么就能从组合均线的排列、交叉、聚散等不同的技术形态中，寻觅到最佳买卖机会。

第六章

技术指标

——常用指标的使用技巧

第1节 技术指标的基本分类

➲ 技术导航

在价与量的基础上，依照一定的方法就能计算出“技术指标”，技术指标在一定程度上能反映股价的变动情况。技术指标将原来的定性分析思想进行了量化，从而能够进行更为精确的定量分析。

一、技术指标的概念和分类

1. 技术指标的概念

技术指标是证券市场中的专有名词，是人们通过对市场规律性的研究分析，依据一定的统计方法，运用一些复杂的数学模型或计算公式，通过计算机系统生成的某种指标值或图形曲线。它不仅是股市技术分析的研究成果，也是预测股价未来走势、指导投资者买卖的重要工具。通过技术指标研判股价未来趋势的方法，称为技术指标分析法。

技术指标是对某些原始数据的部分或全部进行整理加工，使之成为一些新颖的数据信号。不同的数据类型和处理方式，就会产生不同的技术指标。通过复杂计算产生的技术指标反映了股市某一方面的深层内涵，这些内涵是单凭原始数据无法看出来的。但是由于技术指标来源于统计学范畴，所以它常常会滞后于行情。

2. 技术指标的分类

炒股软件中提供了大量的技术分析指标，根据分析的方法和对象不同，技术指标可以大致分为以下六种类型，见表6—1。

表 6—1　　技术指标的 6 种类型

序号	指标类型	用途	包含的主要指标	
1	趋向指标	又叫趋势跟踪类指标，主要用于跟踪并预测股价的发展趋势	◎移动平均线（MA） ◎指数平滑异同平均线（MACD） ◎趋向指标（DMI） ◎瀑布线（PBX）	◎平均线差（DMA） ◎动力指标（动量线）（MTM） ◎指数平滑移动平均线（EXPMA） ◎宝塔线（TWR）
2	反趋向指标	又叫反趋势类指标，主要用于捕捉趋势的转折点	◎随机指标（KDJ） ◎变动速率（ROC） ◎威廉指标（W&R） ◎相对强弱指标（RSI）	◎乖离率（BIAS） ◎顺势指标（CCI） ◎震荡量（变动速率）（OSC） ◎动态买卖气指标（ADTM）
3	量能指标	通过成交量的大小和变化研判趋势变化	◎容量比率（VR） ◎能量指标（CR） ◎人气意愿指标（ARBR）	◎量相对强弱（VRSI） ◎量变动速率（VROC） ◎成交量标准差（VSTD）
4	量价指标	通过成交量与股价变动关系分析未来趋势	◎震荡升降指标（ASI） ◎能量潮（OBV） ◎主力进出指标（ABV）	◎价量趋势（PVT） ◎量价趋势（VPT） ◎威廉变异离散量（WVAD）
5	压力支撑指标	主要用于分析股价目前受到的压力和支撑	◎布林带（BOLL） ◎抛物转向（SAR）	◎麦克指标（MIKE） ◎薛斯通道（XS）
6	大盘指标	通过涨跌家数研究大盘指数的走势	◎涨跌比率（ADR） ◎绝对幅度指标（ABI） ◎新三价率（TBR）	◎腾落指数（ADL） ◎广量冲力指标（BIT） ◎指数平滑广量（STIX）

二、技术指标的信号

1. 技术指标的信号方式

技术指标的最终目的是用来指导投资者进行操作。每种指标都有其特有的形成原理和使用规范，以其特有的信号方式向投资者发出买卖信号。投资者应严格遵循“充分条件买入，必要条件卖出”的交叉控制原则，以增强信号的可靠性。

技术指标的信号方式主要包括：背离信号、交叉信号、数值信号、形态信号、超买超卖信号等多种信号体系。

（1）背离信号

技术指标与股价之间的冲突叫做背离。在背离的情况下，指标走向与股价走势出现了不同步的现象。背离分为顶背离和底背离两种情况：如果股价一浪比一浪高，而技术指标却一浪比一浪低，即股价上涨时指标越来越弱，这种情况叫做顶背离；如果股价一浪比一浪低，而技术指标却一浪比一浪高，即指标先于股价触底回升，这种情况叫做底背离。背离信号往往标志着一波行情的结束和新一波行情的开始，它需要通过价格趋势的突破来确认。

（2）交叉信号

交叉是指两条周期不同的指标线或指标线与指标均线发生了相交现象。正如前面提到的均线交叉一样，技术指标的交叉分为金叉和死叉两种。当短期指标线由下向上穿越长期指标线，或者指标线由下向上穿越指标均线时，称为金叉，通常是买入点；当短期指标线由上向下穿越长期指标线，或者指标线由上向下穿越指标均线时，称为死叉，通常是卖出点。

（3）数值信号

数值信号是以某个具体的数值来表示指标的买卖信号，在指标的数值关系中存在大于、等于和小于三种情况。比如乖离率（BIAS）指标就是典型的数值信号。BIAS可以是正值，也可以是负值。当它为正值时，表示股价在均线之上；当它为负值时，表示股价在均线之下；当它为0时，表示股价与均价相等。BIAS值随着股价的涨跌围绕0轴上下波动，BIAS指标线离0轴越远，表示股价与均线之间的距离越大。

（4）形态信号

与价格形态类似，技术指标同样具有标准的形态：矩形、三角形、头肩底、三重顶等，价格形态的分析规则同样适用于指标形态。在指标线的波动过程中，指标形态一般不会经常出现，但当它们出现时，投资者必须特别注意，因为它们通常会导致有价值的运动。需要强调的是指标线的反转形态只是指标的反转，而非股价走势的反转。但当它被股价对某条重要的支撑线或阻力线的突破所验证后，可以确认信号有效。

（5）超买超卖信号

有的技术指标在由一个极端走向另一个极端的时候都具有一种震荡特征。这里的“极端”就体现了超买超卖现象。超买现象的出现意味着对股票的过度买入，暗示触顶风险正在加大，一般是卖出的机会；超卖现象的出现意味着对股票的过度卖出，暗示股价可能即将触底，一般是买入的机会。比如，威廉指标（W&R）就是典型的超买超卖指标，当指标值小于20时，显示为超买；当指标值大于80时，显示为超卖。

2. 技术指标信号的过滤

技术指标发出的买卖信号是一个随机的过程，可能在今天发出了买入信号，到了明天却发出了卖出信号。由此可以知道，技术指标容易钝化或失效，常会发出一些错误的信号。投资者如果仅仅按照信号指示买入，结果股价可能不涨反跌；如果仅凭信号指示卖出，结果股价可能不跌反涨。比如，当指标出现钝化，同时却与股价发生背离时，其可靠性和灵敏度都会减弱，就容易产生虚假信号。虚假信号，也可称为失败的信号，是指技术指标所发出来的错误信号。用失败的信号指导交易必然会导致交易的失败。

每一种技术指标都具有局限性和片面性，只能反映股价的局部走势，所以虚假信号的产生也是不可避免的。因此，投资者在使用技术指标时必须通过相关控制手段有效过滤掉虚假信号，消除虚假信号的不良影响，提高指标使用性能和信号质量。

对于技术指标虚假信号的过滤，可以通过以下4种技术来实现。

（1）时间参数优化

不同的时间参数会使同一个指标产生不同的买卖信号。一个好的指标，如果没有好的时间参数匹配，就不会产生准确的信号。时间参数优化是指通过调整指标的时间参数提高指标的准确性。投资者在选择参数时，要根据股票的周期性质和自己的技术特点选择合适的交易周期（短线、中线或长线），在此基础上选择合适的范围。然后将参数在这一有效范围内进行调整，对所有可能的组合方式逐一进行统计检验，找到最优的一组参数或一个参数范围。

（2）多项信号合成

多项信号合成就是将指标所能产生的每一项单独的信号方式进行充分的合成组合，从而形成一个满足各单项信号的综合信号。在这一过程中，投资者要对指标所包含的多信号性能进行充分挖掘，确定指标信号的含义，增大信号的范围。然后对信号进行合成，并优化匹配。如果不能匹配，就不能将其合成，否则不仅得到的综合信号无效，还会减弱原信号的作用。多项信号的合成数量应该根据需要而定，并非多多益善。

（3）多种指标组合

多种指标组合是指利用两个或两个以上的不同类型指标进行组合，相互确认的过程。多种指标组合可以放在主要指标的多项信号合成之后进行。不同的指标有着不同的分析角度，投资者首先要确定一个主要的指标进行分析，然后再针对该指标的缺陷确定与之互补的指标，最后实行分步组合。在操作的过程中要注意：尽量在不同类型的指标间组合；组合指标的数量要根据需要而定，通常 2～3 种即可。

（4）周期指标组合

周期指标组合是通过对不同时间周期的单一指标或不同时间周期的多项指标进行组合，并以所产生的结果来研判行情。股票的周期是多变的和多层次的，不同的指标适用不同的周期，同一指标因分析周期不同，信号结果也不尽相同。因此，投资者可以利用股票的变化周期，对指标性能进行优化。首先要确定某一指标的主周期，然后再确定该指标的其他周期或其他合成指标的合成周期。周期指标组合在同一时点所发出的信号不必是同一信号方式，只需要表达相同的含义即可确认。

技术指标种类繁多，良莠并存，每一种指标都表达了人们对市场特定方面的认识和把握，反映了股市某一方面方面的深层内涵。在实际操作中，并不要求投资者熟悉和精通所有的技术指标，只需要掌握几种重要的技术指标就行了。

本章将主要介绍 6 种最常用的技术指标，它们是：

◎指数平滑异同移动平均线（MACD）

◎相对强弱指标（RSI）

◎随机指标（KDJ）

◎顺势指标（CCI）

◎布林带（BOLL）

◎能量潮（OBV）

股海箴言

◆技术指标泛指一切通过数学公式计算得出的数据集合，它是投资者最常用到的（市场中有 80% 的交易者在用 MACD、RSI、KDJ 等技术指标来分析行情），但也是最难理解的技术工具。

◆技术指标的变化，都是行情事先发生变化后反映到指标中的结果，如果行情不发生变化，指标也就不会产生相应的变化。

◆当市场行情有明显趋势可寻的时候，用趋向指标更为有效，它们能始终追踪趋势前行；而当市场行情处于盘整、绝对高位或绝对低位时，用反趋向指标则往往能指出行情的转折点。

第2节　指数平滑异同移动平均线（MACD）

技术导航

指数平滑异同移动平均线，即MACD指标，实际就是运用快速与慢速平滑移动平均线聚合与分离的征兆，来研判买进与卖出的时机。该指标适用于中长线操作，对其分时走势的分析通常并没有什么实际意义。

一、指数平滑异同移动平均线的基本说明

指数平滑异同移动平均线，英文简称为MACD，是由杰拉尔德·阿佩尔在移动平均线的基础上重新发展出来的一种趋向指标，该指标利用快速（短期）平滑移动平均线与慢速（长期）平滑移动平均线之间不断聚合和分离的特征，加以双重平滑计算出差离值，用以对市场行情和买卖时机作出研判，是股市中常用的中长期技术指标。如图6—1所示。

1. MACD指标的计算

MACD指标主要由正负差（DIFF）和异同平均数（DEA）两部分组成，其中，DIFF是指标的核心，DEA一般作为辅助指标。

DIFF是快速平滑移动平均线（EMA1）与慢速平滑移动平均线（EMA2）之间的差值，快慢只是时间参数不同，快速是短期的，而慢速则是长期的。DEA是DIFF的移动平均，也就是连续一段时间内DIFF的算术平均值，因此DEA有独自的时间参数，即平滑的天数（M）。

根据经验，一般将快速移动平均线的时间参数（短期参数）设为12天，将慢速移动平均线的时间参数（长期参数）设为26天，而将平滑的天数（M）设为9天。这三个参数也是很多炒股软件中的默认参数。

当日EMA（12）＝2/（12＋1）×当日收盘价＋11/（12＋1）×前日EMA（12）

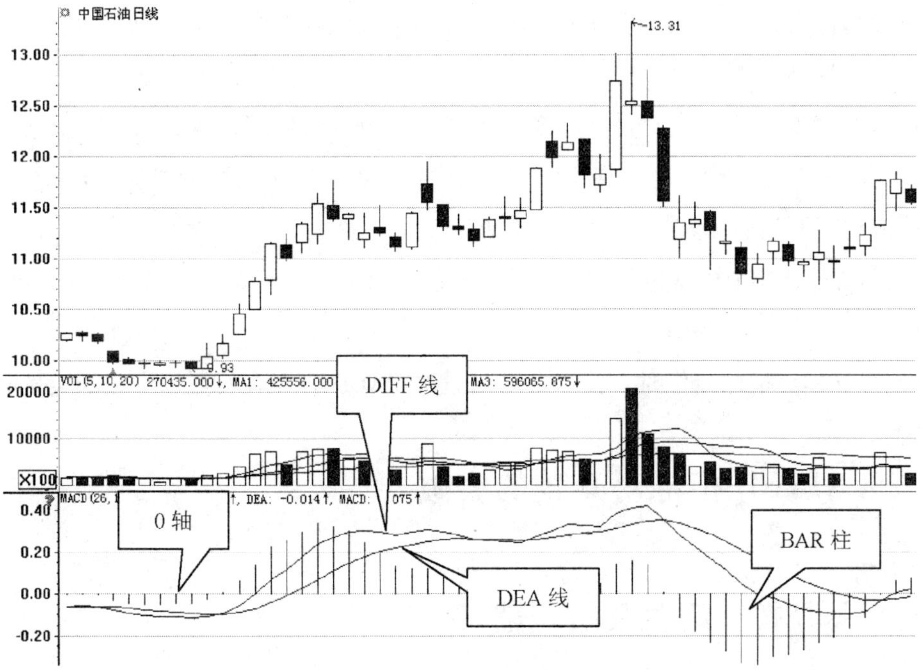

图 6—1　MACD 指标图示

当日 EMA（26）＝2/（26＋1）×当日收盘价＋25/（26＋1）×前日 EMA（26）

当日 DIFF＝今日 EMA（12）－当日 EMA（26）

当日 DEA＝0.2×当日 DIFF＋0.8×前日 DEA

炒股软件上还有一种围绕在 0 轴上下波动的指标，即 MACD 线柱，又称 BAR 线。

BAR＝2×（DIF－DEA）

2. MACD 指标的特性

（1）DIFF 线的变动较为灵敏，是快速平滑移动平均线；而 DEA 线则较为平缓，是慢速平滑移动平均线；两条线都围绕 0 轴上下波动。

（2）MACD 指标所显示的两条曲线都不是市场价格的移动平均线，而是两条移动平均线差距的平滑移动平均线。它能克服移动平均线假信号频繁的缺点，又保留了均线的诸多优点。

（3）MACD 柱状线即 BAR 线，表示 DIFF 线与 DEA 线之间的偏离程度，BAR 线越长，说明 DIF 线距离 DEA 线距离越远。BAR 为正值，柱状线显示为红色，表示 DIFF 线在 DEA 线之上；BAR 为负值，柱状线显示为绿色，表示 DIFF 线在 DEA 线之下。

（4）当 MACD 柱状线由负变正（或由绿变红）时，DIFF 线必然向上突破 DEA

线，从而形成金叉；当 MACD 柱状线由正变负（或由红变绿）时，DIFF 线必然向下跌破 DEA 线，从而形成死叉。

（5）BAR 线的正负值之间有一条分界线，称为 0 轴（或 0 线）。

（6）MACD 是一个极其重要的中长线指标，通过 MACD 指标能够判断指数或个股在一波行情开始后庄家的洗盘和打压情况。

（7）当股价处于横盘整理或是小幅频繁震荡过程中，MACD 会出现钝化，参考作用会弱化。

（8）当 KDJ 指标钝化时，投资者可以通过 MACD 指标有效把握个股的买卖时机。

二、MACD 指标对 0 轴的突破

1. MACD 指标向上突破 0 轴

当 DIFF 线由下向上突破 0 轴，表明多头行情即将悄然形成，是中长线第一个较为安全的买入点，投资者可逢低吸纳；当 DEA 线由下向上突破 0 轴，表明多头行情逐渐变强，是中长线第二个较为安全的买入点，此时投资者可以追涨买入。

如图 6—2 所示，2010 年 7 月初，南玻 A（000012）的股价触底回升，到了 7 月

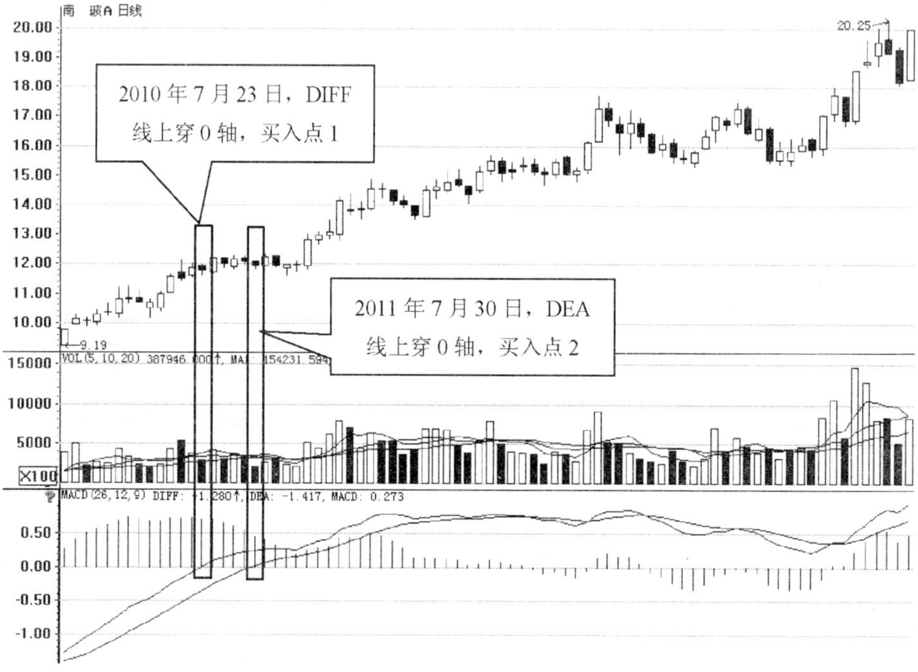

图 6—2 MACD 指标上穿 0 轴：南玻 A（000012）的日 K 线图

下旬，该股进入了横盘整理行情。在横盘过程中，MACD 指标线却在不断上升。2010 年 7 月 23 日，DIFF 线由下向上突破了 0 轴，这是中长线一个安全的买入点，投资者可以考虑买入。2011 年 7 月 30 日，DEA 线也由下向上突破了 0 轴，第二个可靠的买入点出现，投资者可追涨买入。

2. MACD 指标向下跌破 0 轴

当 DIFF 线由上向下跌破 0 轴，表明空头行情即将悄然形成，是中长线第一个较为合适的卖出点，投资者应坚决卖出；当 DEA 线由上向下突破 0 轴，表明空头行情逐渐变强，是中长线第二个较为合适的卖出点，此时投资者应该将仓位沽空。

如图 6—3 所示，2010 年 11 月上旬，白云机场（600004）的股价重新开始下跌。2010 年 11 月 16 日，DIFF 线由上向下跌破了 0 轴，暗示空头行情即将确立，这是一个中长线卖出点，投资者应该减仓或平仓操作。2010 年 11 月 19 日，DEA 线也由上向下跌破了 0 轴，第二个中长线卖出点出现，仍然持仓的投资者应该坚决清仓、出局观望。

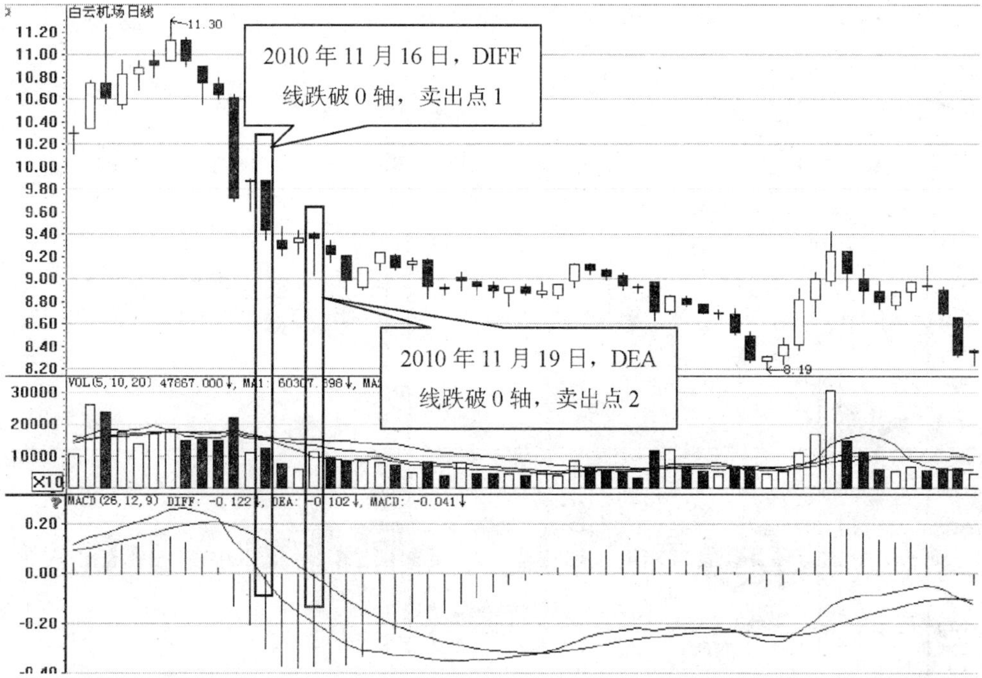

图 6—3 MACD 指标跌破 0 轴：白云机场（600004）的日 K 线图

三、MACD 指标的金叉和死叉

1. MACD 指标形成金叉

当 DIFF 和 DEA 均为正值，DIFF 线向上突破 DEA 线，在 0 轴上方形成金叉，表示市场上买盘非常踊跃，上涨行情仍将继续，此时投资者可以追涨买入。

当 DIFF 和 DEA 均为负值，DIFF 线向上突破 DEA 线，在 0 轴下方形成金叉，表示市场上的做空气氛有所缓解，持币者有低位吸纳的意愿，股价可能止跌反弹，此时投资者需要借助其他技术指标来分析是否可以买入。

总而言之，MACD 指标在 0 轴下方形成死叉才是可靠的买入信号。

如图 6—4 所示，2010 年 10 月 11 日，江南高纤（600527）的 K 线图上出现放量阳线，同时，DIFF 线向上穿越 DEA 线，在 0 轴上方形成金叉，看到此情形，投资者可以果断追涨。经过加速上涨之后，2010 年 11 月 9 日，江南高纤的股价创出阶段新高，之后开始回落。11 月 12 日，DIFF 线向下跌破 DEA 线，在 0 轴上方形成死叉，

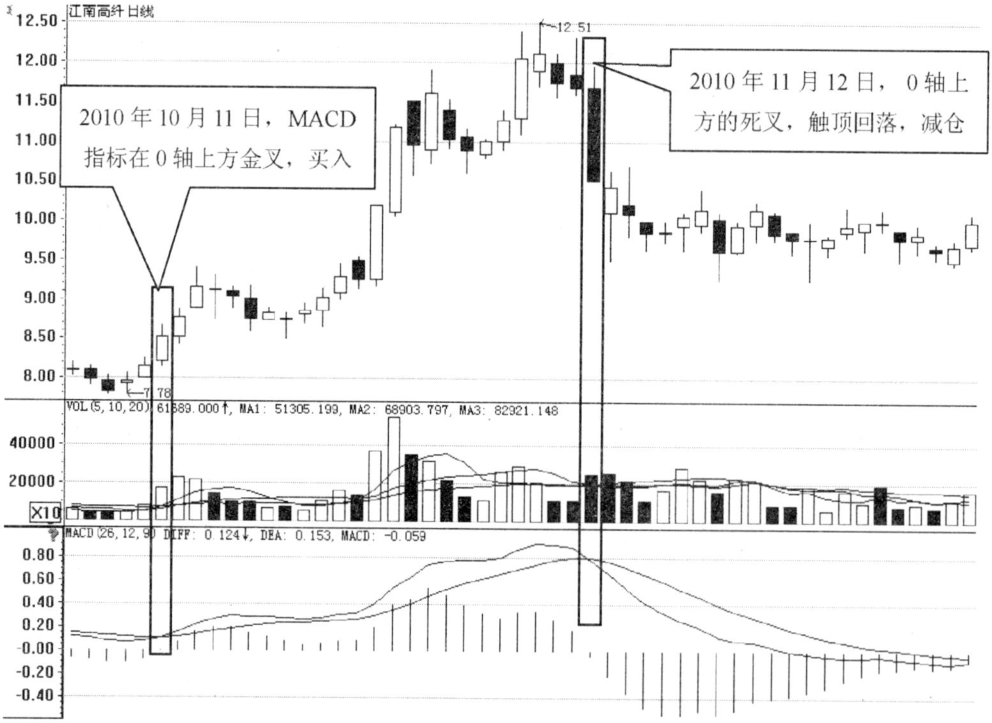

图 6—4　MACD 指标金叉：江南高纤（600527）的日 K 线图

表示空方在高位将获利回吐，而多方已经缺乏上攻动能，此时投资者应该实施减仓操作。

2. MACD 指标形成死叉

当 DIFF 和 DEA 均为负值，DIFF 线向下跌破 DEA 线，在 0 轴下方形成死叉，表示市场上做空力量较为强大，下跌行情仍将持续，此时投资者应该杀跌卖出。

当 DIFF 和 DEA 均为正值，DIFF 线向下跌破 DEA 线，在 0 轴上方形成死叉，表示市场上的做多氛围有所松懈，持股者有高位回吐的想法，股价可能滞涨回落，此时投资者需要借助其他技术指标来分析是否应该卖出。

总而言之，MACD 指标在 0 轴下方形成死叉才是可靠的卖出信号。

如图 6—5 所示，2011 年 7 月 25 日，处于下跌途中的沙河股份（000014）放量收出一根大阴线。同时，DIFF 线向下跌破 DEA 线，在 0 轴下方形成死叉，看到此情形，手中持股的投资者应该果断卖出。2011 年 8 月 23 日，MACD 的两条指标线在 0 轴下方形成金叉，说明股价会短暂反弹，但由于市场仍处于弱势，所以没有超短线操作经验的投资者应该坚持空仓观望。

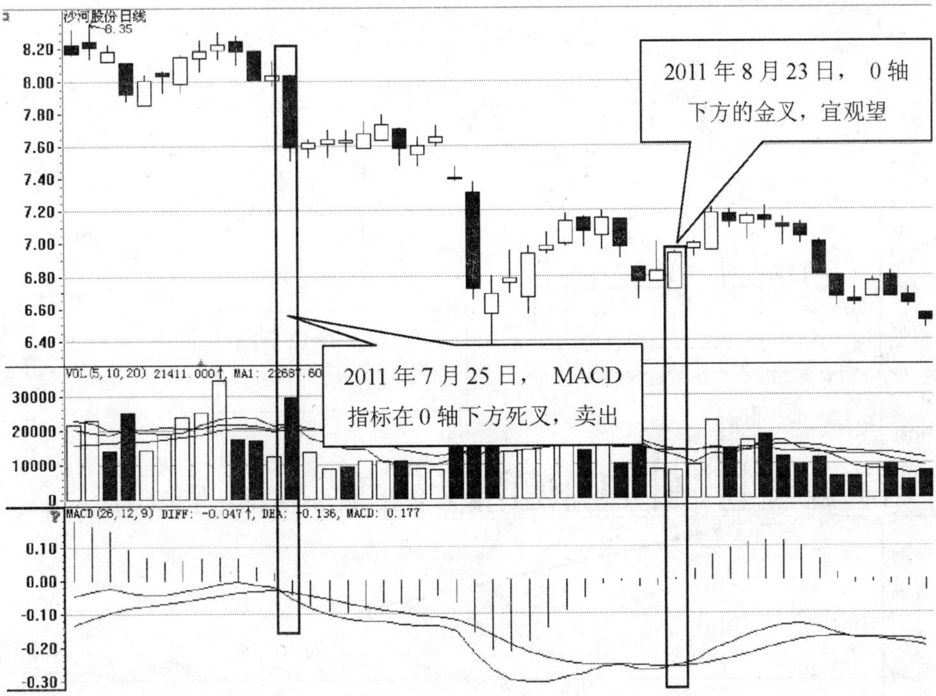

图 6—5 MACD 指标死叉：沙河股份（000014）的日 K 线图

四、MACD 与股价的背离现象

1. MACD 指标与股价顶背离

当股价创出新高时，而相关 MACD 的两条指标线数值却未能同时创出新高，这就形成了顶背离现象，是卖出信号。顶背离的卖点较难把握，这是因为有时出现一次顶背离后，股价就会下跌；而有时则在出现两三次顶背离后，股价才开始下跌。投资者可以在每次顶背离时分批减仓，待发现股价滞涨下跌时再清仓出局。

如图 6—6 所示，2010 年 8 月下旬，德赛电池（000049）的股价上涨到高位后，出现了滞涨现象，之后股价出现短暂回落，同时 MACD 的两条指标线也开始向下移动。

2010 年 9 月 28 日，该股止跌反弹。10 月 27 日，该股突破前次高点创出新高，但瞬间又被强力打压了下来，当天收出一根留有长上影线的阴线。而此时的 MACD 指标远低于之前的高点，于是形成了顶背离现象。看到这种情形，投资者应该以做空为主。

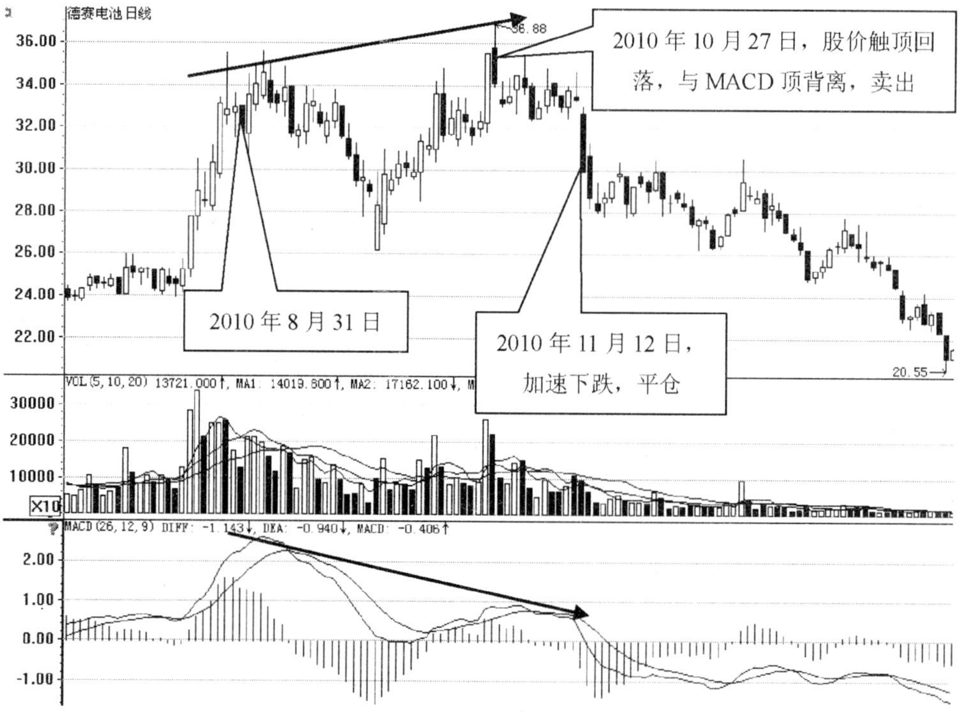

图 6—6 MACD 与股价顶背离：德赛电池（000049）的日 K 线图

2010 年 11 月 12 日，经过高位整理之后，德赛电池的股价开始加速下跌，有形成 M 顶的可能，这时投资者最好选择出局观望。

2. MACD 指标与股价底背离

当股价创出新低时，而相关 MACD 的两条指标线数值却未能同时创出新低，这就形成了底背离现象，是买入信号。在底背离出现时，激进的投资者可以分批建仓。而为了安全起见，稳健的投资者应耐心等待股价止跌回升后再买入。

如图 6—7 所示，2010 年 5 月 20 日，龙头股份（600630）止跌反弹，但没多久又重新下跌。2010 年 7 月 2 日，该股创出新低，并收出一根留有长下影线的十字线，而 MACD 指标却呈现一浪高过一浪的上升态势，两者形成了底背离现象，说明股价即将见底。

2010 年 7 月 6 日，该股放量上涨并最终收出一根涨停大阳线。投资者可以在当天盘中或尾盘时果断买入、持股待涨。

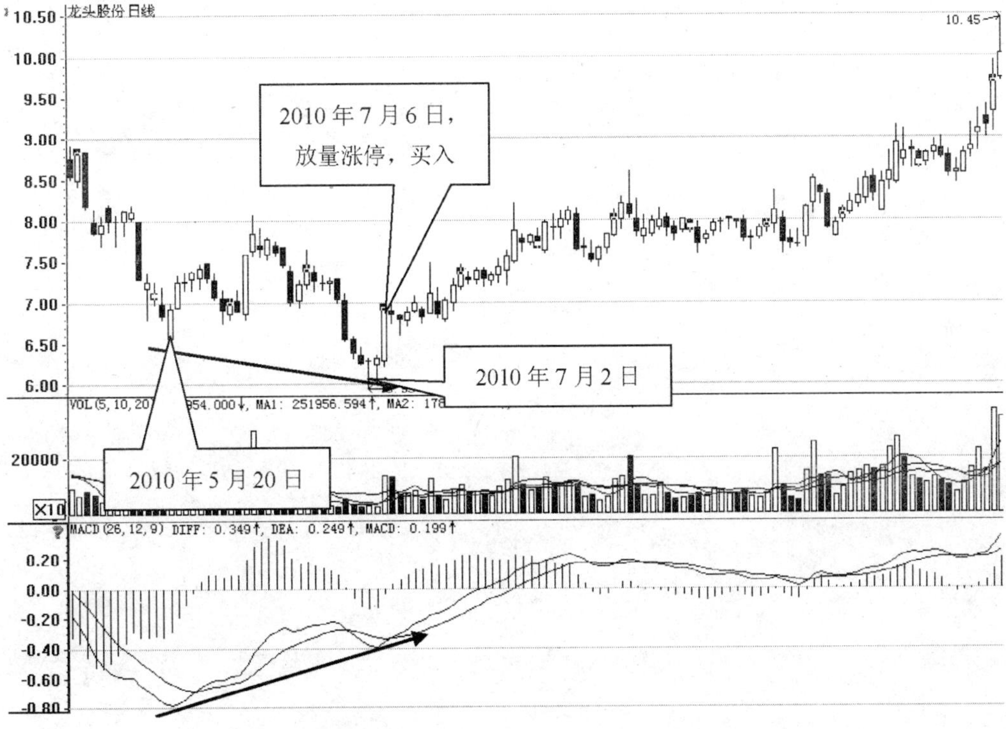

图 6—7 MACD 与股价底背离：龙头股份（600630）的日 K 线图

➲股海箴言

◆对于股价波动较大的股票，MACD 指标的指示作用是比较准确的，而当股价处于横盘整理或是小幅频繁震荡过程中，DIFF 和 DEA 两条曲线的交叉就十分频繁，同时 MACD 线柱的收放也频频出现，颜色经常发生转换，此时 MACD 指标就会处于失真状态，参考作用会大打折扣。

◆当一两天内股价的涨幅特别大时，MACD 指标往往来不及反应。所以，在股价被急速拉升时，该指标通常无法发生作用，会让投资者踏空行情。

第3节 相对强弱指标（RSI）

➲ 技术导航

相对强弱指标（RSI）以某一时间段内的大盘指数或某只个股的涨跌平均值作为衡量供需双方力量对比的尺度，并以此作为预测未来股价变动的依据。其最重要的作用是能够显示当前市场的基本态势，指明市场是处于强势、弱势还是盘局行情。

一、相对强弱指标的基本说明

相对强弱指标，又称力度指标，英文简称为RSI，是由美国技术分析大师威尔斯·威尔德所创立的。该指标通过比较一段时期内的收盘涨幅和总波动幅度之间的比值来分析市场买卖意向和实力，从而对未来市场走势作出预测。其基本原理是，在一个正常的股市中，多空买卖双方的力量必须得到均衡，股价才能稳定。如图6—8所示。

1. RSI指标的计算

RSI指标值等于一定周期内股价上涨幅度的平均值与股价涨跌总幅度平均值的比值，然后再放大100倍。

计算公式：

RSI＝周期内收盘涨幅均值÷（周期内收盘涨幅均值＋周期内收盘跌幅均值）×100

走势图上出现的RSI指标通常是由三条不同周期的RSI曲线组成的，分别是6日RSI线、12日RSI线和24日RSI线，其中6日RSI的波动最频繁，12日RSI次之，24日RSI的波动最缓慢。在实际应用时，常常通过观察6日RSI来判断买卖点，因为在反应市场上短线的背离现象方面，6日RSI线比较灵敏。

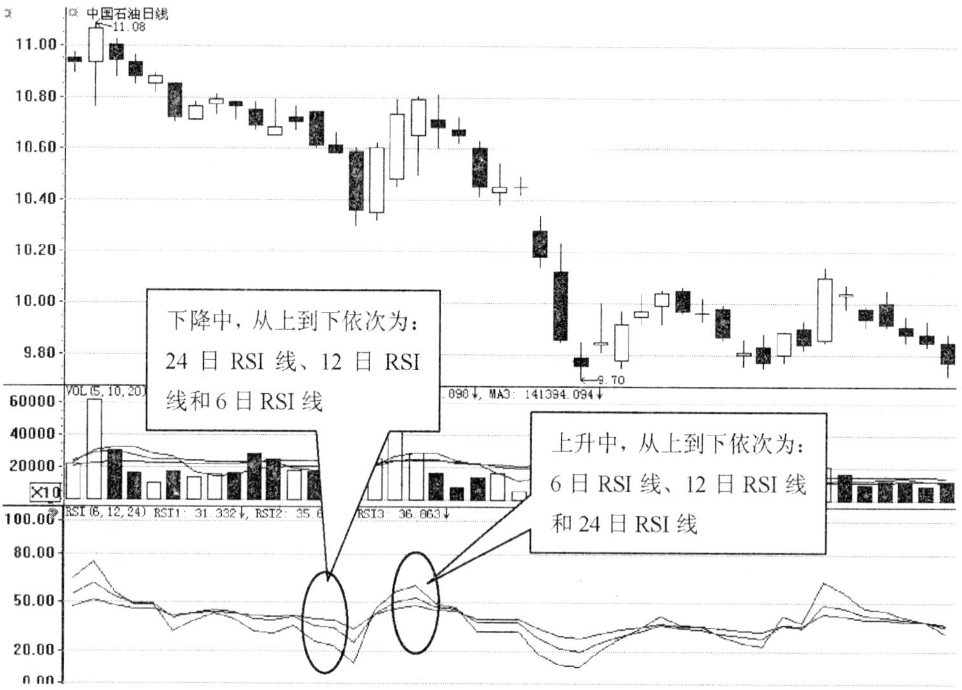

图 6—8　RSI 指标图示

2. RSI 指标的特性

（1）RSI 指标的波动较为频繁，但实用性较强，常被用来研判中短期趋势，以及预测阶段性顶部和阶段性底部。

（2）RSI 指标是向上和向下两种力量进行比较，若向上的力量较大，则 RSI 曲线上升；若向下的力量较大，则 RSI 曲线下降。由此可以测算出市场走势的强弱。

（3）6 日 RSI 指标是一个短线技术指标，适合分析较短周期内股价的走势。如果要分析较长周期的股价走势时，投资者可以多参考 12 日 RSI 线和 24 日 RSI 线。

（4）RSI 指标的取值范围在 0 ~ 100 之间，RSI = 50 为强势市场与弱势市场的分界点，RSI 曲线由上向下突破了 50 位置，代表市场已经转弱；RSI 曲线由下向上突破了 50 位置，代表市场开始走强。

（5）对于超买超卖区的界定，投资者可以根据市场的具体情况而定。在一般市场行情中，RSI 数值（通常以 6 日 RSI 来判断）在 80 以上可认为是超买，20 以下可认为是超卖。但在牛市中，超买区可定为 90 以上，超卖区可定在 30 以下；而在熊市中，超买区可定为 70 以上，超卖区可定为 10 以下。

（6）由于设计上的原因，RSI 指标在进入超买区或超卖区后，会出现钝化问题，这时尽管股价波动较大，但 RSI 的波动却非常缓慢。比如，在“牛市”中，RSI 值经常会升至 90 以上；在“熊市”中，RSI 值经常会降到 10 以下。所以，在较强的牛市或熊市中，如果 VR 等指标显示股价为强势，那么投资者应该放弃使用 RSI 指标。

（7）RSI 指标的取值范围可以分为 5 个区域，投资者可以根据指标值落入的区域来判断行情强弱，见表 6—2。

表 6—2　　RSI 指标的取值区域划分

取值范围	市场强弱	建议操作
80 ~ 100	极强	卖出
60 ~ 80	强	买入
40 ~ 60	适中	观望
20 ~ 40	弱	卖出
0 ~ 20	极弱	买入

二、RSI 指标超买和超卖

1. RSI 值大于 80，超买

当 6 日 RSI 进入 80 以上区域时，说明市场进入了超买状态，市场有短期回档的风险，投资者可先行减仓。当 6 日 RSI 向下跌破 80 位置时，投资者应果断卖出。

如图 6—9 所示，2011 年 3 月 25 日，鄂尔多斯（600295）放量收出一根涨停大阳线，同时 6 日 RSI 线进入到 80 以上的超买区，持股者应该在当天或次日实施减仓操作以规避风险，而持币者不宜再贸然买进。2011 年 3 月 29 日，该股低开低走，股价弱势明显，当天 6 日 RSI 线跌破了 80 位置，还有股票的投资者应该果断清仓。

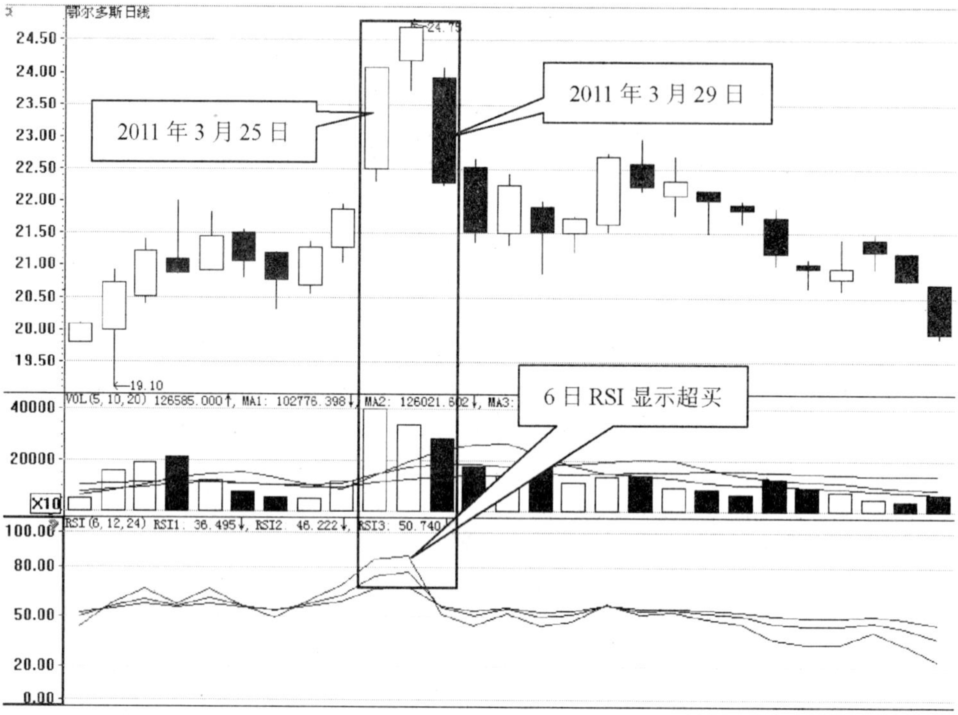

图 6—9　RSI 指标超买：鄂尔多斯（600295）的日 K 线图

2. 6 日 RSI 值小于 20，超卖

当 6 日 RSI 进入 20 以下区域时，说明市场进入了超卖状态，市场有短期反弹的机会，投资者要密切关注股价动向，并可适当建仓。当 6 日 RSI 向上突破 20 位置时，投资者可短线买入。

如图 6—10 所示，2011 年 6 月 20 日，安琪酵母（600298）的股价继续下跌，同时 6 日 RSI 线进入到 20 以下的超卖区，投资者可在当天尾盘时逢低吸纳。次日，该股收出十字线，表示行情有变盘的可能。6 月 22 日，该股放量上涨，6 日 RSI 线向上突破 20 位置，投资者可以加仓买入。这三天的 K 线也形成了早晨之星形态，看涨意义较浓。

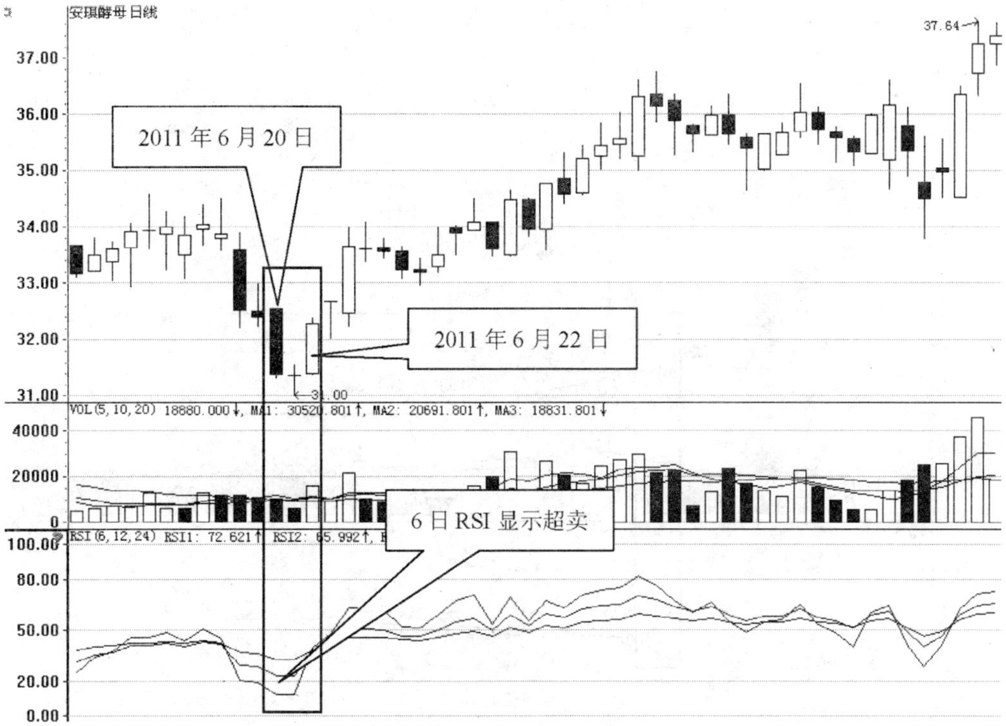

图 6—10　RSI 指标超卖：安琪酵母（600298）的日 K 线图

三、RSI 指标低位金叉和高位死叉

1. RSI 指标低位金叉

如果短期 RSI 线在低位（通常为 50 以下）向上突破长期 RSI 线，则 RSI 指标形成金叉，为重要的买入信号。若金叉出现在 20 以下的超卖区，则信号更为可靠。当金叉出现在 50 以上的高位时，虽然也是看涨信号，但这种情况下股价上涨的空间十分有限，投资者不宜介入。

如图 6—11 所示，2011 年 6 月下旬，恒顺醋业（600295）的股价进入筑底阶段。6 月 23 日，该股的 6 日 RSI 线在 50 以下的低位向上连续突破 12 日 RSI 线和 24 日 RSI 线，形成金叉。看到这种情形，投资者可以考虑买入。

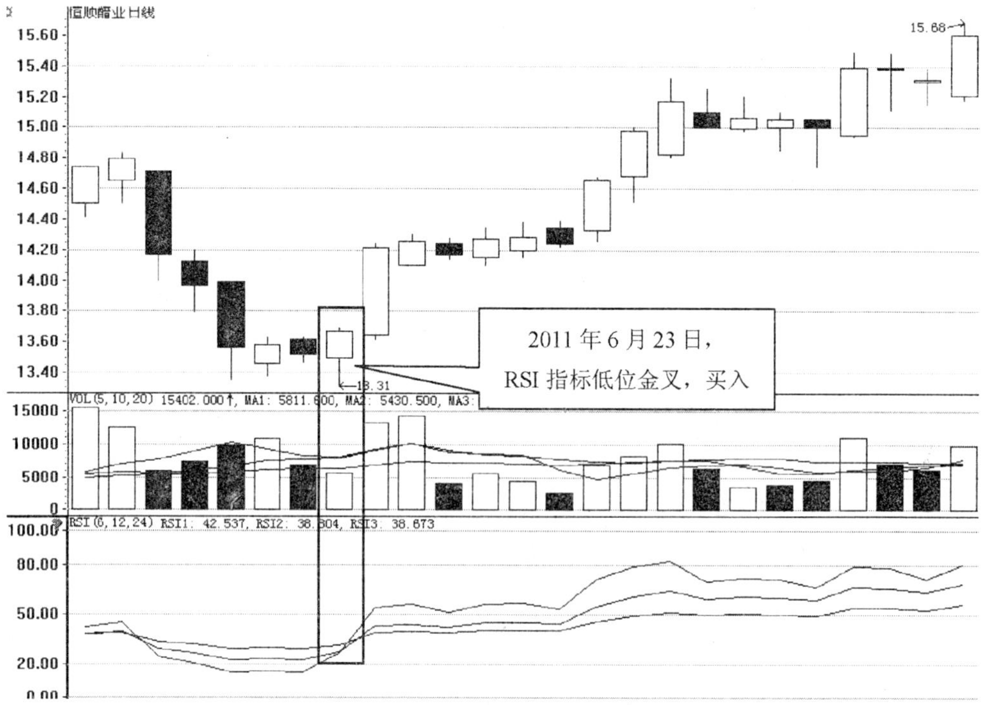

图 6—11 RSI 指标低位金叉：恒顺醋业（600295）的日 K 线图

2. RSI 指标高位死叉

如果短期 RSI 线在高位（通常为 50 以上）向下跌破长期 RSI 线，则 RSI 指标形成死叉，为重要的卖出信号。若死叉出现在 80 以上的超买区，则信号更为可靠。当死叉出现在 50 以下的低位时，虽然也是看跌信号，但在这种情况下卖出的话可能会卖在低价上。

如图 6—12 所示，2011 年 7 月 29 日，酒钢宏兴（600307）的股价创出 6.55 元的阶段新高后触顶回落。2011 年 8 月 4 日，6 日 RSI 线在 50 以上的高位向下跌破了 12 日 RSI 线，形成了死叉，投资者应该果断卖出。8 月 5 日，6 日 RSI 线向下跌破了 24 日 RSI 线，这时两线都已经进入到 50 以下的位置，继续看空。

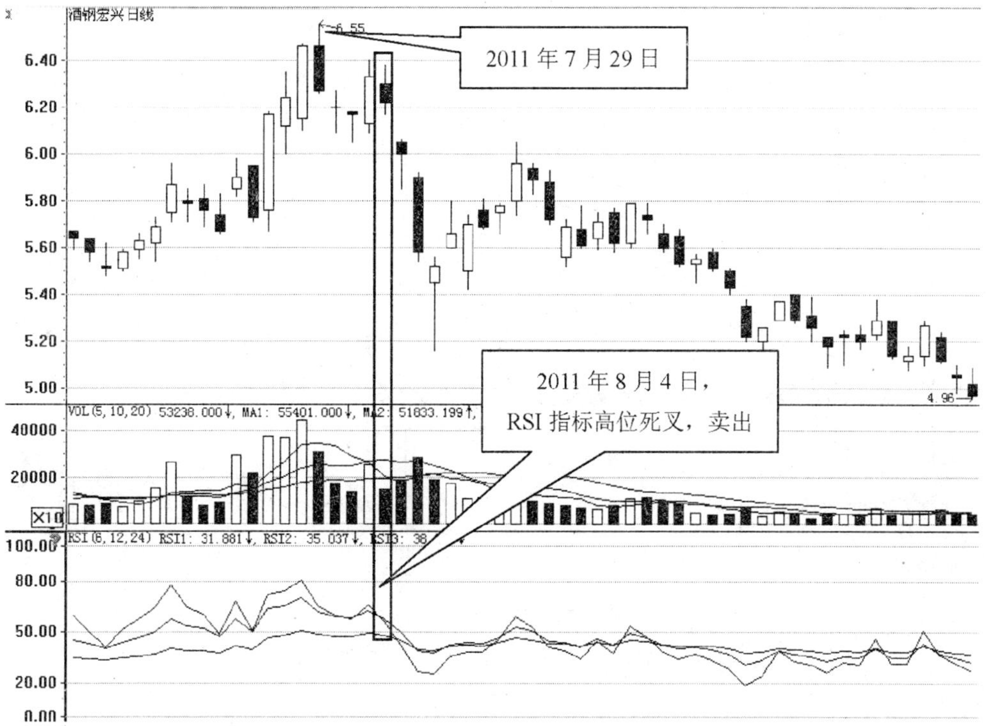

图 6—12 RSI 指标高位死叉：酒钢宏兴（600307）的日 K 线图

四、RSI 指标形成底部或顶部形态

1. RSI 指标形成底部形态

RSI 指标位于 50 以下的低位，RSI 曲线形成 W 底或三重底等低位反转形态时，意味着股价筑底成功，投资者可逢低分批建仓。如果 K 线形态也先后出现同样形态则更加可以确认。

如图 6—13 所示，2011 年 8 月，曙光股份（600303）的 6 日 RSI 线在 50 以下的低位形成了 W 底形态，这是看涨信号，投资者可以适时建仓。2011 年 9 月 5 日，该股放量涨停，K 线图上出现了 W 底形态，这是明确的底部信号，投资者可以加仓买入。

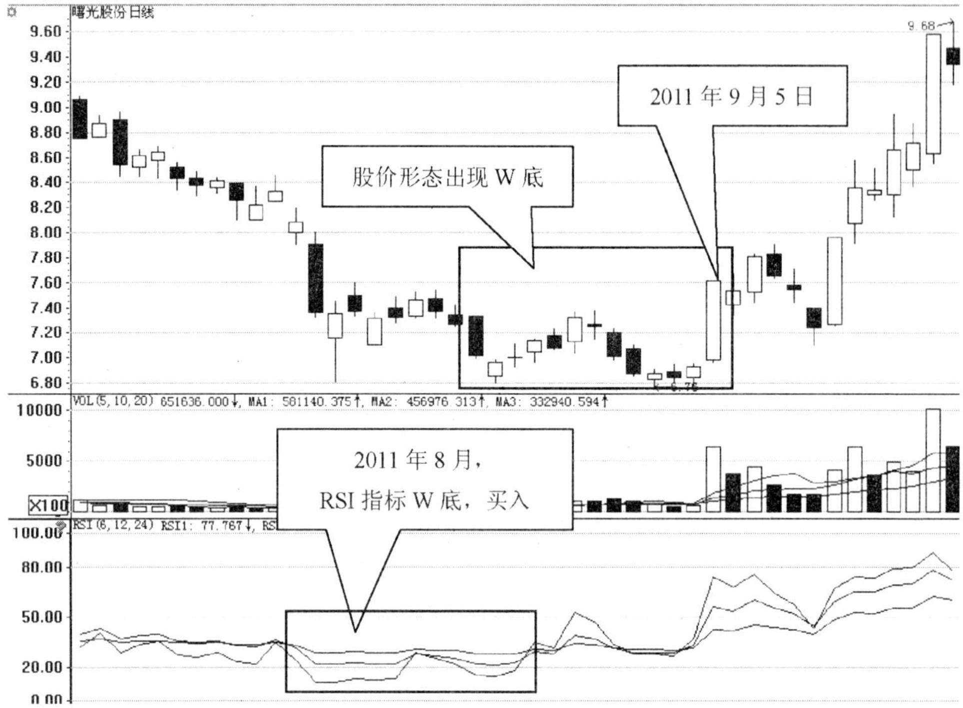

图 6—13　RSI 指标底部形态：曙光股份（600303）的日 K 线图

2. RSI 指标形成顶部形态

RSI 指标位于 50 以上的高位，RSI 曲线形成 M 顶或三重顶等高位反转形态时，意味着股价抵达顶部，投资者可逢高分批卖出。如果 K 线形态也先后出现同样形态则更加可以确认。

如图 6—14 所示，2010 年 9 月，ST 三星（000068）的股价不断上涨，而该股的 6 日 RSI 线却在 80 以上的超买区形成了 M 顶形态。

2010 年 9 月 15 日，ST 三星高开，收出一根上吊线，6 日 RSI 线显示为严重超买，之后该线触顶回落，形成第一个头部。但股价趋势并没有逆转，不久，6 日 RSI 线重拾上升趋势，并再次进入 80 以上的超买区。

2010 年 9 月 29 日，股价创出新高后下跌，同时伴随着较大的成交量。当天，6 日 RSI 线再次触顶回落，从而形成了第二个头部。投资者应该在这一天尾盘时果断卖出。两天后，6 日 RSI 线先后与 12 日 RSI 线、24 日 RSI 线形成高位死叉，M 顶形态也正式确立，这是“最后的卖出机会”。

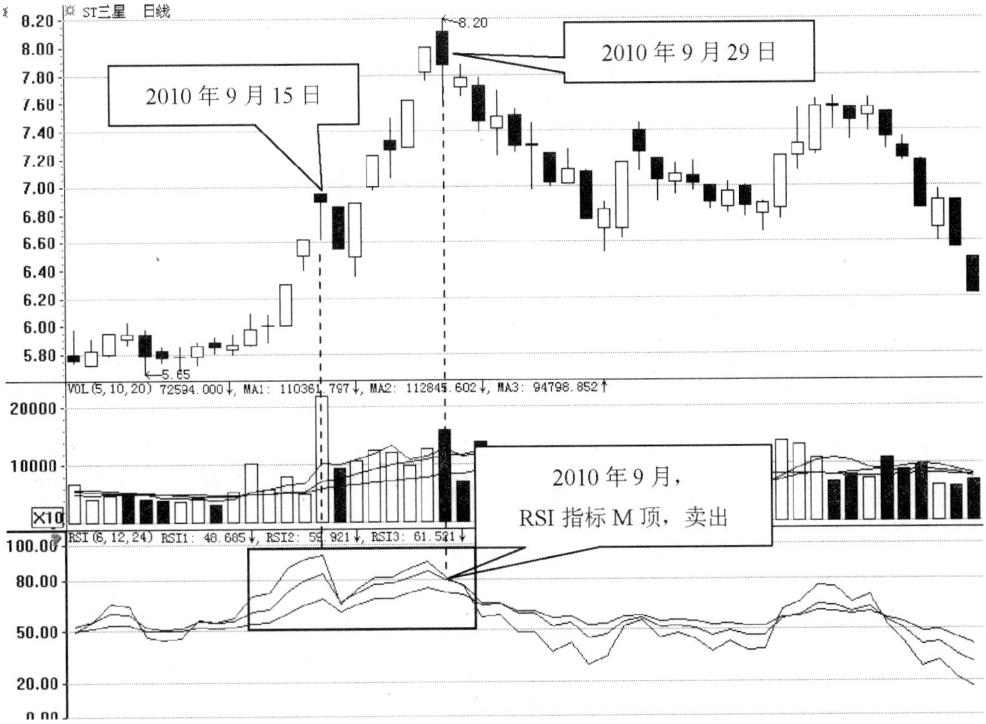

图 6—14 RSI 指标顶部形态：ST 三星（000068）的日 K 线图

五、RSI 指标与股价出现背离现象

1. RSI 指标与股价发生底背离

RSI 指标位于 50 以下的低位，RSI 曲线形成两个依次上升的低谷，而股价却还在下跌，从而形成底背离现象，这是较为强烈的买入信号。

如图 6—15 所示，2011 年 1 月 17 日 ~25 日，深华发 A（000020）的股价呈现下降趋势，但是其 RSI 曲线则形成两个依次上升的低谷，从而形成了底背离现象，说明空方力量即将枯竭，投资者看到这一信号后可适量买入。2011 年 1 月 26 日，深华发 A 的 6 日 RSI 线向上连续突破 12 日 RSI 线和 24 日 RSI 线，形成了金叉，此时投资者应该加仓买入，并持股待涨。

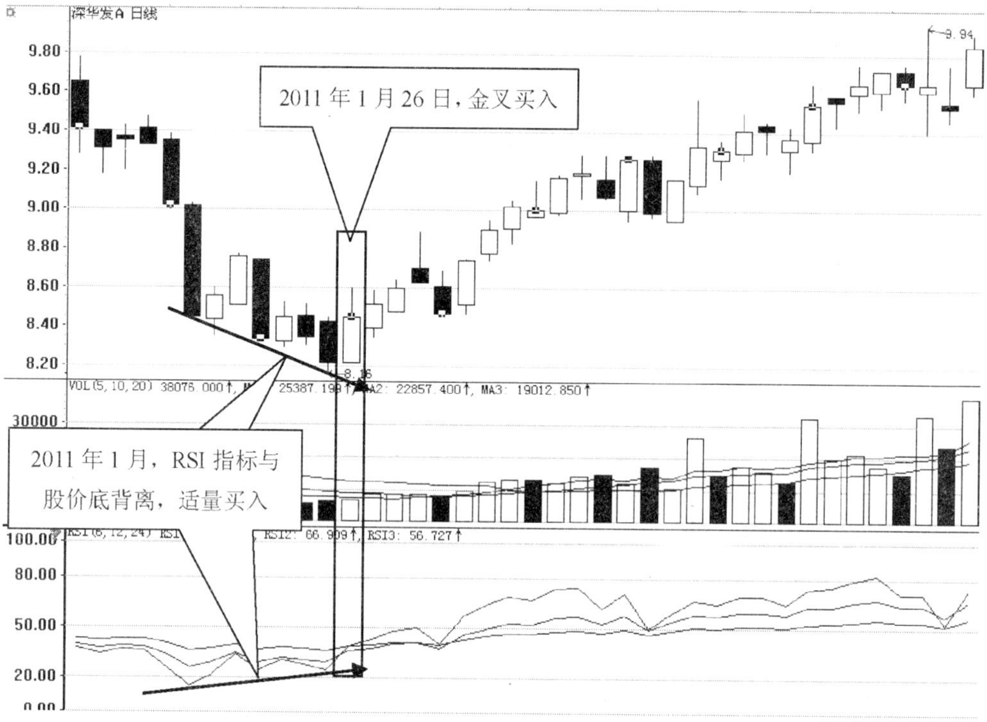

图 6—15　RSI 指标与股价底背离：深华发 A（000020）的日 K 线图

2. RSI 指标与股价发生顶背离

RSI 指标位于 50 以上的高位，RSI 曲线形成两个依次下降的高峰，而股价却还在上涨，从而形成顶背离现象，这是较为强烈的卖出信号。

如图 6—16 所示，2010 年 11 月初，荣华实业（600311）的 6 日 RSI、12 日 RSI 和 24 日 RSI 都进入到 80 以上的超买区，股价的回档风险加大，持股者可提前减持。之后，股价继续上涨并不断创出新高，而 RSI 指标却呈现下降趋势，两者形成了顶背离走势。在此过程中，投资者可以分批卖出，将获利回吐。

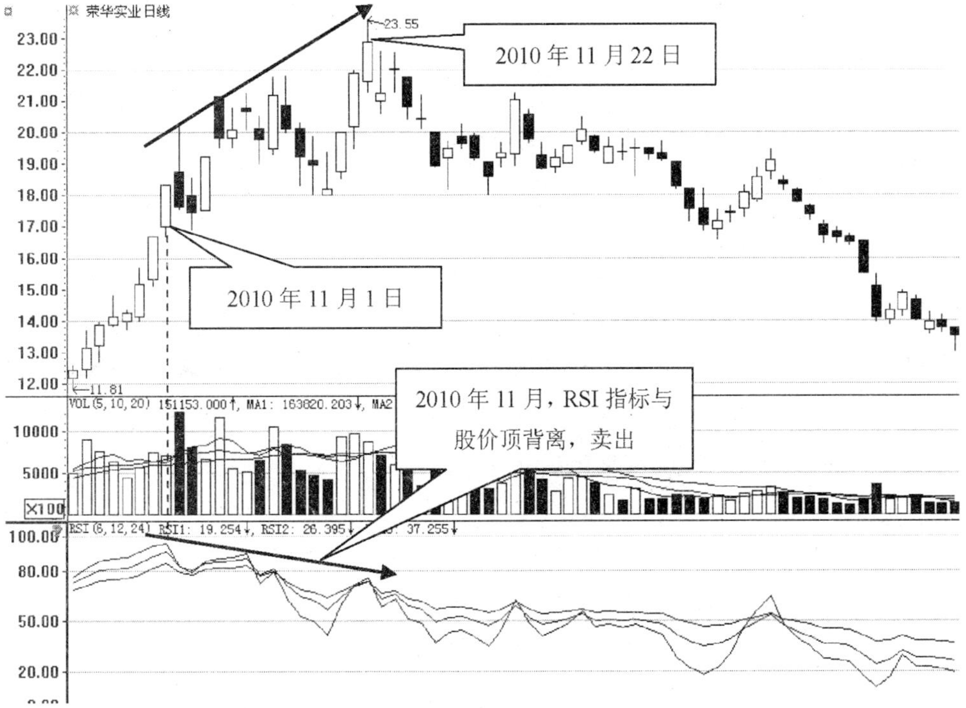

图 6—16　RSI 指标与股价顶背离：荣华实业（600311）的日 K 线图

股海箴言

◆由于 RSI 指标是通过收盘价计算的，所以如果股价的波动幅度很大（K 线的上下影线较长），但涨跌幅却很小时，RSI 指标就不可能准确地反映此时行情的变化。

◆RSI 指标相较于其他指标具有波动频繁、趋势性不明显的特征，所以，人们常常将其与 K 线以及移动平均线等其他指标配合使用，借以提高行情预测的准确性。此外投资者还可以利用中长期 RSI 指标对 50 中界线的穿越来确认市场的强弱。

◆RSI 曲线顶部反转形态对行情判断的准确性要高于底部形态，比如，RSI 与股价在高位出现顶背离时一般一次便可以确认，而在低位出现底背离时，一般要反复出现几次才能确认。

第4节　随机指标（KDJ）

➲ 技术导航

随机指标（KDJ）通过分析当日收盘价与一定时间内最高价、最低价的关系，反映市场的强弱度，适用于短线操作。运用KDJ指标可以判断市场是否处于超买或者超卖状态之中，并以此作为买卖股票的辅助参考。

一、随机指标的基本说明

随机指标，英文简称为KDJ，是一种中短线分析工具，主要被用来反映市场上买卖力量的强弱和超买超卖现象，它能够在股价尚未上升或下降之前发出准确的买卖信号。该指标由乔治·兰恩博士首创，是根据统计学原理，将某个周期内出现过的最高价、最低价及最后一个收盘价作为基本数据，来计算最后一个计算周期的未成熟随机值RSV，然后根据平滑移动平均的方法来确定K值、D值与J值，并绘制成相应的曲线图来研判行情。如图6—17所示。

1. KDJ指标的计算

炒股软件中KDJ指标的默认参数通常为9日、3日、3日，表示RSV值统计的是9日内的最高价、最低价及收盘价等情况，K线为RSV值的3日移动平均线，D线为K线的3日移动平均线。而J值本意为D值与K值之间的乖离，通常作为辅助指标出现。

计算公式：

9日RSV=（9日的收盘价-9日内的最低价）÷（9日内的最高价-9日内的最低价）×100（注释：计算出来的数值为当日的RSV值）

当日K值=2/3×前日K值+1/3×当日RSV值

当日D值=2/3×前日D值+1/3×当日K值

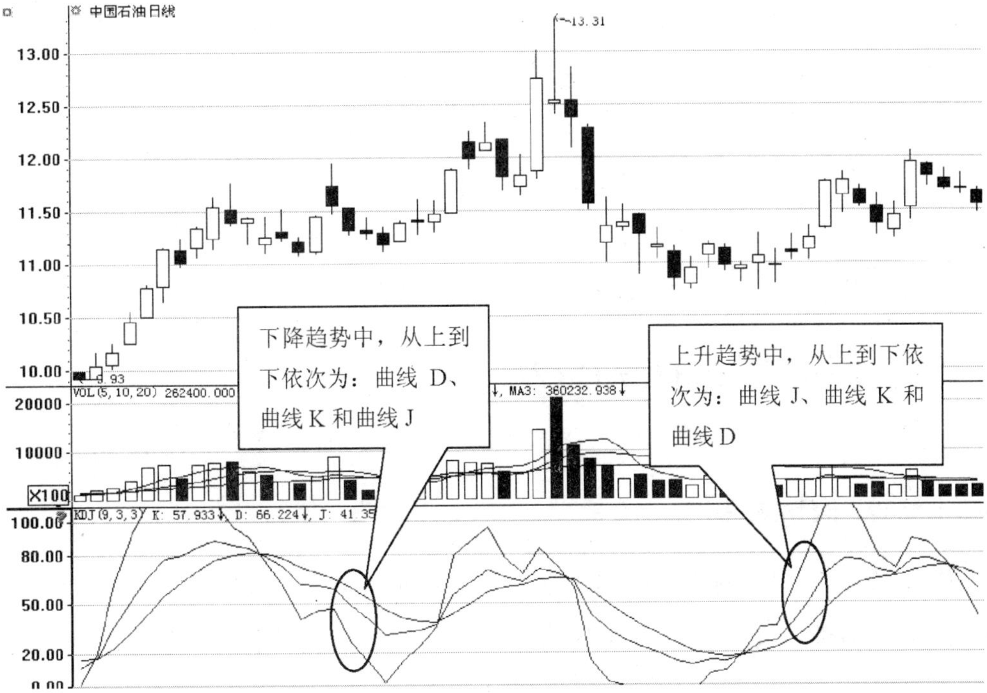

图 6—17 KDJ 指标图示

注释：若无前日的 K 值与 D 值，则可以分别用数字 50 来代替。

J 值 = 3 × 当日 K 值 − 2 × 当日 D 值

2. KDJ 指标的特性

（1）KDJ 指标由 K、D、J 三条曲线组成。其中波动最快的为曲线 J，其次是曲线 K，而曲线 D 最为平滑，安全性也最好。

（2）K 值和 D 值的取值范围均在 0 ~ 100 之间，50 是 KDJ 指标值的多空分界线，当 KDJ 指标处于 50 中轴线之上时，表示市场处于多头行情中；当 KDJ 指标处于 50 中轴线之下时，表示市场处于空头行情中。

（3）KDJ 指标也是非常重要的超买超卖指标。当 K 值 < 10 或 D 值 < 20 时，为超卖状态；当 K 值 > 90 或 D 值 > 80 时，为超买状态。

（4）当 J 值 > 100 时，曲线 J 会接触到顶部，表示曲线 K 已远高于曲线 D，股价短期内见顶的几率增大；当 J 值 < 0 时，曲线 J 会接触底部，表示曲线 K 已远低于曲线 D，股价短期内见底的几率增大。

（5）由于 KD 的数值永远处于 0 ~ 100 的区间内，所以就有可能产生钝化的现象。

当 KD 的数字已经到顶而无法超越 100 或是已经触底而无法低于 0 时，此时行情虽然依旧激烈地变化着，但 KDJ 指标却无法给出正确的指示。

（6）当曲线 K 和曲线 D 都双双在 50 左右的位置徘徊时，无论出现金叉还是死叉，都没有参考意义。

（7）KDJ 指标也适用于选股操作。运用周线 KDJ 与日线 KDJ 共同金叉选股法，就可以过滤掉虚假信号，找到优质个股。

二、KDJ 指标超买和超卖

1. KDJ 指标超买

当股价在高价位区域波动，这时 KDJ 指标线（尤其是曲线 D）进入 80 以上的超买区，投资者要注意风险。当 KDJ 指标线在超买区发生转折时，投资者应该考虑卖出。

如图 6—18 所示，2011 年 3 月 12 日，古越龙山（600059）KDJ 指标中的曲线 D

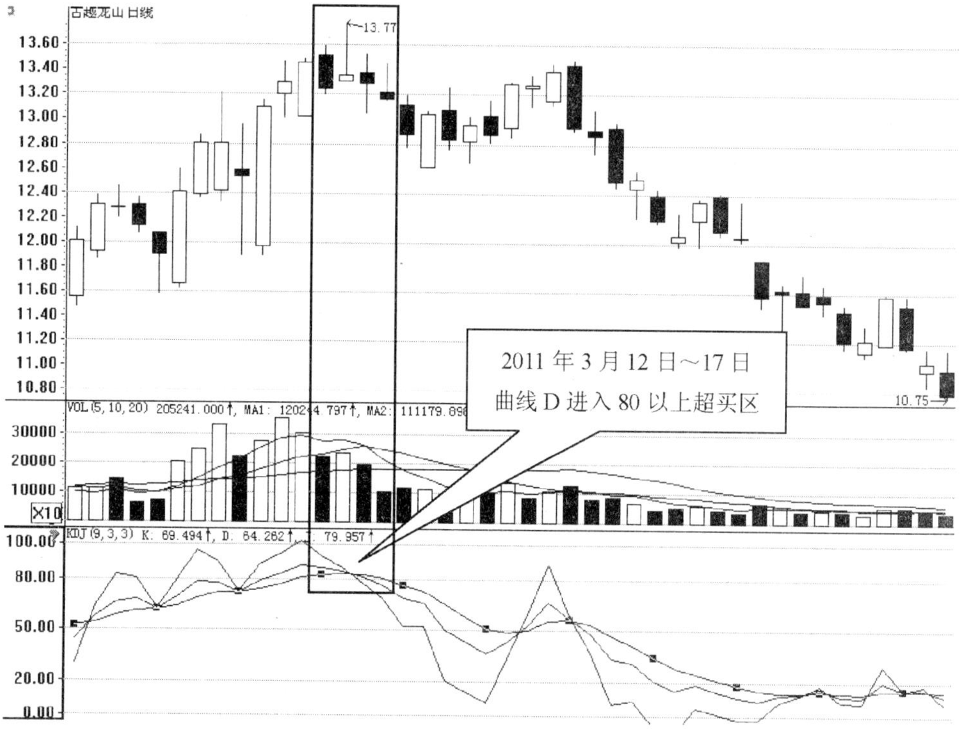

图 6—18　KDJ 指标超买：古越龙山（600059）的日 K 线图

进入到 80 以上的超买区，当天该股缩量收阴，此时投资者要警惕滞涨风险，可提前一步实施减仓操作。次日，该股收出一根流星线，表明股价上攻无力，上方存在较重抛压，此时投资者应以沽空为主。在接下来的两天内，KDJ 指标形成了死叉，曲线 D 跌破 80 位置，这两种情况都进一步证实了之前的卖出是正确的。

2. KDJ 指标超卖

当股价在低价位区域波动，这时 KDJ 指标线（尤其是曲线 D）进入 20 以下的超卖区，投资者应加大关注力度。当 KDJ 指标线在超卖区发生转折时，激进的投资者可适时建仓。

如图 6—19 所示，2011 年 1 月 14 日，华意压缩（000404）KDJ 指标中的曲线 D 进入到 20 以下的超卖区域，此时投资者要密切关注股价动态，激进的投资者可以提前介入布局。

2011 年 1 月 28 日，曲线 D 向上翘头，并突破 20 位置，进入到常态区间。同时 K 线图上形成了红三兵形态，这时投资者可以短线买入。到了 2 月 23 日，KDJ 指标在高位形成死叉，此时前期买入的投资者可以将获利回吐。

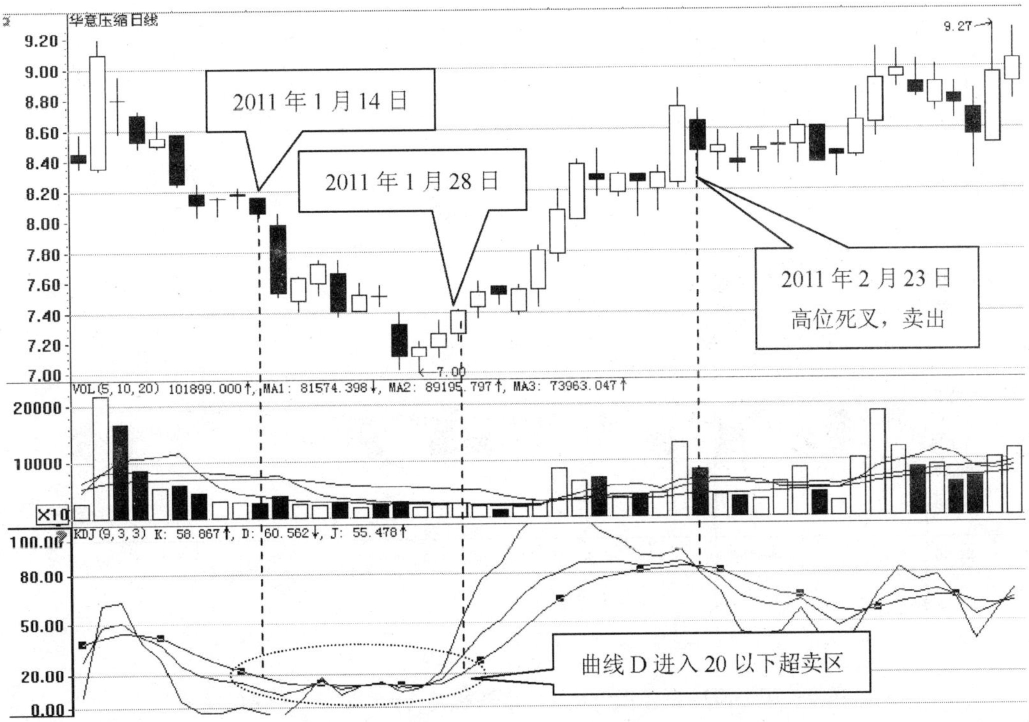

图 6—19　KDJ 指标超卖：华意压缩（000404）的日 K 线图

三、KDJ 指标低位金叉和高位死叉

1. KDJ 指标低位金叉

当K值和D值均小于30，曲线K从下向上穿越了曲线D，则KDJ指标形成低位金叉，表示短期内人气聚集，股价有上涨的可能，是买入信号。在低位时，曲线K和曲线D可能会重复金叉多次。短时间内形成金叉的次数越多，买入信号越强烈。

如图6—20所示，2011年6月16日，处于下跌行情中的上海机场（600009）收出了十字线，而KDJ指标中的曲线D进入到20以下的超买区。2011年6月20日，上海机场（600009）创出了12.08元的阶段新低，KDJ指标依然显示超卖。

2011年6月21日，KDJ指标中的曲线K向上穿越了曲线D，形成了低位金叉。此时，投资者可以适量买入。之后，该股进入了反弹行情，KDJ指标的三条曲线也不断向上攀升，直到KDJ指标形成高位死叉时才终结。

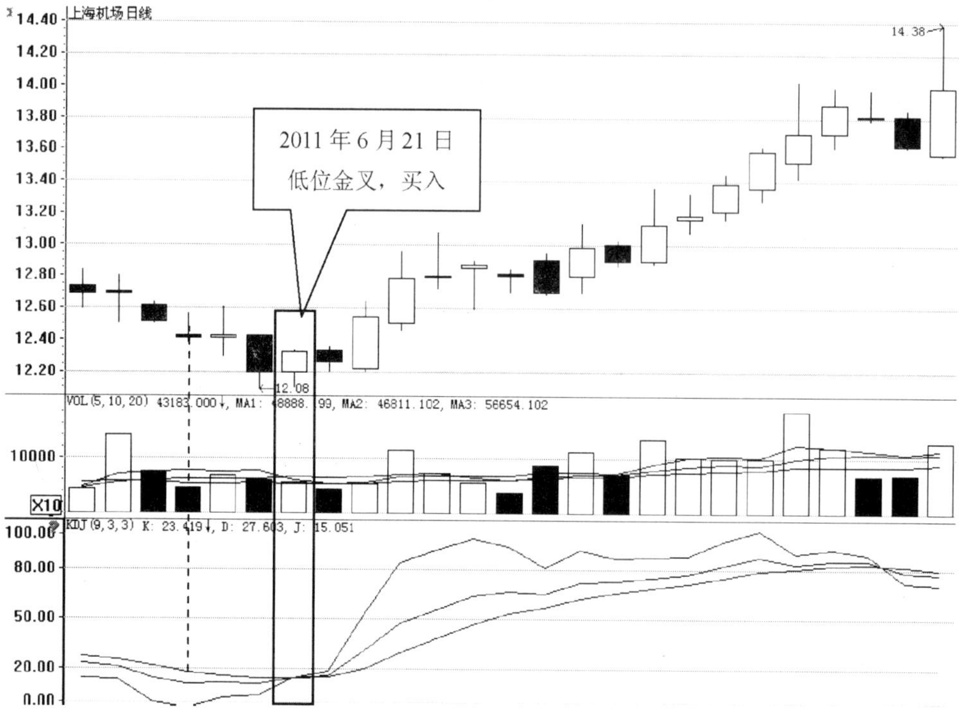

图6—20　KDJ 指标低位金叉：上海机场（600009）的日K线图

2. KDJ 指标高位死叉

当 K 值和 D 值均大于 70，曲线 K 从上向下穿越了曲线 D，则 KDJ 指标形成高位死叉，表示短期内人气涣散，股价有下跌的可能，是卖出信号。在高位时，曲线 K 和曲线 D 可能会重复死叉多次。短时间内形成死叉的次数越多，卖出信号越强烈。

如图 6—21 所示，2011 年 6 月 17 日和 7 月 12 日，胜利股份的日 K 线图显示，KDJ 指标中的曲线 K 都从上向下穿越了曲线 D，形成了死叉。不过前一个死叉出现在 50 左右的居中位置，之后仅出现三日短暂回调，看跌信号不明显。而后一个死叉出现在 80 以上的高位，后来股价滞涨回落，出现了较大的跌幅，是较为可靠的卖出信号。

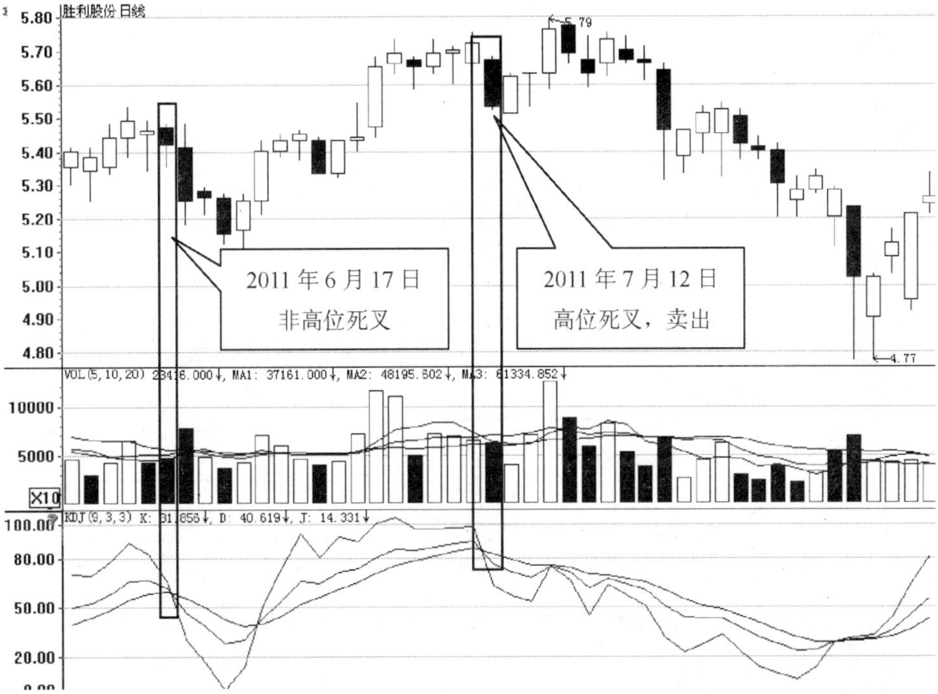

图 6—21　KDJ 指标死叉：胜利股份（000407）的日 K 线图

四、KDJ 指标与股价出现背离现象

1. KDJ 指标与股价出现底背离

当股价在再次下跌时创出新低，而 KDJ 值在再次下降时却没有创出新低，称为底背离，这种现象暗示股价的下跌行情即将结束，为买入信号。

如图6—22所示，2010年12月底~2011年1月，黄山旅游（600054）的股价不断下跌，而KDJ指标却形成一底比一底高之势。这种底背离现象预示着股价即将触底反弹，是看涨信号，激进的投资者可以在此过程中适量买入。2011年1月下旬，黄山旅游的股价开始企稳回升，同时连续出现两次低位金叉，稳健的投资者可以考虑买入。

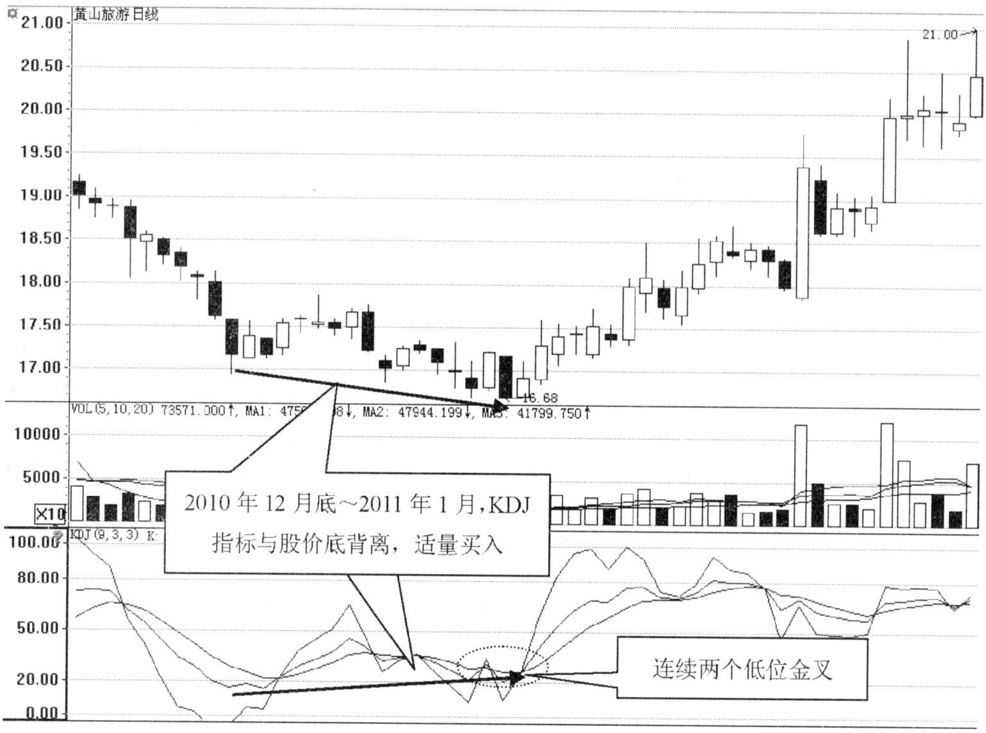

图6—22　KDJ指标与股价底背离：黄山旅游（600054）的日K线图

2. KDJ指标与股价出现顶背离

当股价在再次上升时创出新高，而KDJ值在再次上升时却没有创出新高，称为顶背离，这种现象暗示股价的上涨行情即将结束，为卖出信号。

如图6—23所示，2011年2月下半月，哈飞股份股价不断上涨并屡创新高，而KDJ指标却没有同步创出新高，而是有逐步下降的势头，这种现象就是顶背离，说明行情即将由上涨转为下跌，通常是卖出信号。投资者可在此过程中分批减持以规避风险。而连续两次高位死叉的出现则证明了卖出信号的可靠性。

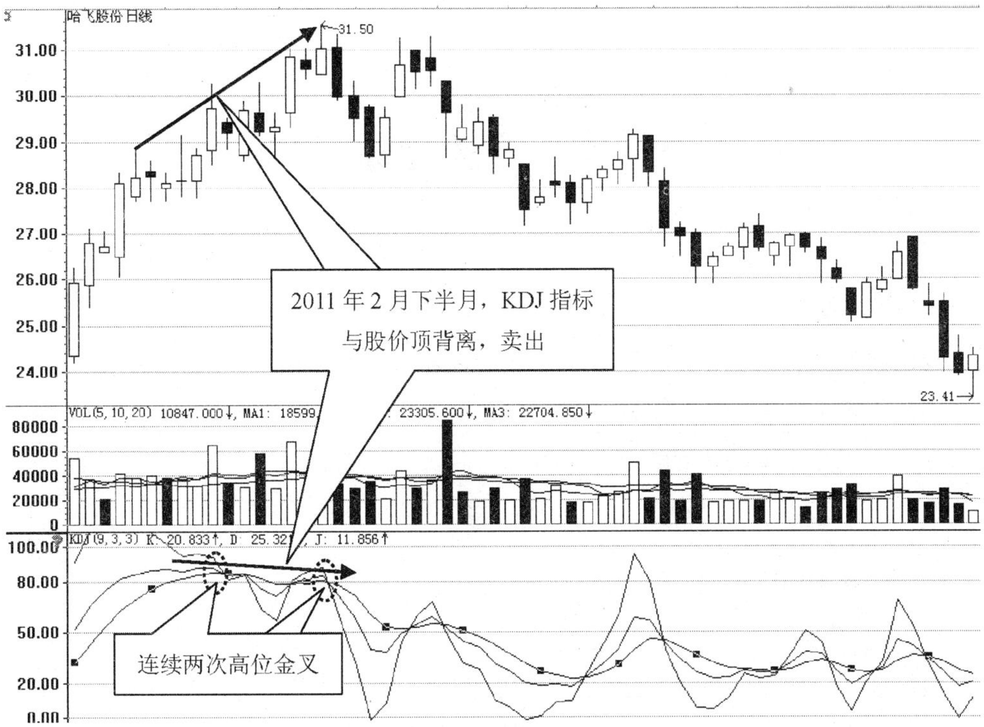

图 6—23　KDJ 指标与股价顶背离：哈飞股份（600038）的日 K 线图

➲ 股海箴言

◆随机指标的核心原理是平衡的观点，即股价的任何振荡都将向平衡位置回归。只要时间在流逝，即使在一个相当长的时期内股价保持相对稳定，甚至恒定不变，KDJ 值也不会一成不变，相反却会产生较大的变化。

◆KDJ 指标的波动较为频繁，所以将多种信号方式结合在一起进行判断效果更好。比如，当 KDJ 指标几乎同时出现超卖、底背离和低位金叉时，是可靠的买入信号；当 KDJ 指标几乎同时出现超买、顶背离和高位死叉时，是可靠的卖出信号。

◆当股价处于长期上涨或下跌趋势时，KDJ 指标会被钝化，这时的金叉、死叉、超买和超卖等都没有参考价值。

第5节 顺势指标（CCI）

➲ 技术导航

顺势指标（CCI）是一种重点研判股价偏离度的技术分析工具，该指标以 +100 和 -100 作分界线，指标值高于 +100 或低于 -100，就说明股价进入到一个非常态走势，因此能够有效描述股价的异常波动。

一、顺势指标的基本说明

顺势指标，英文简称为 CCI，由美国股市分析家唐纳德·兰伯特所创，是一种重点研判股价偏离程度的分析工具，该指标用目前股价的波动程度和常态分布范围比较进行超买超卖的研判，用以捕捉趋势反转点。CCI 指标看起来非常简单，仅仅由一条指标线构成。与很多波动范围在 0～100 之间的超买越卖指标（如 KDJ、RSI 等）不同，CCI 指标的运行区域没有限制，可以是从负无穷大到正无穷大之间的任何数值。如图 6—24 所示。

1. CCI 指标的计算

顺势指标（CCI）是典型价格与典型价格的 N 日移动平均的差，除以 N 日内典型价格的平均绝对偏差。

计算公式：

$$CCI(N) = (TYP - MA) \div (0.015 \times AVEDEV)$$

其中：

TYP =（最高价 + 最低价 + 收盘价）÷3

MA = 最近 N 日 TYP 的移动平均值

AVEDEV = 最近 N 日 TYP 的平均绝对偏差

0.015 为计算系数

N 为计算周期

图 6—24　CCI 指标图示

CCI 指标的周期参数 *N* 可以自行设定，不过通常情况下，投资者都会使用炒股软件中默认的“14 日”作为自己的常用参数。

CCI 指标的计算是比较复杂的。不过由于炒股软件已经普及，所以投资者并不需要细究其计算方法，只需要了解该指标的作用，并能熟练运用就可以了。

2. CCI 指标的特性

（1）CCI 指标有一个相对的技术参照区域：+100 和 -100。当 CCI 指标运行到 +100 以上时，进入超买区；当 CCI 指标运行到 -100 以下时，进入超卖区；当 CCI 指标在 -100 到 +100 之间运行时，表示股价处于震荡区，这时该指标基本处于失效状态。因此，+100 是 CCI 的“天线”，而 -100 是 CCI 的“地线”。

（2）作为一种中短线的超买超卖指标，CCI 指标具有独特之处。如果行情是超乎寻常的强势，走势不停地持续前进，很多超买超卖指标会突然失去方向，出现钝化现象。但 CCI 指标由于没有范围限制，所以一般不会出现钝化现象，它对于持续上涨或下跌的非常态行情，特别是那些短期内暴涨暴跌走势的研判非常有效。

（3）CCI 指标适用于股价突破后的连续上涨或者连续下跌行情。当股价在一个区间内连续反复震荡时，CCI 指标难以发出有效的买卖信号。

二、CCI 指标对 +100 位置的穿越

1. CCI 指标向上突破 +100

当 CCI 指标由下向上突破 +100 线而进入非常态区间，表明股价脱离常态而进入异常波动的非常态走势，投资者可以实施中短线买入策略。如果股价同时在成交量放量配合下出现较大幅度的涨升，则买入信号则更为可信。

如图 6—25 所示，2010 年 7 月 20 日，包钢稀土（600111）放量上涨，同日该股的 CCI 指标由下向上穿越了 +100 位置进入到非常态区间，这说明场外资金开始进场买入，该股在短期内仍有继续上涨的潜力，投资者可以适量买入。

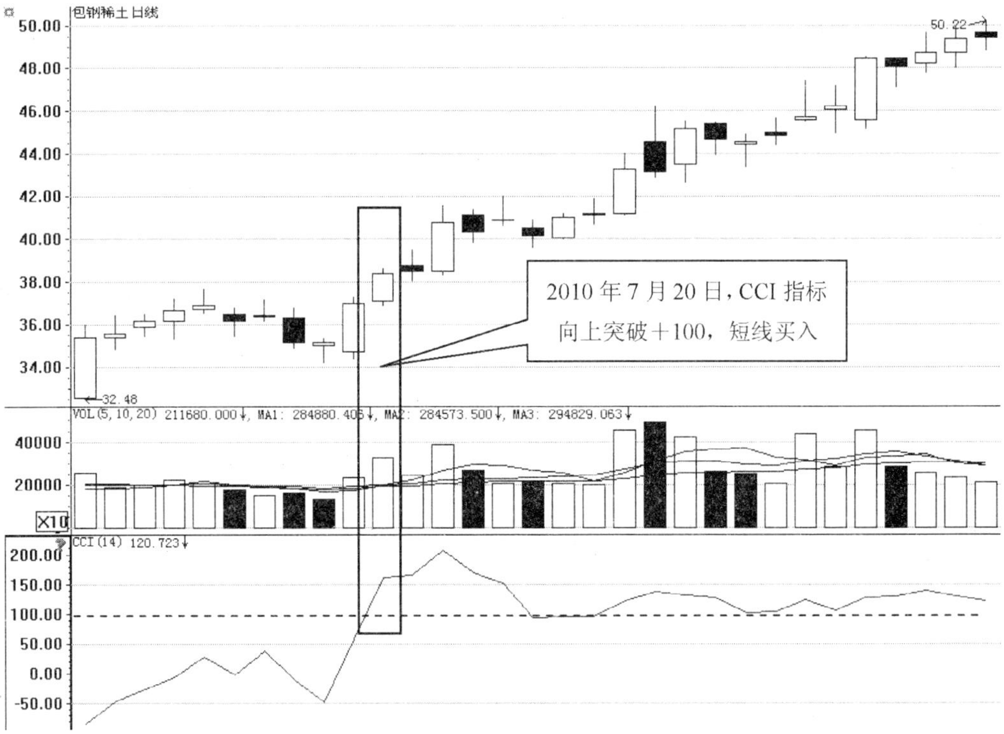

图 6—25　CCI 指标上穿 +100：包钢稀土（600111）的日 K 线图

2. CCI 指标向下跌破 +100

当 CCI 指标从上向下跌破 +100 线而重新进入常态区间，表明股价的上涨阶段可能结束，将进入盘整或下跌行情，投资者应及时逢高卖出。

如图 6—26 所示，2011 年 4 月中旬，赣粤高速（600269）放量上攻，但显然上攻乏力，而且成交量也开始递减。2011 年 4 月 15 日，该股在前一次下跌的基础上，继续呈向下态势，当天 CCI 指标由上向下穿越了 +100 位置进入到常态区间。这是股价将进入下跌行情的先兆，因此，持股者应果断卖出以免遭受更大损失。

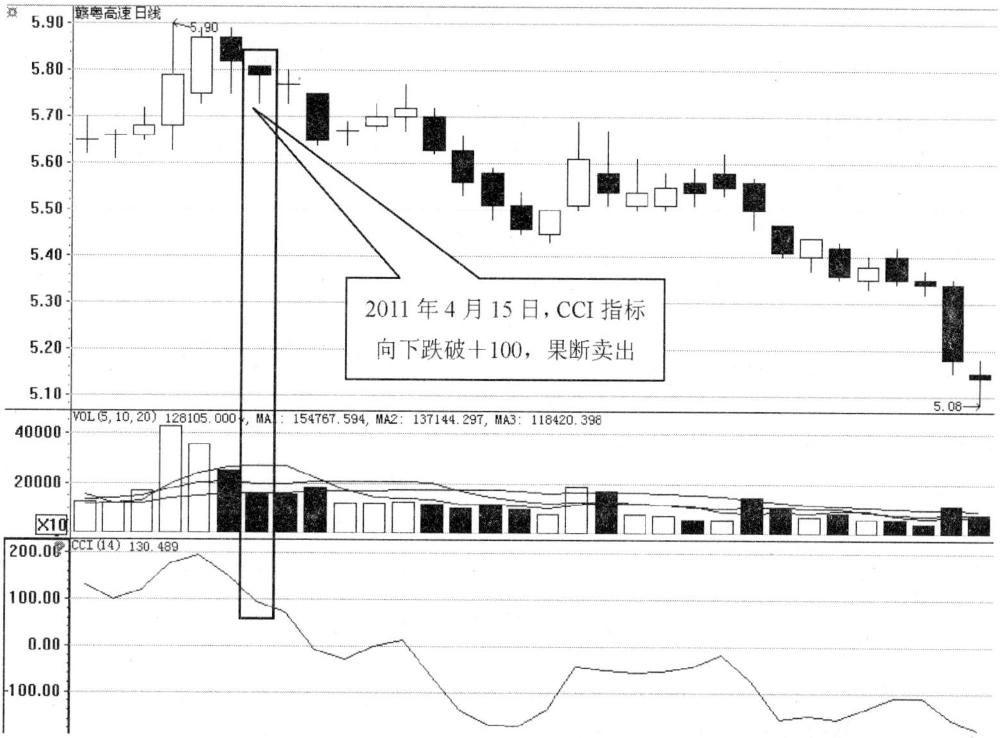

图 6—26　CCI 指标跌破 +100：赣粤高速（600269）的日 K 线图

三、CCI 指标对 -100 位置的突破

1. CCI 指标向上突破 -100

当 CCI 指标从下向上突破 -100 线而重新进入常态区间时，表明股价的探底阶段

可能结束，又将进入一个上涨行情，投资者可以适量买入。

如图6—27 所示，经过之前的加速下跌之后，2011 年 1 月 26 日，凯乐科技（600260）的股价出现企稳迹象，同一天 CCI 指标由下向上突破了 -100 位置，这说明这波下跌探底行情即将结束，股价可能反弹向上，投资者可以在当天尾盘或次日适量买入。

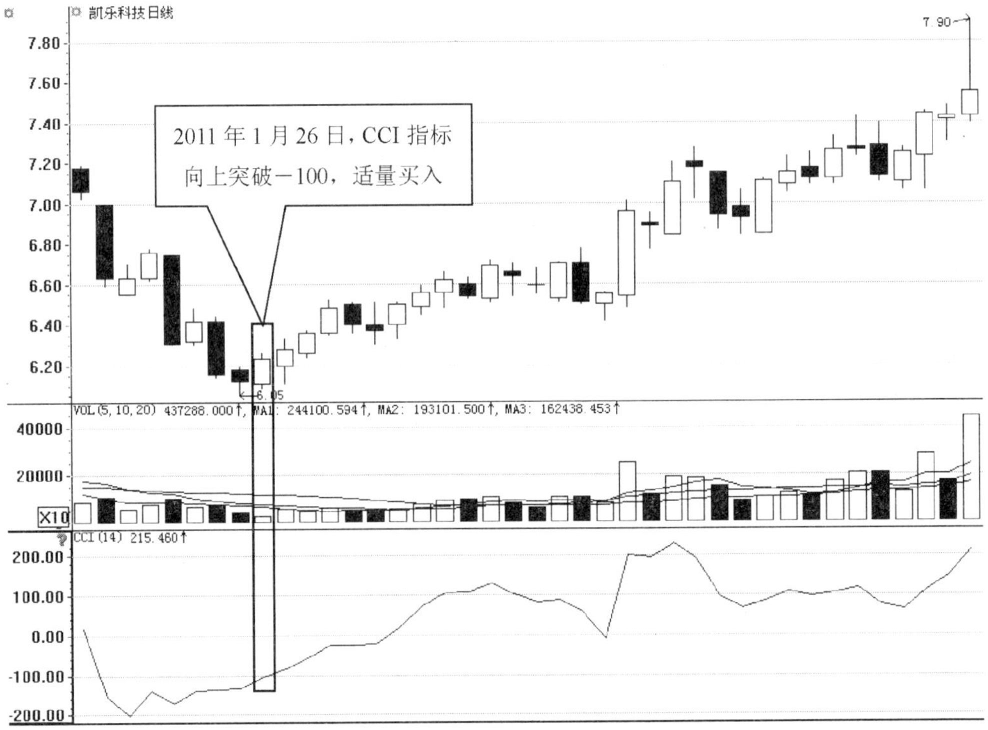

图 6—27　CCI 指标向上突破 -100：凯乐科技（600260）的日 K 线图

2. CCI 指标向下跌破 -100

当 CCI 指标从上向下跌破 -100 线而进入非常态区间时，表明股价已经结束盘整重新步入下跌之路。这将进入一个较长的探底过程，投资者应以空仓观望为主。

如图 6—28 所示，2011 年 9 月 2 日，处于下跌行情中的国电南自（600268）仍然呈现疲软走势，当天该股的 CCI 指标从上而下跌破了 -100 位置，这说明股价仍将有一个漫长的探底过程。此时，持币者宜保持空仓观望，而持股者应果断止损。

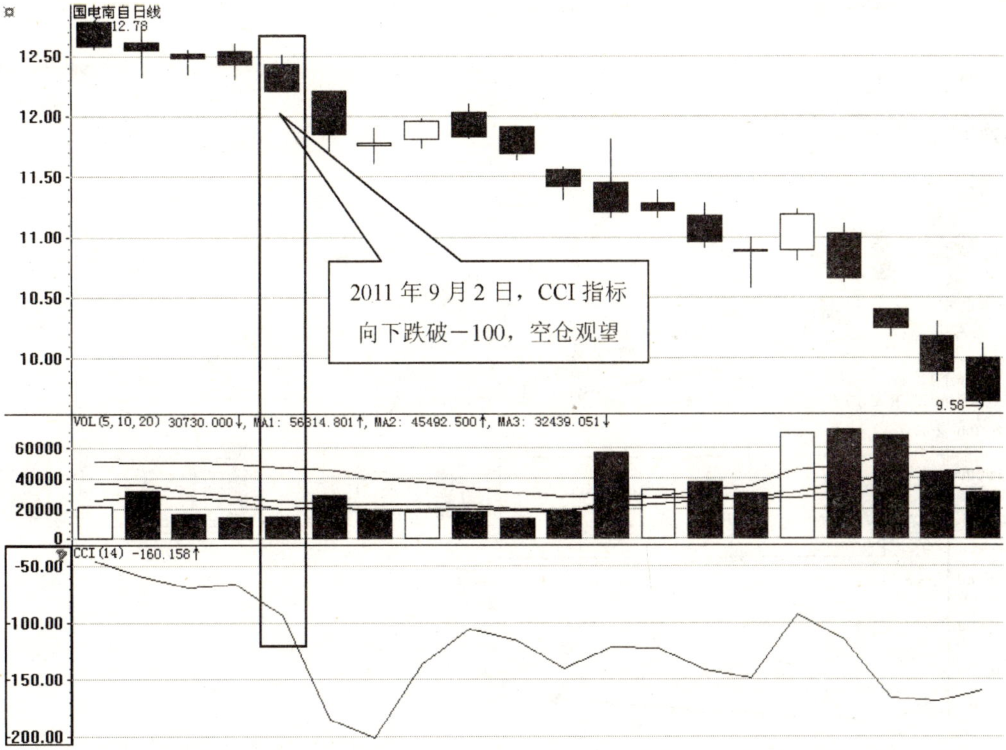

图6—28　CCI指标跌破－100：国电南自（600268）的日K线图

四、CCI指标与股价出现背离现象

1. CCI指标与股价底背离

CCI曲线处于－100之下的非常态区间，在股价与CCI同时创出新低后，如果股价再次创出新低而CCI指标却止跌企稳，就形成底背离现象，这是行情见底信号，投资者可适量买入股票。一般要反复出现几次底背离才能确认。

如图6—29所示，2011年6月2日～20日，经过长时间下跌之后，广汇股份（600256）的股价虽然没有止跌，但跌势已呈明显放缓迹象。在这一时间段内，该股的CCI指标自－100之下的非常态区间呈现上升态势。两者形成了明显的底背离现象，说明股价即将探底，投资者可以在此过程中逢低建仓。

图 6—29　CCI 指标与股价底背离：广汇股份（600256）的日 K 线图

2. CCI 指标与股价顶背离

CCI 曲线处于 +100 以上的非常态区间，在股价与 CCI 同时创出新高后，如果股价再次创出新高而 CCI 指标却出现回落，就形成顶背离现象，这是行情见顶信号，投资者应尽快卖出股票。

如图 6—30 所示，2011 年 4 月 26 日 ~5 月 17 日，浙江东日（600113）的 CCI 指标与股价出现了顶背离现象。2011 年 4 月 26 日，该股先是创出了一个高点，CCI 指标也相应在 +100 以上的非常态区间创出新高，然后股价出现调整走势，CCI 曲线出现回落。不久之后，当股价再度上涨并创出新高时，CCI 指标却没能冲过前期高点，从而形成了顶背离走势，这是见顶信号，投资者可在此过程中逢高减持。5 月 17 日，该股创出新高后回落，收出一根上影阴线，而没有再创新高的 CCI 指标同时反身向下，因此这一天是最佳卖出点。

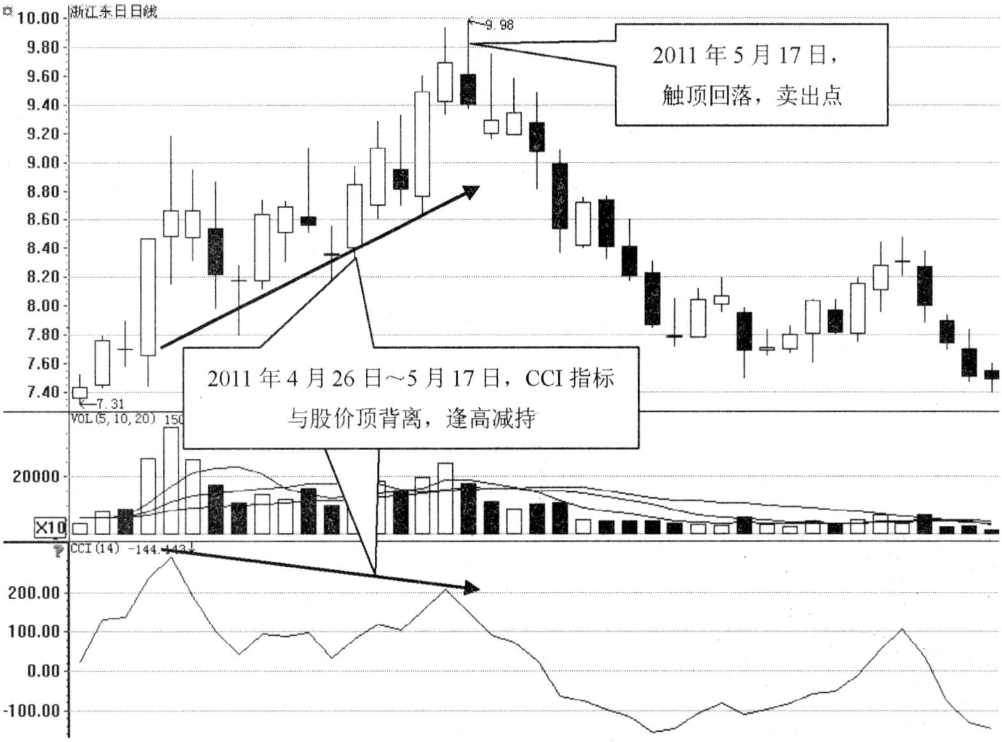

图 6—30　CCI 指标与股价顶背离：浙江东日（600113）的日 K 线图

股海箴言

◆与大多数单一利用股票的收盘价、开盘价、最高价或最低价而发明出的各种技术分析指标不同，CCI 指标是根据统计学原理，引进价格与固定期间的股价平均区间的偏离程度的概念，强调股价平均绝对偏差在股市技术分析中的重要性，是一种比较独特的技术分析指标。

◆如果说以 0～100 为范围的超买超卖指标，专门是为常态行情设计的。那么，CCI 指标就是专门对付极端行情的。也就是说，在一般常态行情下，CCI 指标不会发生作用。而当股价进入到非常态行情中时，CCI 指标就能扫描到股价的异常波动，起到立竿见影的指示作用。

第七章

量价分析

——量价关系研究与实战分析

第1节 成交量与股价之间的关系

➲ 技术导航

在分析股票走势时，成交量与股价的关系是投资者必须要考虑的。通常情况下，成交量大且价格上涨的股票，行情向好；成交量持续低迷，市场一般处于熊市或盘整阶段，行情向淡。

一、成交量是市场供求的量化表现

成交量是一种市场供求关系的量化表现。当股票供不应求，投资者纷至沓来都要买进时，成交量自然会放大；反之，当股票供过于求，市场门可罗雀、交易者寥寥无几时，成交量势必会有所缩减。

成交量有狭义和广义之分，狭义的成交量是指成交手数，而广义的成交量除了成交手数外，还包括成交额和换手率。

1. 成交手数

成交手数，英文简称是 VOL，就是我们通常意义上的成交量，是指一定的单位时间内个股或大盘的成交总手数（1 手为 100 股，是最小的交易单位）。在 K 线图上，投资者都可以观察到每根 K 线的下方都有一条代表成交量的线柱，这些线柱被称为“量柱”，其长短表示成交手数的多少。

如图 7—1 所示，K 线图的上半部分是股价，下半部分是成交量。每条成交量线柱对应一根 K 线，表示在该 K 线所代表的时间内的总成交数量。如果当天的收盘价大于或等于前一日的收盘价，量线为红色（空心黑框）；如果当天的收盘价低于前一日的收盘价，量线为绿色（黑色实体）。

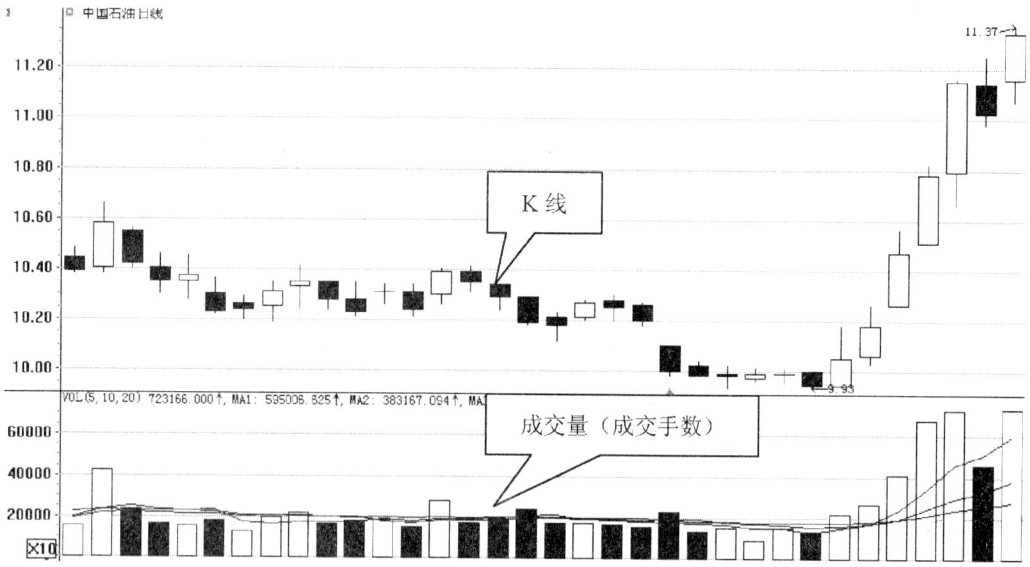

图 7—1　K 线图上的成交量柱线

成交数量忽略了各个股票流通量大小的差别，难以对不同股票做横向比较，但是适合对于个股进行纵向比较，即通过观察个股历史上成交量放大或缩小的相对情况来分析股价走势。因而，它是个股分析时的最常用到的指标。

2. 成交额

成交额，英文简称为 AMOUNT，指的是参与市场交易的资金量有多少。这一指标常用于大盘分析，因为它排除了大盘中各种股票价格高低不同的干扰，能够对市场或行业的整体的交易情况进行纵向比较。所以，我们常会听到的“两市的成交金额达××万亿”和“创业板成交金额××亿元”等消息。

图 7—2 是上证指数的日 K 线和成交额的图表。在对大盘进行分析时，观察成交额的变化，比观察成交手数更有意义，因为成交额能反应股价涨跌后所应支出的实际金额，而成交手数显然达不到这一点。

通过成交额，投资者可以有效识别市场中的热点行业和热门股票。成交金额越大，表示该行业或股票交投热烈。同时需要指出的是，在指数中，成交额的量柱与成交手数的量柱存在一定的差别，而对于个股而言，成交额的量柱与成交手数的量柱的长短变化是一致的，区别只是数值和单位不同。

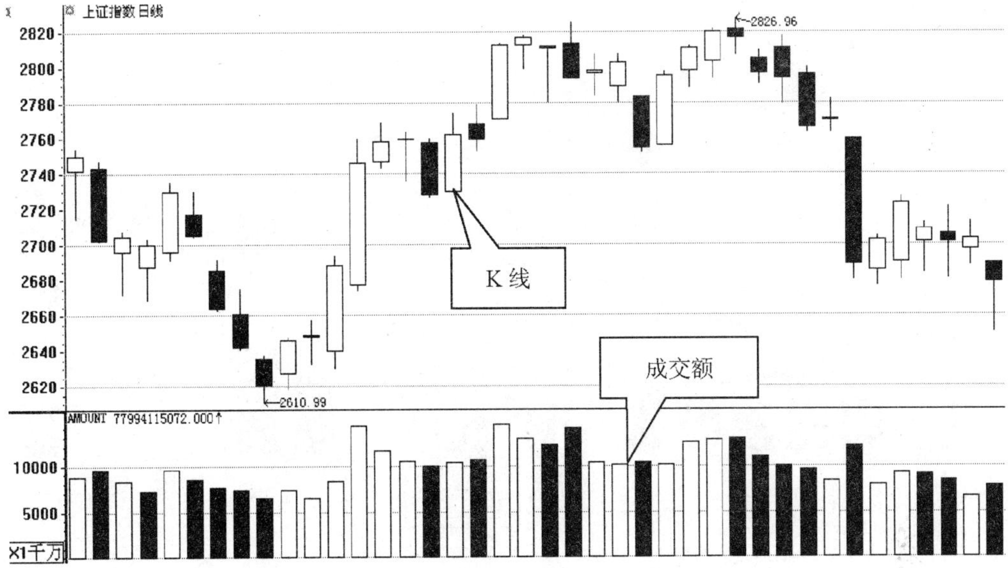

图 7—2　上证指数的成交额量柱

3. 换手率

换手率，也称周转率，指在一定时间内市场中股票转手买卖的频率，是反映股票流通性强弱的指标之一。

公式：换手率 = 某一段时期内的成交股数 ÷ 流通总股数 × 100%

成交手数只适合单只个股内部纵向比较，而换手率却适合个股之间的横向对比。投资者利用这一指标可以跟踪个股的活跃程度，找到“放量”与“缩量”的客观标准，判断股价未来的走势。因此，投资者在甄选股票时，要充分关注换手率的变化。

图 7—3 是浦发银行（600000）的日 K 线图。图中包含了股价（K 线）、成交量和换手率曲线等内容。通过成交量（VOL）的线柱与换手率曲线的对比可以看出，如果将成交量线柱的顶点相连便可构成换手率曲线。此外，我们还可以观察到，在这一阶段，浦发银行的换手率都没能高过 1%，这是一个极低的换手率，表示该股交易并不活跃。

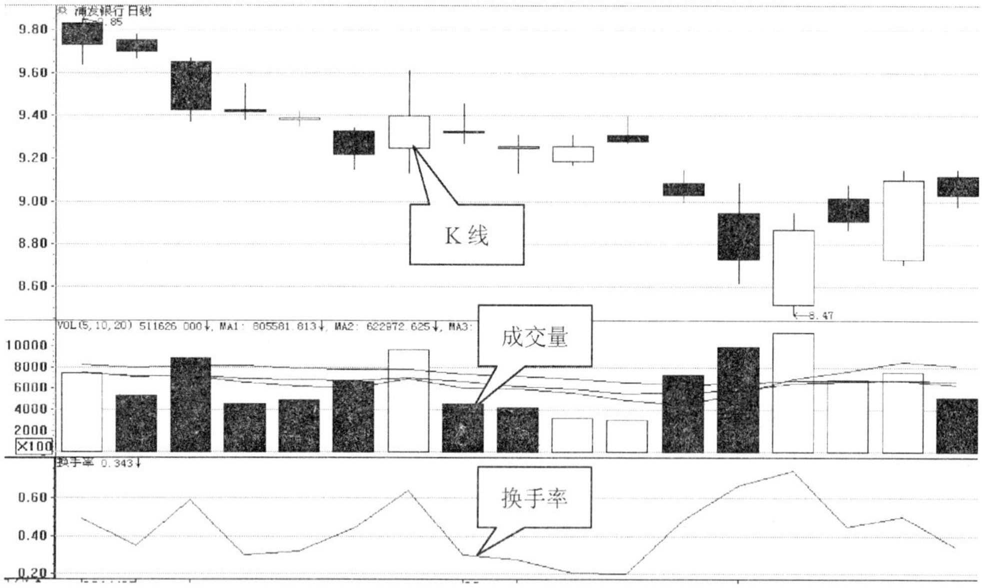

图 7—3　浦发银行（600000）的换手率曲线

个股的日换手率达到 5% 以上，才会使股价表现活跃。因此，我们以这一数值设定为中心值，并根据数值的大小将换手率分为不同的层级，见表 7—1。

表 7—1　　换手率的不同层级

层级	名称	范围值	含义
1	极低的换手率	低于 1%	市场已经冷到了极点，地量出现，股价阴跌或会有所回升
2	较低的换手率	1% ~2%	市场较为清淡，表现为无量阴跌或减速下跌
3	低换手率	2% ~3%	成交量较为温和，多出现在下跌途中或上涨初期
4	一般的换手率	3% ~7%	股票相对较为正常，在上涨和下跌行情中经常出现
5	高换手率	7% ~10%	股价高度活跃，会加速上涨，多发生于强势股
6	较高的换手率	10% ~15%	庄家在密切操作，常出现在拉升或下跌的开始阶段
7	极高的换手率	15% ~20%	在上涨中持续多日的话，有可能成为黑马股
8	怪异的换手率	超过 20%	成交量剧增，股价暴涨，如无特殊利好，则为见顶信号

二、成交量的两种变化和四种形态

技术分析一般是对股价、成交量、趋势和空间这四大要素进行综合分析。其中成交量具有重要的参考价值，因为成交量的大小直接表明了市场上买卖双方对某一时刻的股价最终的认同程度。但是成交量的增减变化经常反复无常，很难以一种既定的尺度去衡量。因此，为了掌握量价分析的要理，投资者需要了解成交量的两种基本变化和四种基本形态。

1. 成交量的两种基本变化：放量和缩量

放量是指某个时间段的成交量与前一段时间的成交量相比呈现明显增大的状态。放量一般出现在投资者对后市的看法产生了较为严重的分歧之时，说明多空双方的战斗越来越激烈。这时，一部分人因为看空后市而减仓或平仓，将手中的股票不断抛出，另一部分人却因看好后市而纷纷建仓或者加仓，进行大手笔的吸筹活动。

如图 7—4 所示，2010 年 7 月初开始，到 2010 年的 10 月中旬，ST 零七（000007）的成交量呈现逐级递增态势。股价也随着成交量的不断放大而上涨，说明随着股价不断攀升，多空双方的分歧也越来越严重。

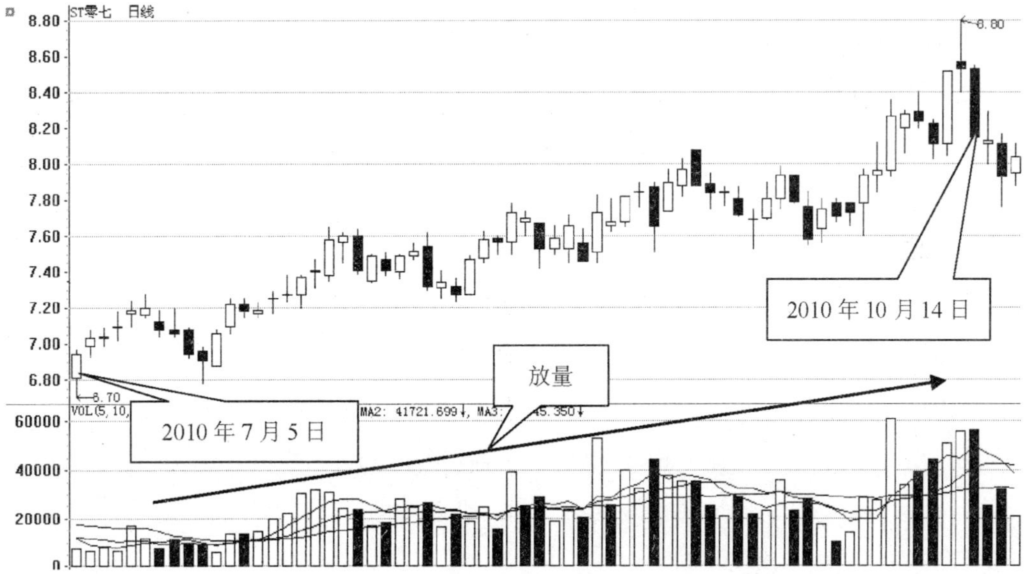

图 7—4　放量：ST 零七（000007）的日 K 线图

缩量是指某个时间段的成交量与前一段时间的成交量相比呈现明显萎缩的状态。缩量说明市场上的大部分投资者对后市走势十分认同，意见十分一致，从而导致整体交易情况较为清淡。涨势中的缩量，说明众人都看好后市，因而出现持股者惜售，或是庄家在锁仓拉升；跌势中的缩量，说明众人都看淡后市，无人愿意接货，买盘的减少导致了成交量下滑。

如图7—5所示，2011年2月22日~4月11日，中国宝安（000009）的成交量呈现逐步递减态势，股价也随着成交量的不断缩减而震荡下跌。这说明多空双方都认为后市将以下跌为主，所以愿意买入该股的投资者越来越少。

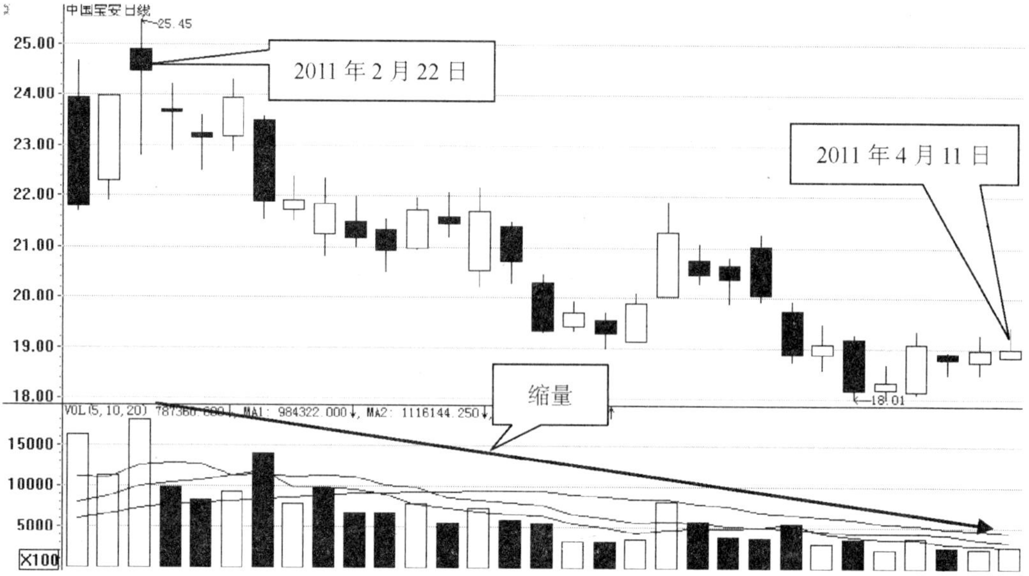

图7—5　缩量：中国宝安（000009）的日K线图

根据比较角度的不同，放量可以分为纵向放量、横向放量、单日放量、区域放量，相应地缩量也可以分为纵向缩量、横向缩量、单日缩量、区域缩量。

（1）纵向放量和纵向缩量

纵向放量和纵向缩量是个股成交量自我纵向比较的结果。若个股目前的成交量与该股前一段时期成交量相比呈现放大状态，称为纵向放量；若个股目前的成交量与该股前一段时期成交量相比呈现缩减状态，称为纵向缩量。

（2）横向放量和横向缩量

横向放量和横向缩量是以换手率为特定标准进行衡量的，其放量状态是个股的成交量与流通盘比较所得出的结果。通常情况下，个股换手率高于10%时，可看做是横向放量；个股换手率低于2%时，可看做是横向缩量。

（3）单日放量和单日缩量

单日放量，又称脉冲式放量，指成交量在单日内突然大幅放大，随后又突然恢复到放量前的水平，体现在成交量图形中就好像突然出现一次脉冲式跳动，跳动过后就恢复到了原来的平静状态。单日缩量，是指当天的成交量与前期成交量相比呈现萎缩状态。

（4）区域放量和区域缩量

区域放量，其实就是给放量加上了一个区域的设置，从而将放量限制在一定密集成交区间内，比如说盘整区域、中位拉升区域、顶部区域或底部区域等。区域缩量，其意义与区域放量正好相反，最常见到的是盘整区域的缩量（缩量调整）和顶部区域的缩量。

2. 成交量的 4 种基本形态：A 形、V 形、C 形、I 形

不同的走势中，成交量的形态也会有不同的变化。投资者在进行技术分析时，除了要对股价进行形态分析之外，还要对成交量的形态进行分析。通过对股市长期而深入观察，我们发现了成交量有时会出现下面 4 种形态，当这些形态出现时，股价会出现较大的波动。

（1）A 形成交量

A 形成交量，又称等腰三角形成交量，可能出现在任何行情中，其形成过程可能是一个上涨和回落的完整周期，也可能仅仅出现在行情中的某一阶段。该形态表现为成交量先是逐步放大，然后又逐步萎缩，基本呈现对称的 A 字走势（见图 7—6）。A 形成交量体现了投资者从谨小慎微地介入到比较疯狂地买卖，直到归于平静的过程。

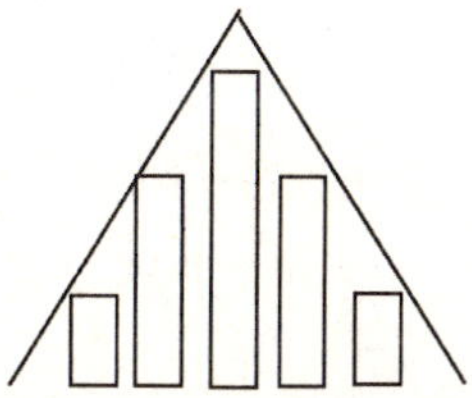

图 7—6　A 形成交量示意图

①A 形成交量如果持续的时间较短，且出现在上涨行情的途中，那么基本可以判断是庄家在震仓洗盘，预示着行情仍有较大的上升空间，投资者可以适时适量跟进。

②如果股价已经处于高价区内，这时成交量达到顶峰后回落，股价同时亦出现下跌走势，说明多方力量已经消耗殆尽，此时，持股者也应该跟进做空。

③如果 A 形成交量出现后股价继续上涨，并创出新高，但是成交量却没有超过前期成交量，此时投资者要注意防范风险。

（2）V 形成交量

V 形成交量，一般出现在多头盘整行情中或顶部区域。该形态表现为当市场交易活跃到一定程度时，大量抛盘出现，股价也相应回落，成交量逐步缩减，当抛盘减少到一定程度时，做多力量再次进场，成交量又逐步放大，成交量形态形成了 V 字形（见图 7—7）。V 形成交量经常在庄股中出现，往往是庄家正在震仓吸筹或高位出货。

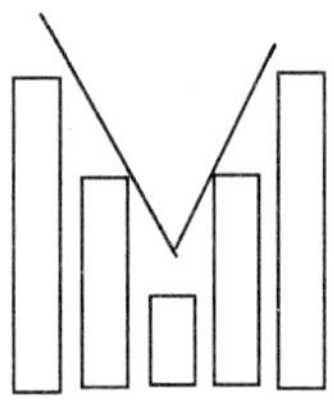

图 7—7　V 形成交量示意图

①当股价上涨到高位后，成交量形成了 V 字形，股价出现两次触顶回落的走势，此时投资者应预感到股价已接触到天花板，及时做空。

②V 形成交量可能是潜伏的黑马股，如果该形态在股价处于低价位区间时出现，表示庄家正在洗盘吸筹，未来股价一旦爆发，便会有不小的涨幅。

③V 形成交量出现在横盘整理走势中具有一定的变盘意义，暗示股价可能在最近完成突破，投资者要密切关注其动态。

（3）C 形成交量

C 形成交量，一般出现在上涨行情的顶部，该形态表现为多方一开始就遭遇到市场强大的抛压，导致成交量急剧放大，甚至创出天量，但随着做空能量的释放，成交量也呈现出逐步下滑的态势，形状如英文字母“C”（见图 7—8）。从 C 形成交量的形成来看，空方一直处于主动状态，后市发展还要视下方买盘的支撑能力而定。

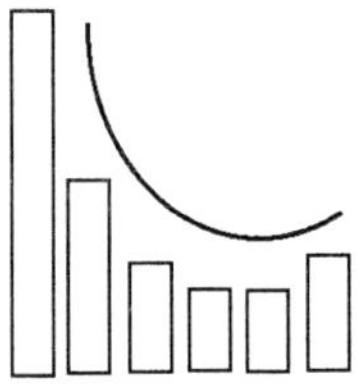

图 7—8　C 形成交量示意图

①C 形成交量是涨势不稳的信号，如果在高位出现，则说明庄家正在高位强势出货，后市下跌的可能性非常大，因而持股者最好以离场回避为主。

②如果在出现 C 形成交量时，股价刚刚从底部回升不久，那么这一走势很可能仅

仅是短期回档，只要股价的跌幅不大，投资者就可以坚持持股，不过空仓者仍应以持币观望为宜。

③出现C形成交量后，股价如在不久便进入横向整理行情，此时成交量如呈现明显的萎缩态势，那么后市便仍有上涨的希望。但如出现不规则放量现象，且时不时放出巨量，则会加大后市下跌的可能性。

（4）I形成交量

I形成交量，可能出现在上涨行情中，也可能出现在下跌行情中。表示多空双方对后市产生了严重的分歧，导致成交量激增，形成拔地而起的量柱（见图7—9）。I形成交量可能是单个交易日出现，也可能持续几个交易日，这几天的成交量应该相差不大。这种量能形态在股价盘整之后选择方向时常能见到。对它的观察，除了需要结合股价位置外，还要看量能的大小。

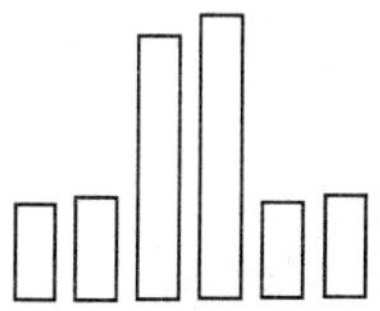

图7—9　I形成交量示意图

①如果出现I形成交量时，换手率较为温和，则后市上涨的可能性较大；如果换手率很高，则走势可能进入整理或是下跌行情。

②如果股价处于低价区，这时出现了I形成交量，且成交量连续多日都维持在一定水平，暗示新一轮的飙升行情即将开始，这种股票也常常会成为股市中的黑马股。

③如果股价处于高价区时出现了I形成交量，且成交量放出巨量，之后成交量逐步减少，则I量极可能转化成了C量，表示多方上攻乏力，持股者应及时抽身离场。

三、成交量与股价之间的内在关系

在股票投资时，投资者不能把成交量本身放大还是缩小作为自己操作的唯一判断依据，而应该将成交量与价格结合在一起进行综合分析，也就是我们常说的“量价关系分析”。

股市中有“量是因，价是果”“量在价先”等谚语。成交量的大小，能反映出股价上涨的力度和可持续性。成交量放大，市场动力充足，股价很容易上升；反之，成交量萎缩，市场动力不足，股价就容易下跌。股价需要成交量的支撑才能维持在一定的位置，而下跌时却不需要成交量的配合。

不同的量价关系对后市的趋势有不同的预示意义。通常情况下，量价关系整体表现为“量价同步”和“量价背离”两种情况。

1. 量价同步

量价同步，又称量价同向配合，是指股价和成交量的变化方向是相同的，也就是在成交量放大的同时，股价呈现上升趋势；在成交量缩减的同时，股价呈现下降趋势；而在成交量基本保持恒定时，股价亦在横向移动。

图 7—10 是上海机场（600009）2011 年 6 月下旬 ~8 月下旬的股价走势图。从图中可以看出，在股价反弹上升阶段，成交量基本呈现不断放大的态势；而在股价从高点回落的过程中，成交量基本呈现不断萎缩的态势。

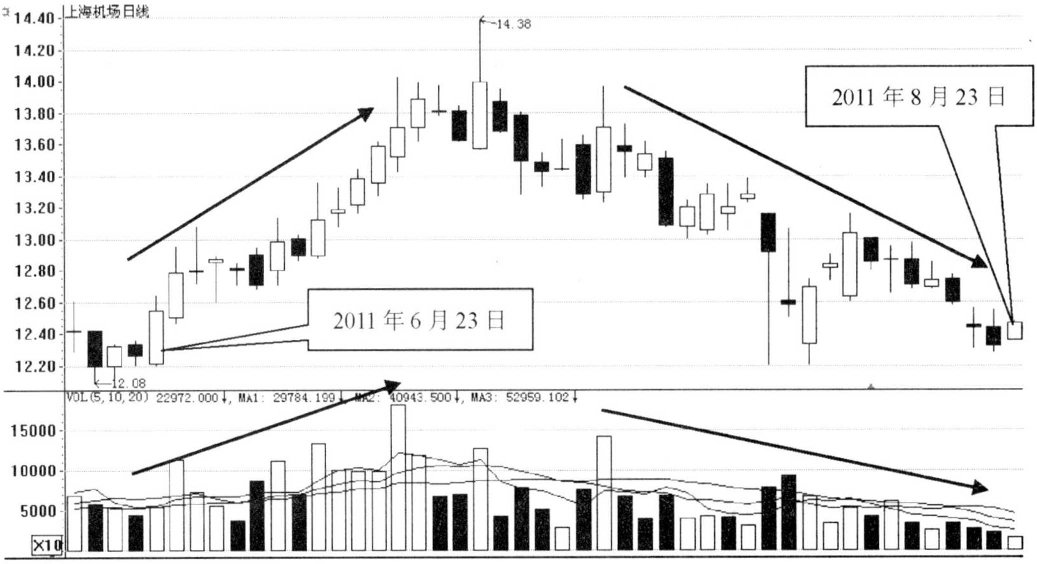

图 7—10 量价同步：上海机场（600009）的日 K 线图

2. 量价背离

量价背离，又称量价反向配合，是指股价和成交量的变化方向是相反的。就是在成交量增加的同时，股价却没有同步上涨；在成交量缩减的同时，股价却没有同步下跌；或是在成交量保持恒定的同时，股价却发生了较大的变化。量价背离既有可能是原来趋势的调整，也有可能会产生一种新的趋势。

图 7—11 是华能国际（600011）2011 年 8 月 ~11 月的股价走势图。2011 年 8 月，该股经过缩量回调之后放量上攻。但是在股价震荡上升的过程中，成交量却出现一定程度的萎缩。而当时该股的股价已经处于相对高位，这种量缩价涨暗示行情有变盘的可能。果然，后来该股出现滞涨现象，并开始随着成交量的萎缩而滑落。

图 7—11　量价背离：华能国际（600011）的日 K 线图

成交量的发展有三种形式，除了前面介绍过的放量和缩量这两种基本变化外，还有一种成交量维持在一定水平的等量形式，这里我们可以将它们分别命名为：量增、量缩和量平。相应的，股价的发展也有三种状态：上涨、下跌和走平。这里我们可以将它们分别命名为价涨、价跌和价平。将成交量的变化形式和股价的走势状态两两配对，就可以得到以下 9 种基本的量价关系，如图 7—12 所示。

	量增	量缩	量平
价涨	量增价涨	量缩价涨	量平价涨
价跌	量增价跌	量缩价跌	量平价跌
价平	量增价平	量增价平	量平价平

图 7—12　9 种基本的量价关系

在这9种量价关系中，量增价涨、量缩价跌和量平价平属于量价同步的范畴，其他6种则属于量价背离的范畴。在下面的章节中，将对它们一一进行详细介绍。

股海箴言

◆没有成交量而单纯地分析股价的涨跌或是没有股价而单纯地看成交量的变化都是没实质意义的，毕竟市场是个有机的整体，如果把成交量和股价割裂开来，就如同“盲人摸象”一般，“只识树木、不见森林”，很容易犯这样或那样的错误。

◆在进行股票买卖操作时，投资者也不能把成交量本身放大还是缩小作为自己操作的唯一判断依据，而应该将成交量与价格结合在一起进行综合分析，也就是我们常说的“量价关系分析”。

第2节　股价上涨时的成交量变化

➲ 技术导航

在股价上涨的同时，成交量可能放大，也可能缩减，亦可能保持恒定。不同的成交量变化也能暗示股价的上涨是否具有可持续性。因此，投资者需要了解量增价涨、量缩价涨、量平价涨这三种基本的量价关系及其在不同位置的表现。

一、量增价涨，逢低买入

量增价涨，又称价量齐升，是指在成交量放大的同时，股价也在同步上涨的量价配合现象，量增价涨为市场行情的正常特性，此种量价关系多出现在上涨行情中，且大部分出现在上涨初期或途中，表示股价将继续上涨，这时投资者可以果断买入。不过，当这种现象出现在股价长期上涨之后的高位或空头反弹阶段时，投资者应提高警惕。

1. 上升趋势中的量增价涨

当股价处于上升趋势中，尤其是在初升期和主升期出现了量增价涨，说明市场上多方力量强劲，投资者可及时跟进、大胆追涨。一般情况下，短期的量增价涨现象发出的是短期看涨信号，而长期的量增价涨现象发出的则是长期的看涨信号。

如图7—13所示，2010年9月1日~11月12日，株治集团（600961）的股价从底部企稳回升后，进入了上升通道。随着股价的攀升，进场买入的资金也越来越多，成交量呈现逐级放大态势。这种量增价涨走势持续了较长时间是长期的看涨信号，投资者可以在此过程中买入该股并长期持有，直至发现该股有回落迹象时再沽出。

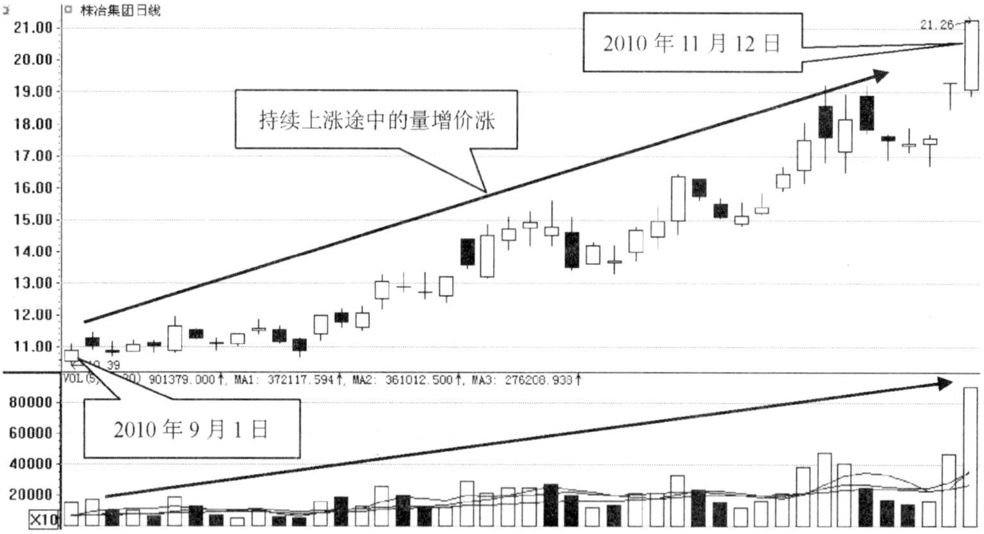

图 7—13　量增价涨：株治集团（600961）的日 K 线图

2. 多头盘整行情结束时的量增价涨

股价经过一段或长或短的上涨走势之后，往往会进入整理阶段。这时如果之前上涨速度较快的话，投资者就要注意回调修正行情。当股价整理结束时，往往会再度呈现量增价涨的现象，这是向上突破的信号，投资者可以考虑买入。

如图 7—14 所示，2007 年 1 月下旬，东方明珠（600832）在上涨途中进入到横

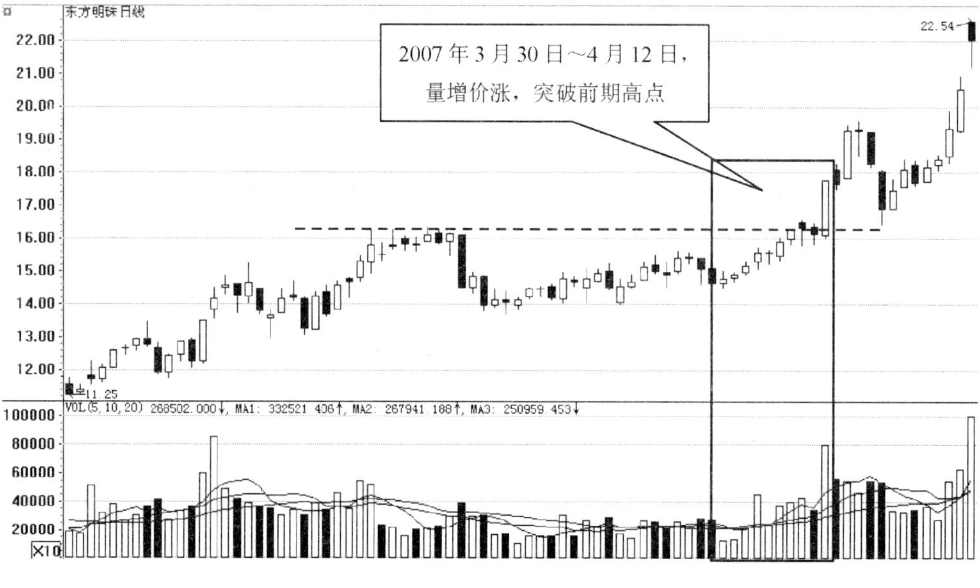

图 7—14　量增价涨：东方明珠（600832）的日 K 线图

向整理阶段，在长时间整理过程中成交量逐渐萎缩。从2007年3月30日开始，该股成交量逐步增加，股价亦出现小幅回升走势。4月12日，股价放量突破了前期高点，买入点出现，投资者可以果断买入、持股待涨。

3. 上涨行情末尾时的量增价涨

当量增价涨现象出现在高价位区域或是大幅上涨之后，极有可能是庄家在对敲出货。如果市场过于狂热，则有可能演化成“天价天量”，这时，持币的投资者不宜介入，而持股的投资者应该选择轻仓观望。

如图7—15所示，2011年4月15日～19日，正在高位震荡的香溢融通（600830）连续三个交易日收阳，成交量不断放大，甚至在19日当天创出近阶段天量。这种走势说明股价已经到达顶部，随时有可能回落。此时，持币者不宜盲目介入，持股者可择高减持。果然，该股又经过两天小幅上涨之后，出现暴跌现象，使高位买入的投资者全部被套。

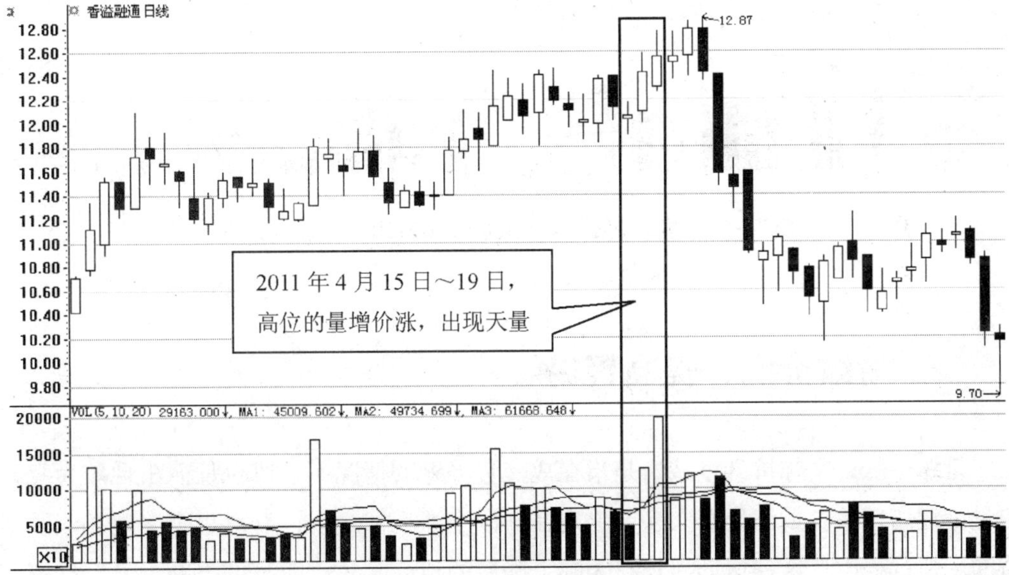

图7—15　量增价涨：香溢融通（600830）的日K线图

4. 跌势反弹行情中的量增价涨

下跌行情中出现量增价涨，一般表示短暂的反弹，这时被深度套牢者可以逢高止损。喜欢“高风险、高回报”的激进派可以快进快出，争取短线利润，而稳健的投资者则应该选择作壁上观。

如图7—16所示，2011年5月5日～16日，处于下跌行情中的常山股份（000158）进入了短暂的反弹行情，此时成交量由极度萎缩逐渐开始放大。由于上涨势头较弱、涨幅也较小，所以持币者宜采取空仓观望策略，而持股者可以趁机割肉止损。

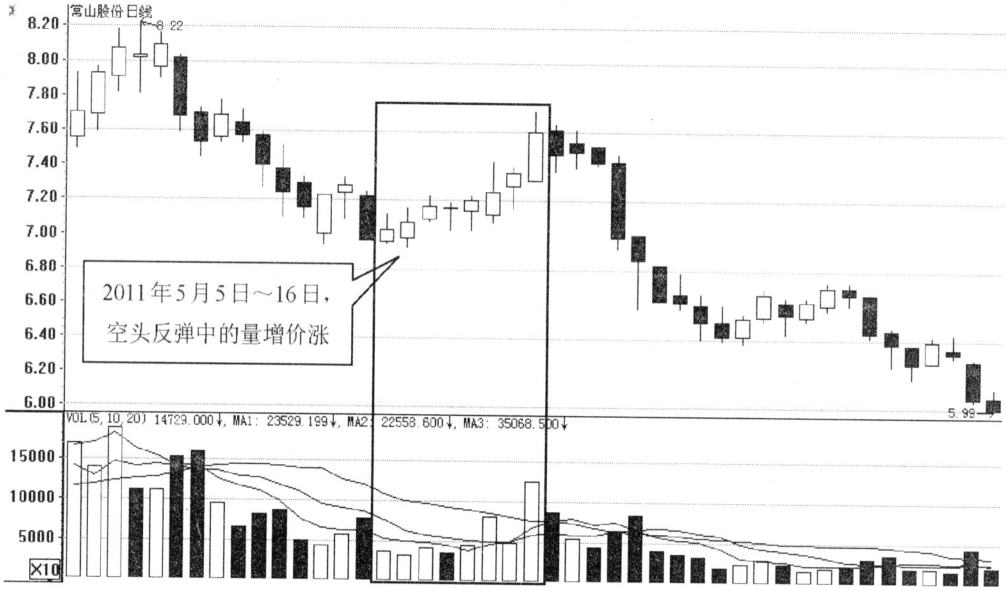

图7—16　量增价涨：常山股份（000158）的日K线图

二、量缩价涨，提高警惕

量缩价涨，又称价升量减，是指在成交量萎缩的情况下，股价反而出现较大涨幅的量价背离现象。量缩价涨大多会出现在一段上涨行情之后，有时也会出现在下跌行情的反弹过程中。这种情形出现在大幅上涨后的顶部时具有明显的看跌含义，投资者要提高警惕。但是其出现在上涨途中则有可能是庄家锁仓后的拉升行为。

1. 长时间上涨之后的量缩价涨

在一段较长时间的上涨之后，股价往往已经处于了高价位区间，此时，如果股价不断创出新高，而成交量却未能跟上，那么就在技术面上形成了量缩价涨的背离现象。这通常是行情难以持续的反转信号，投资者应保持警觉。此时，最适宜的操作是趁势减仓，如果由于贪心而死捂着股票不放，则很有可能被套在顶峰上。

如图 7—17 所示，2010 年 3 月 3 日，东方明珠（600832）放量上涨，当天成交量呈现巨量，而股价同时也创出了阶段新高。之后该股经过回调整理后再次上涨，2010 年 4 月 8 日，该股再创新高，但成交量与 3 月 3 日相比明显缩减，且股价呈现明显的滞涨现象。这种量缩价涨的顶背离走势是明显的看跌信号，说明上涨行情将难以持续，持股者宜逢高减仓。

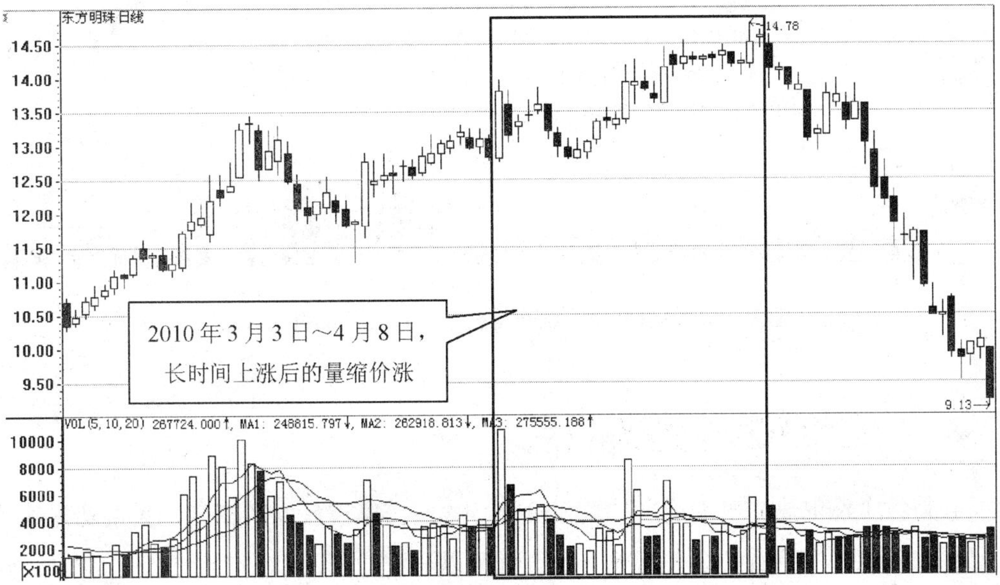

图 7—17　量缩价涨：东方明珠（600832）的日 K 线图

2. 下跌反弹行情中的量缩价涨

经过一小段下跌之后，股价往往会向上反弹，这是十分正常的现象，如果在反弹中，成交量不仅没有配合，反而有减少的现象，则说明这波反弹行情持续不了太长的时间。这时稳健的投资者应该保持谨慎态度，而还有股票或短线介入的投资者应该逢高卖出。

如图 7—18 所示，2011 年 4 月 7 日～12 日，海南橡胶（601118）出现了量缩价涨走势，表明行情虽出现短暂回升，但是下跌趋势不改。被套者应该趁机择高卖出，而空仓者仍保持观望姿态。不久，股价重新走入了下跌通道。

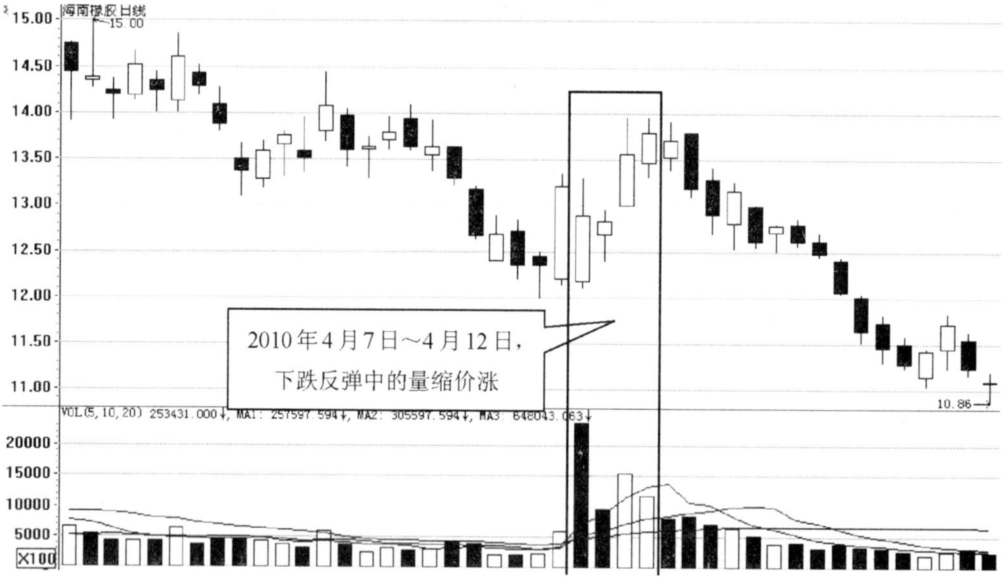

图 7—18　量缩价涨：海南橡胶（601118）的日 K 线图

3. 持续上涨途中的量缩价涨

在持续上涨的途中出现适度的量缩价涨，表明庄家控盘程度较高，大量的流通筹码已经被庄家锁定。看到这种情况，投资者可以适度追涨，但要注意控制仓位。不过量缩价涨毕竟是一种量价背离的现象，所以，如果股价在随后的上涨中放出巨量的话，可能意味着庄家在高位出货。

如图 7—19 所示，2009 年 2 月初，深长城（000042）在底部长期盘旋之后开始加速上涨，与此同时，成交量迅速放大形成巨量。此时，投资者可以果断买入。在此后一段时间内，股价不断震荡上升，而成交量却不断萎缩。这种量缩价涨走势说明庄家在一边拉升一边洗盘，并在最后锁定了该股的大多数筹码。

三、量平价涨，适量加码

量平价涨，又称等量上涨，是指成交量基本保持衡量，股价却出现持续上涨的一种量价关系。一般情况下，只要成交量的增减幅度不是很大，就可以称为量平。量平说明场外的资金依然处于观望中，跟进做多的力量十分有限。量平价涨既可能出现在上涨行情中，也可能出现在下跌行情中，投资者需要根据趋势的发展来判断。

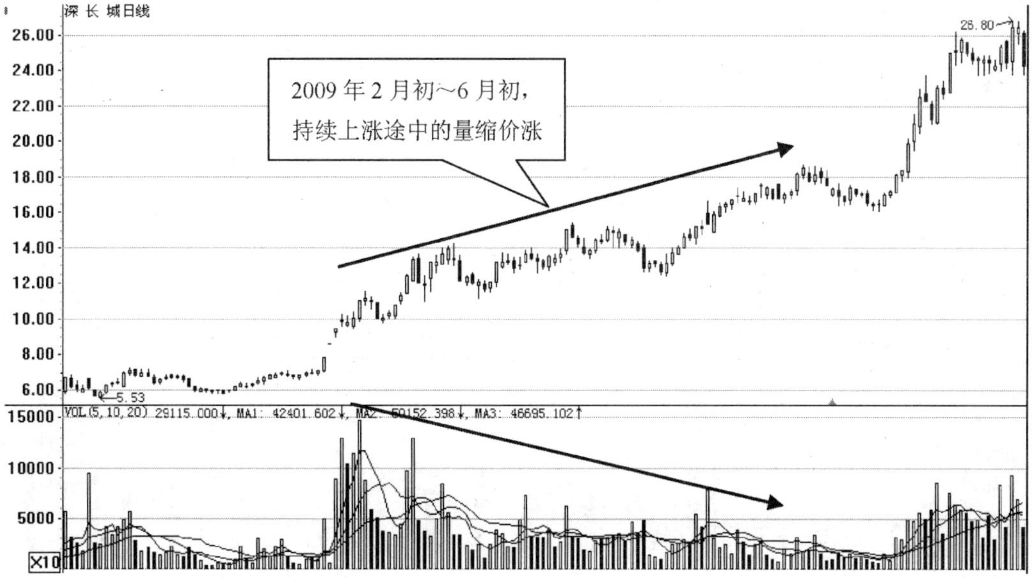

图 7—19　量缩价涨：深长城（000042）的日 K 线图

1. 从底部回升时的量平价涨

当股价处于底部或者阶段性底部，套牢者不愿忍痛割肉，做好了长期持有的准备，这时，股价不需要太多的成交量便可以止跌反弹，重新开始上涨。因此，很多股票的上涨初期都会出现量平价涨现象，投资者可适时买入，而不需要把放量作为买入的参考标准。

如图 7—20 所示，2011 年 1 月末，特发信息（000070）经过下跌之后正处于低价位区域。部分套牢盘已经认赔出场，而还有一部分被套者不愿低价贱卖，准备长期持有。此时，底部即使没有较大的量能放出也能让股价止跌反弹。果然，在 2011 年 1 月 27 日 ~2 月 14 日，该股出现了量平价涨走势。看到这种情况，投资者可以考虑买入。

2. 处于上涨途中的量平价涨

股价处于上涨途中，成交量并不是很大，且保持着一定的衡量，则说明庄家聚集了较多的筹码，正在拉升股价。这时，投资者可以积极买入、持股待涨。如果成交量很大，则说明庄家控盘力度不强，这种持续上涨或许会消耗掉多方的能量，后市具有不确定性，投资者须注意风险。

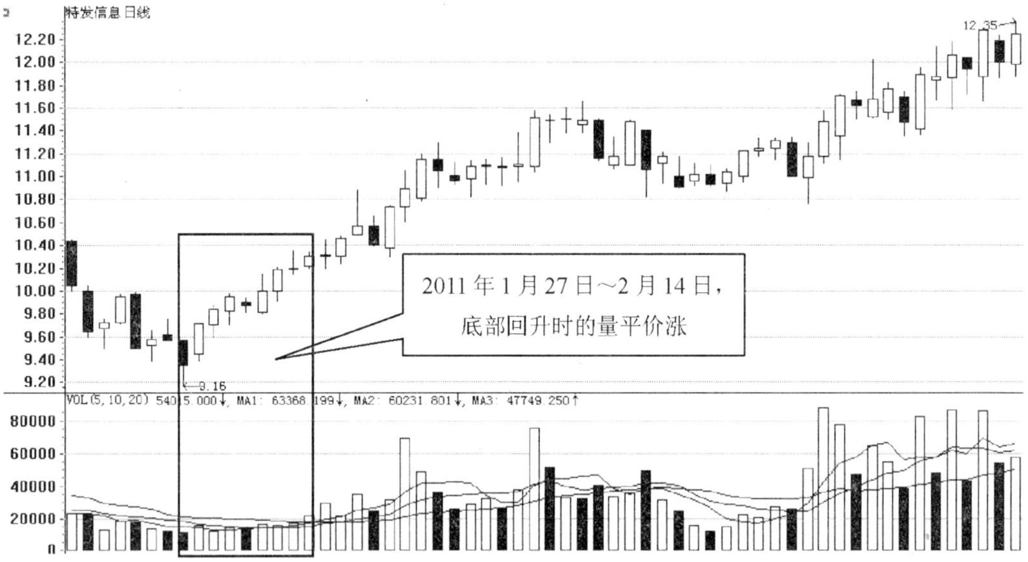

图 7—20　量平价涨：特发信息（000070）的日 K 线图

如图 7—21 所示，2011 年 2 月 23 日～3 月 8 日，处于上涨途中的宜华地产（000150）出现了量平价涨走势，从日 K 线图上我们可以看出，该股自从底部上升以来成交量一直没有出现明显的放大迹象。这说明庄家对筹码的锁定性较好，而在这样涨幅不大的情况下，拉升仍将继续。此时，投资者如果跟进买入就能搭上顺风车。

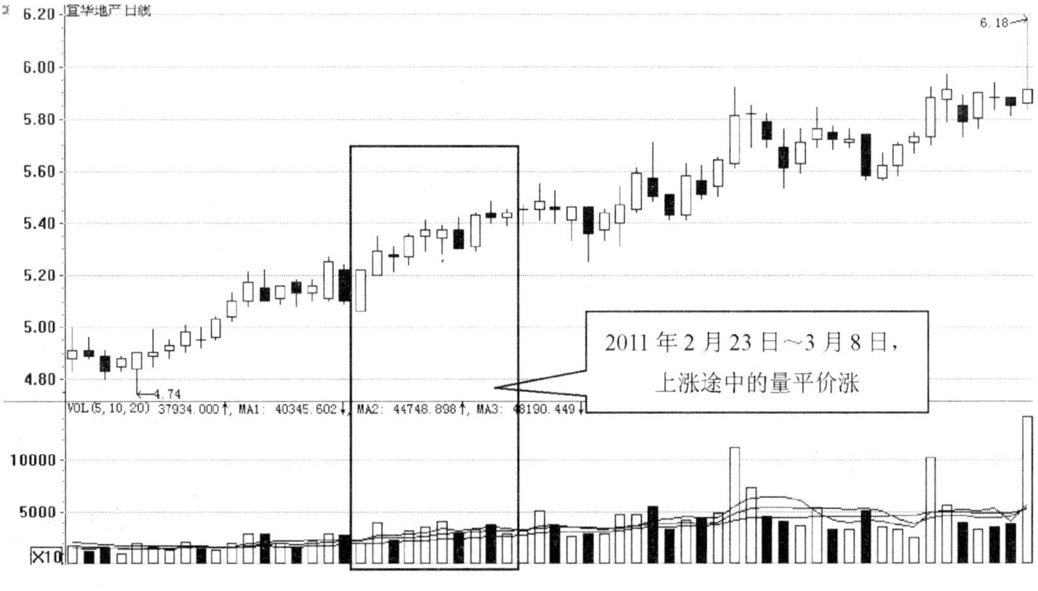

图 7—21　量平价涨：宜华地产（000150）的日 K 线图

3. 连续一字涨停时的量平价涨

如果某只股票连续拉出涨停一字线，就会出现持股者惜售的情况，从而形成无量上涨这种特殊的量平价涨走势，投资者可以在刚开始涨停时排队买入。如果之后涨停被打开，成交量突然放大，则说明股价已经到了部分投资者心中理想的价位，他们开始抛售股票。这时，股价往往会出现横盘或回档，这时持筹者可以将部分获利回吐。

如图 7—22 所示，2011 年 4 月 26 日～29 日，此前处于低位的安信信托（600816）出现了暴涨行情，该股连续拉出 4 个一字涨停，而成交量基本呈现无量状态。这种特殊的量平价涨走势说明庄家力图用最短的时间将股价拉升至高位，而 4 月 29 日，稍微放大的成交量说明部分持股者有将获利回吐的意愿。5 月 3 日，该股再次以涨停价开盘，但开盘后涨停很快被打开，当天多空双方斗争异常激烈，成交量呈现天量。短线投资者可以将获利了结，以落袋为安。不过由于当天股价始终没有跌破前一交易日的收盘价，即上涨势头没有完全被破坏，所以，中长线的投资者可以继续持股，但要密切关注后市动向。

图 7—22　量平价涨：安信信托（600816）的日 K 线图

4. 下跌或盘整行情中的量平价涨

当量平价涨出现在下跌或是盘整行情中，可能是股价的一次小的反弹动作。这种反弹一般很难持久，未来下跌的可能性非常大。因此，此时持币的投资者不宜抢反弹，而应该冷静观望；持股的投资者应该密切关注行情，一旦发现股价滞涨或回落就要果断出局。

如图7—23所示，2010年12月28日~2011年1月4日，万东医疗（600005）在加速下跌之后，股价开始反弹，但成交量却没有明显放大，仍维持在一个很低的水平，这种量平价涨说明此次反弹仅是下跌过程中的一次小反弹，并不能持久。投资者应该持观望态度，不要盲目介入。

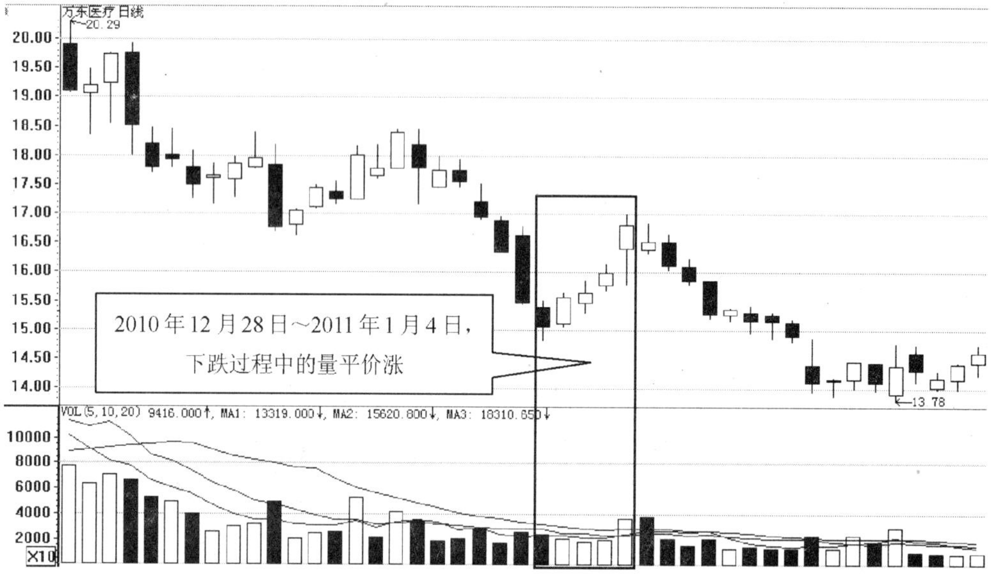

图7—23 量平价涨：万东医疗（600005）的日K线图

➲股海箴言

◆在股价上涨之时，成交量与股价密切配合，说明市场上的众多投资者看好后期走势，多空双方分歧较小，因而交投增多、人气旺盛。在牛市中，这类情况较为普遍。不过当股价在大涨之后，出现量增价涨，且最后放出巨量，则可能有触顶的危险。

◆成交量发生萎缩，而股价却在上涨，说明市场中观望的人越来越多。这种情形出现在大幅上涨后的顶部时具有明显的看跌含义。

◆成交量保持等量水平，股价却在持续上升，如果这种现象出现在多头行情中，投资者可以在期间适时适量买入。

第3节　股价下跌时的成交量变化

技术导航

在股价下跌的同时，成交量也有三种变化，量增、量缩和量平。通常在股价下跌的过程中不需要成交量的放量或同步配合，所以，量增价跌、量缩价跌和量平价跌这三种走势都具有看跌的意义，通常表现为沽出信号。

一、量增价跌，出局观望

量增价跌，又称价跌量增、放量下跌，是指在成交量放大的同时，股价反而出现较大幅度下跌的量价背离现象。这种走势一般出现在下跌行情中，其中大多出现在下跌行情的早期，有时候也会出现在上涨途中。量增价跌的出现可能是由于多种因素所造成的，一般说明空方对后期的悲观预测超过了多方的乐观估计，因而纷纷加入抛售的行列，不过也可能是庄家在故意制造陷阱进行吸筹。所以，对后市的判断必须结合该现象的走势形态和所处位置来进行。

1. 顶部区域的量增价跌

当股价经过了一番大幅上涨之后到达了高价位区域，市场上的获利筹码也越来越多，于是投资者纷纷抛出股票将获利回吐，这时可以形成量增价跌走势，这充分说明股价已经触及顶部的天花板，是强烈的清仓卖出信号。

如图7—24所示，从2008年11月开始，上海汽车（600104）启动了一轮较大的上涨行情，到了2009年11月，该股股价已经到达高价位区间，并且出现了滞涨现象。2009年12月25日~2010年1月8日，该股出现了顶部量增价跌现象，表示反转行情已经形成，此时最好的选择就是出局观望。

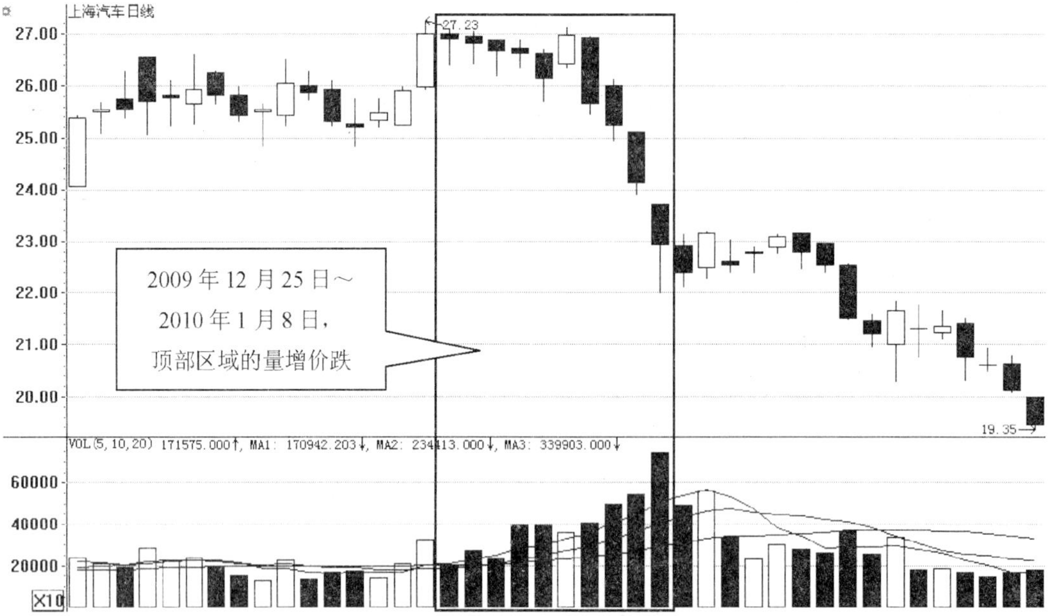

图7—24 量增价跌：上海汽车（600104）的日K线图

2. 下跌过程中的量增价跌

量增价跌现象出现在下跌途中或空头盘整结束时，表明投资者对后市走向仍持悲观态度，因而做空的力量不断壮大，抛售热潮再次出现。这时，持股者应果断止损离场，而持币者最好坚持空仓观望。

如图7—25所示，2011年6月15日、16日，处于下跌途中的赣粤高速（600296）出现了量增价跌走势，这是下跌仍将持续的中继信号，持仓者应该跟进做空。尽管之后该股进入了整理阶段，但是走势仍然偏弱，缺乏上攻能量，所以投资者切不能认为该股已经触底而贸然买入。

3. 深度下跌之后的量增价跌

当股价在深度下跌之后，正处于低价位区域，这时出现的量增价跌，表明股价离真正的底部已经不远了，是一种潜在的反转信号。此时，除非有明确的转势信号出现，否则投资者应该以观望为主，不宜马上介入。

如图7—26所示，经过一波较大幅度的跌势之后，2010年6月24日～29日，华仪电气（600290）的日K线图上出现了量增价跌走势。在这三个连续的交易日中，下跌速度越来越快，而成交量却温和放大，这有可能是庄家在底部吸筹，行情即将抵达阶段性底部。此时，持股者不宜再割肉，而持币者应该冷静等待止跌反转信号的出现。2010 年 7 月 2 日，该股在前一日收阳的基础上收出一根长脚十字线，之后股价企稳回升。投资者在看到这种反转信号后，可以适时适量买入。

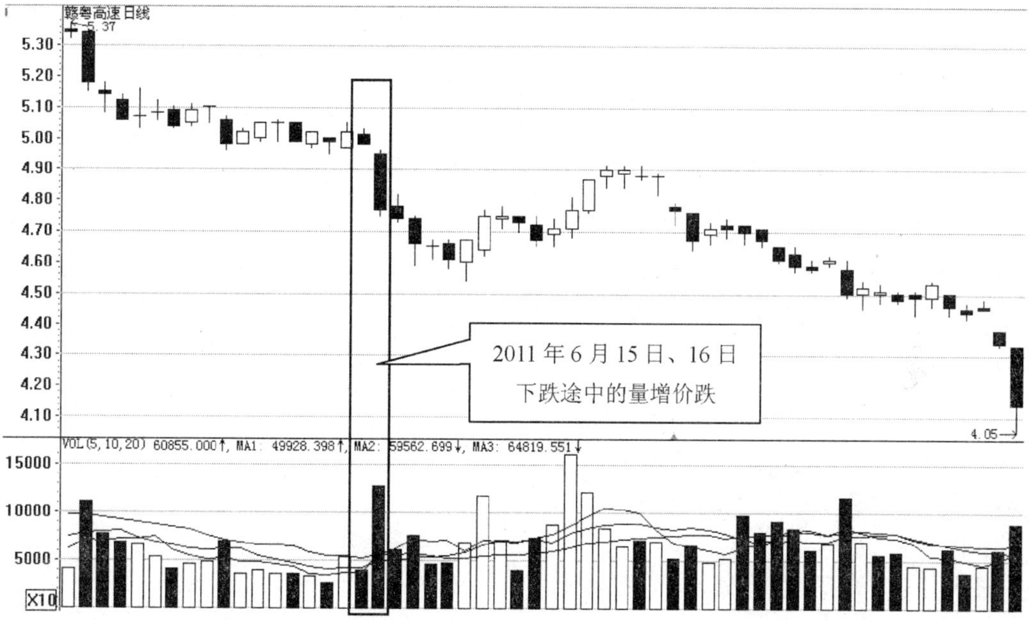

图 7—25　量增价跌：赣粤高速（600296）的日 K 线图

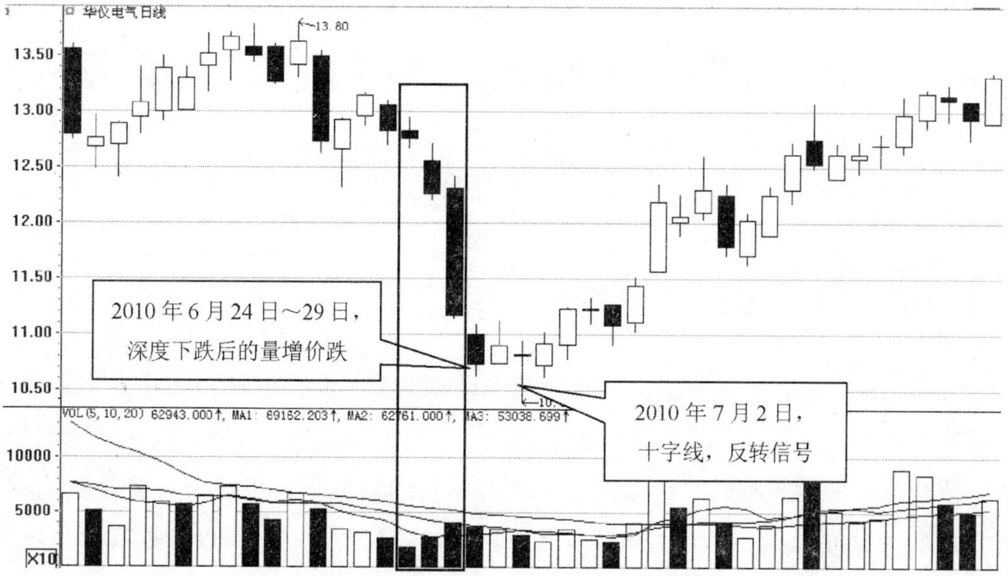

图 7—26　量增价跌：华仪电气（600290）的日 K 线图

4. 处于上涨途中的量增价跌

在上涨的途中也会出现量增价跌，这可能是主力在震仓吸筹。遇到这种走势，持币者最好保持观望，短线投资者可以暂时了结出局，而中长期投资者仍可以坚持持股。但是如果股价跌落到30日均线以下，中长期投资者就应该果断离场。

如图7—27所示，2010年10月8日～15日，双鹤药业（600062）在震荡上涨过程中出现了量增价跌现象，而且股价跌破了30日均线。尽管这有可能是庄家设置的洗盘陷阱，但由于跌幅较深，所以投资者最好以离场回避为主，当股价止跌回升，且重新站上30日均线时，投资者可再次进场买入该股。

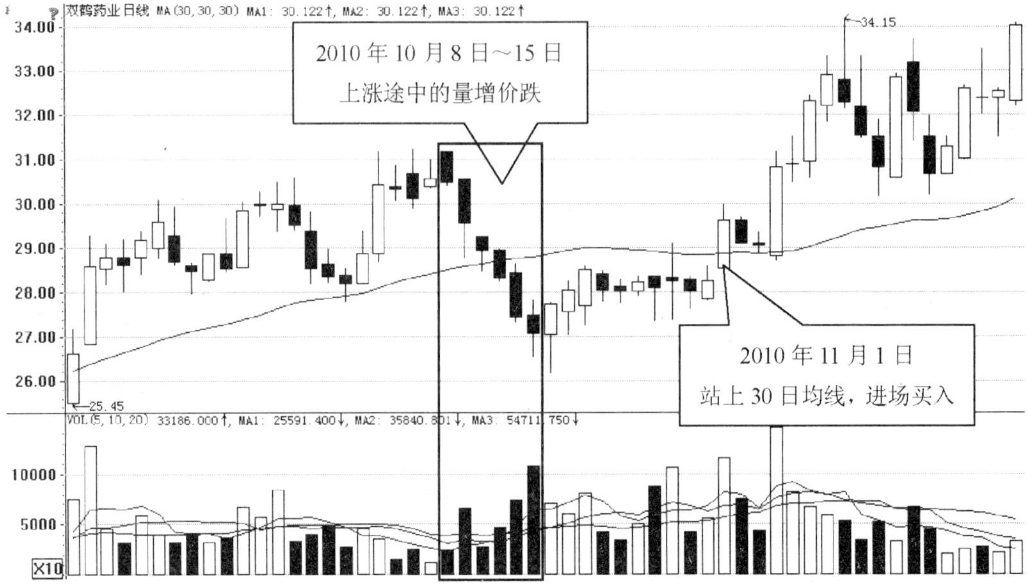

图7—27 量增价跌：双鹤药业（600062）的日K线图

二、量缩价跌，及早卖出

量缩价跌，又称价量齐跌，是指在成交量萎缩的同时，股价也同步出现下跌的量价配合现象。量缩价跌多出现在下跌行情中，也可能出现在上涨行情的回调过程中。成交量是股价上涨的原动力，在原动力不足的情况下，股价通常会随之而落。量缩价跌是量价关系的常态，说明多方力量减弱且人气涣散，所以，投资者应该及早卖出。

1. 下跌趋势中的量缩价跌

在下跌趋势中，如果股价走势因成交量的递减而下跌，是十分正常的现象，表示股价将持续下跌，通常在下跌之后，上方卖压减轻，股价会进入短暂的反弹周期，但是整体向下的趋势基本是确定的。所以，看到这种走势后，投资者最好选择离场观望。

如图7—28所示，2010年11月16日，第一医药（600833）的股价创出近阶段新高后回落，当天收出一根留有较长上影线的阴线，说明上方抛压沉重，股价遇到严重阻力。之后成交量迅速萎缩，股价反弹时也没有创出新高。这种量缩价跌的走势表示行情已经发生逆转，投资者应该及早离场。此后，该股进入了下跌通道，而成交量也随股价的下跌逐渐萎缩。

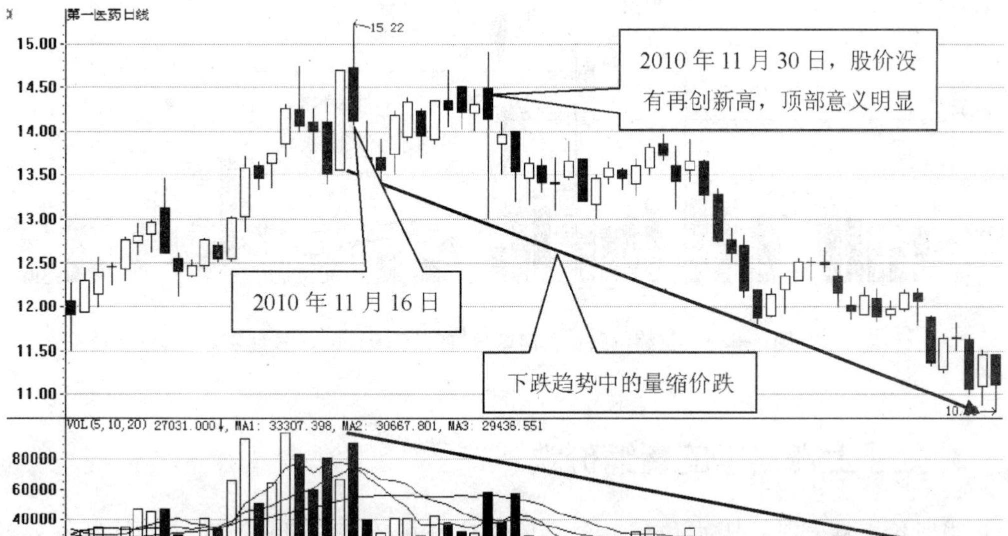

图7—28　量缩价跌：第一医药（600833）的日K线图

2. 下跌到低位后的量缩价跌

在低价位区域或股价经过较长时间下跌之后出现了量缩价跌，表明空方力量正在逐渐减弱，是止跌回升的先兆。当股价深度下跌，且成交量萎缩到极点时，量价关系有时会演化成“地量地价”现象，此时投资者应该密切关注后市动态，如果股价企稳回升并有明确的买入信号时，投资者可以适量买入。

如图7—29所示，云南城投（600239）经过一段时间的下跌之后，于2010年11月11日～17日出现了量缩价跌走势。需要注意的是，在成交量逐步递减的同时，股价却呈现急速下跌的状态。这种缩量急跌很有可能是止跌反弹的先兆，投资者要密切关注。果然，2010年11月18日，该股高开高走，以涨停的方式收出大阳线，投资者可以在当天积极买入。

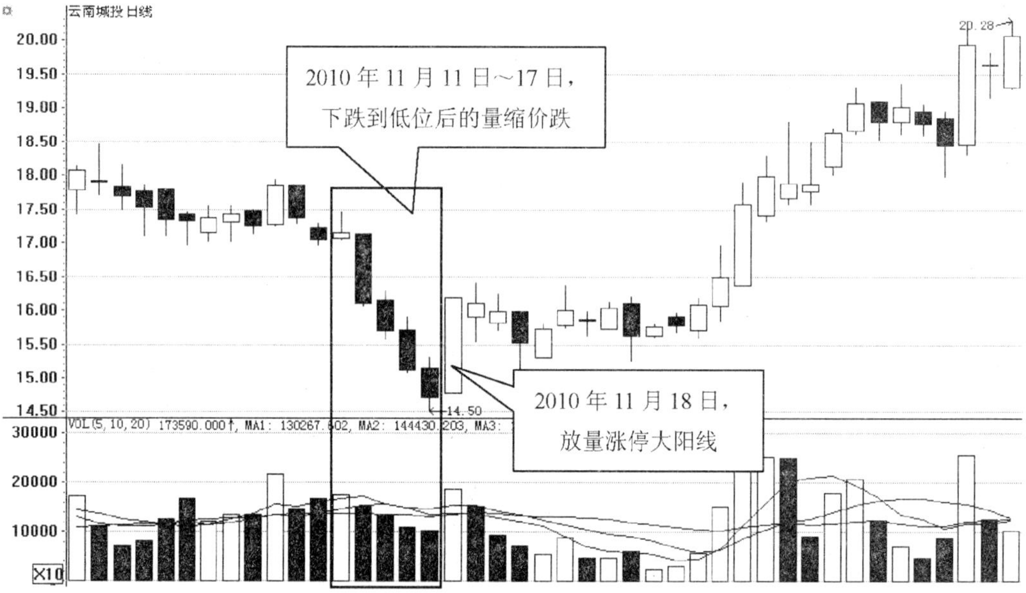

图7—29　量缩价跌：云南城投（600239）的日K线图

3. 处于上涨途中的量缩价跌

当股价上涨到某一阻力位后，会出现暂时的缩量回落现象，而之后的量价关系理顺后，股价通常会继续稳步上升。因此，可以认为这种量缩价跌是对前期上涨的一个短暂的回调和消化。看到该走势后，如果跌幅不大，那么中长期投资者可继续持股。

如图7—30所示，2010年9月1日～20日，处于上涨途中的中纺投资（600061）出现了量缩价跌走势，短线投资者可以在刚开始下跌时将获利回吐。由于成交量持续萎缩，且一直没有出现巨量，所以庄家出逃的可能性极小，而这通常是拉升前的洗盘动作，中长期投资者仍可以坚持持股。当股价停止下跌、放量上涨时，投资者可果断跟进买入。

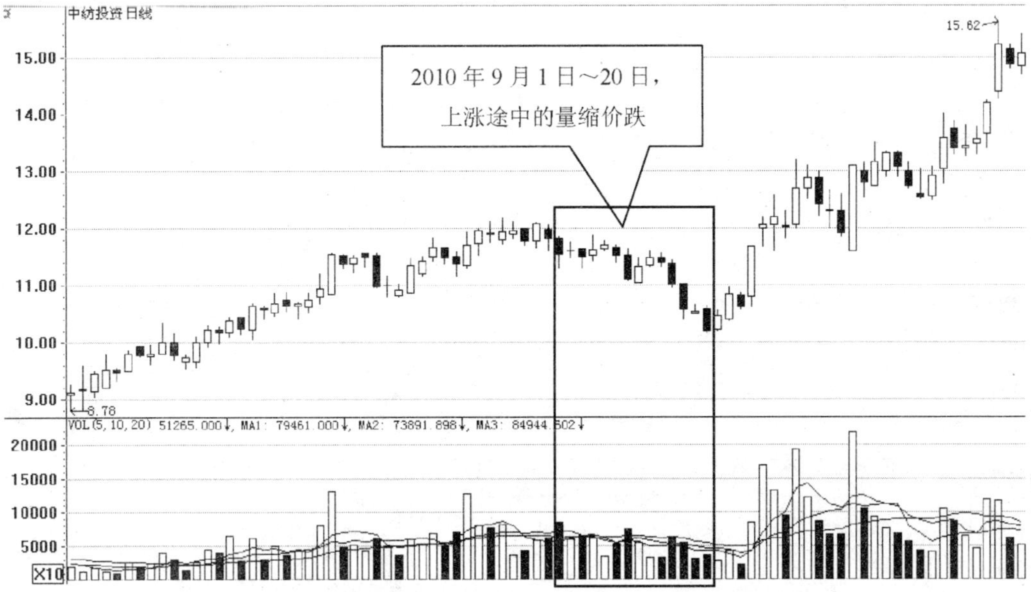

图 7—30　量缩价跌：中纺投资（600061）的日 K 线图

三、量平价跌，认赔离场

量平价跌，又称等量下跌，是指成交量基本保持衡量，股价却出现下跌的一种量价关系。通常，量平价跌表示当时的趋势是向下的，且这种向下的趋势暂时不会发生变化。量平所持续的时间也是不定的，有可能仅仅是连续几个交易日，也有可能维持一个较长的周期。一般情况下，如果在形成量平的同时放出巨量，那么会加大后市下跌的可能性。

1. 高位出现的量平价跌

当股价上涨到一定的高位后，成交量放出巨量，同时出现了量平价跌走势，是庄家在暗中出货的表现。这时的量平价跌也可以视为下跌的开始，所以风险极大，持仓者最好实施平仓操作。

如图 7—31 所示，经过了大约 5 个月的上涨之后，2011 年 5 月下旬，开创国际（600097）的股价已经达到了高价位区间。2011 年 5 月 24 日、25 日，该股连续创出天量，股价的涨幅却十分有限，暗示行情有变盘的危险。2011 年 5 月 26 日～30 日，该股出现了量平价跌走势，成交量较 24 日和 25 日有所缩减，但依然保持巨量。这很可能是庄家在高位出货。看到此情形，持股者最好提早将仓位清空。

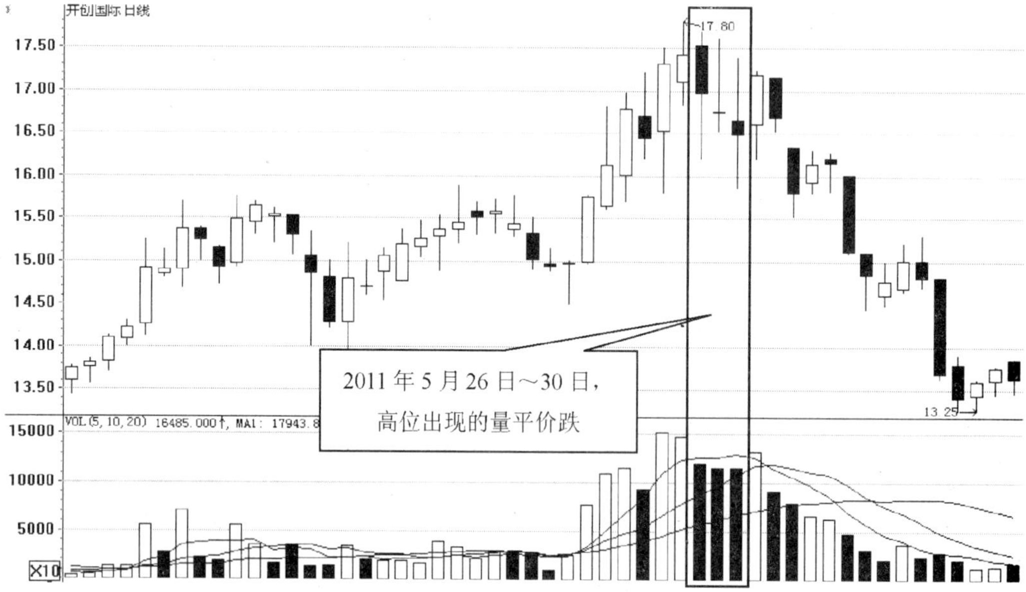

图 7—31　量平价跌：开创国际（600097）的日 K 线图

2. 下跌途中的量平价跌

当股价下跌了一段时间之后，上方的卖压已经有所减小，但是这并不代表股价会出现反弹甚至反转，因为上涨需要成交量的支持，但是下跌却不需要，股市中无量下跌的例子比比皆是。所以当在下跌途中出现了量平价跌时，空仓观望是投资者的最佳选择。

如图 7—32 所示，2011 年 1 月 6 日～10 日，处于下跌行情中的上海梅林（600073）的日 K 线图上出现了量平价跌走势。这时该股的成交量基本保持恒定，而股价却在下跌，且跌破了之前的短期整理平台。这种走势说明行情在未来几日仍将以下跌为主，投资者最稳妥的选择是持币观望。

3. 低位出现的量平价跌

当股价已经下跌到低位后，上方的卖压已经微乎其微了，股价下跌的空间也十分有限，大多数套牢盘由于损失严重，已经不再急于卖出了。而庄家和很多投资者都会逢低吸纳，走势或许会进入横向整理甚至止跌反弹。此时，投资者可以先保持观望姿态，一旦发现多方的攻击信号，投资者就可以在股价应势而涨时果断跟进。

如图 7—33 所示，2011 年 1 月 13 日～20 日，已经下跌到低位的深康佳 A（000016）出现了量平价跌走势。这时成交量已经萎缩到了一定程度，多方稍微发力股价便会止跌。果然，之后行情进入筑底阶段，经过 4 个交易日短暂的横盘之后，股价开始小幅回升，成交量同时呈现温和放量，这时投资者可以适量买入。

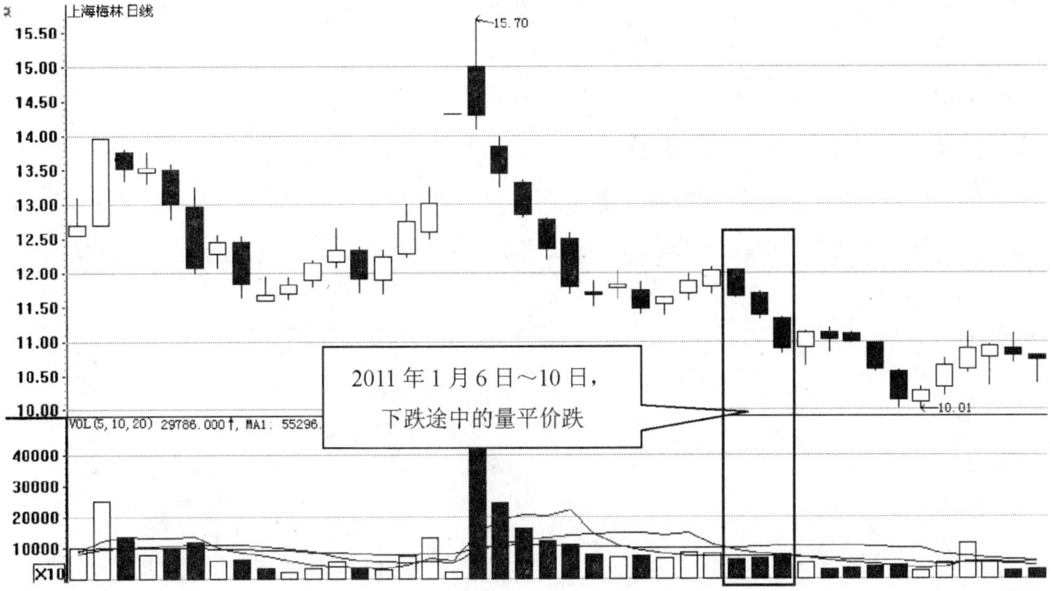

图 7—32　量平价跌：上海梅林（600073）的日 K 线图

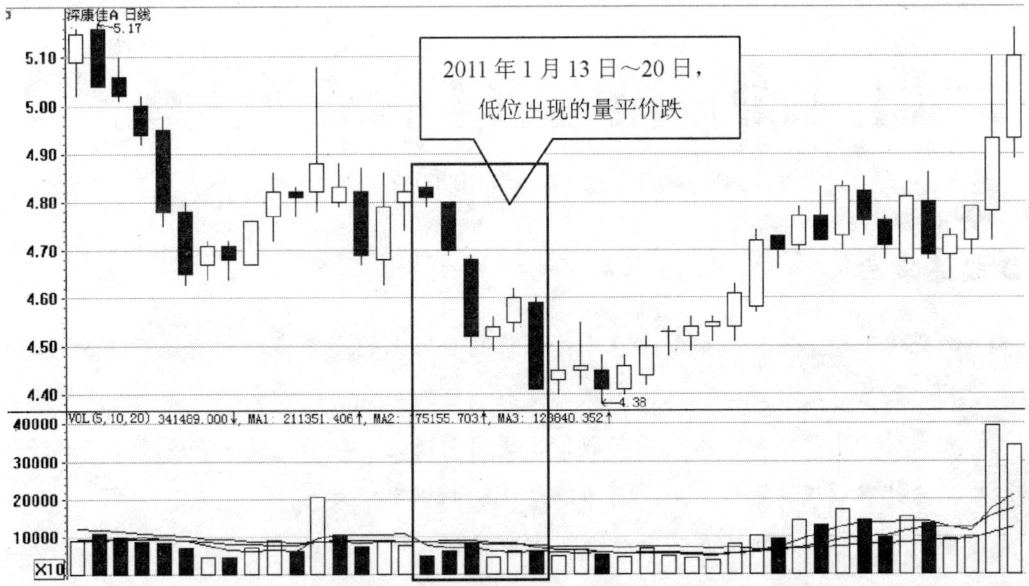

图 7—33　量平价跌：深康佳 A（000016）的日 K 线图

4. 上涨途中的量平价跌

当量平价跌出现在上涨途中时，投资者首先要观察是否有巨量出现。如果有，说明庄家正在出货或者该股正在换庄，投资者可以采取短期回避策略。如果没有，则表示前期获利的散户盘正在退出，亦有可能是庄家在震仓洗盘。所以只要回档幅度不大，投资者仍可以坚持持股。在散户退出后，庄家会补量拉升，股价会再度上涨。

如图7—34所示，2011年7月14日，处于上涨途中的深长城（000042）放量收出涨停大阳线。次日（15日）成交量迅速萎缩，股价也有所回落。2011年7月18日~20日，该股继续小幅下跌，三天的成交量基本保持在同一水平，但较15日又有所萎缩。由于在下跌时没有放出巨量，所以这仅仅是上涨途中的一次回调，投资者仍可坚持持股。

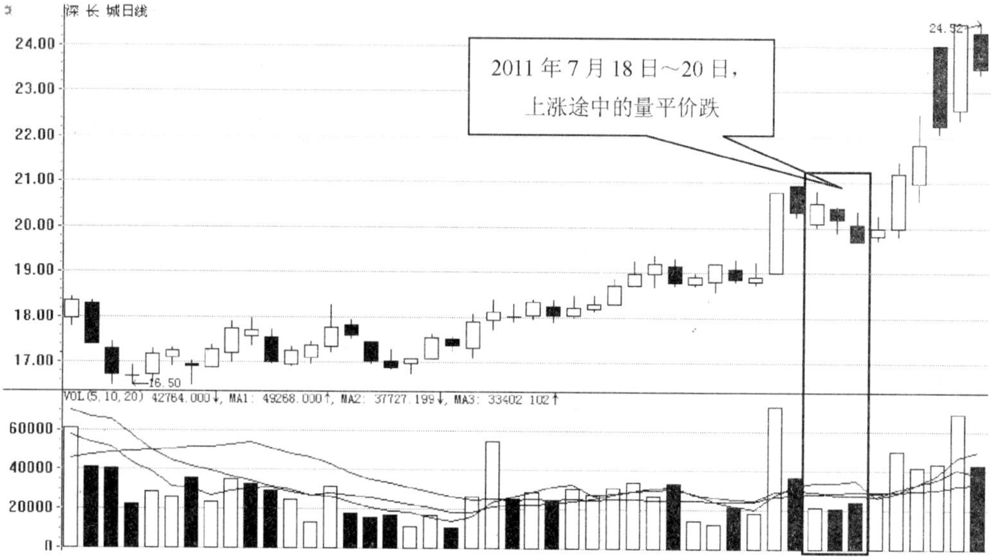

图7—34　量平价跌：深长城（000042）的日K线图

股海箴言

◆股价不断下跌，成交量却在增加，说明市场上的众多投资者看淡后市，因而急于卖出股票。这种现象往往是大跌的先兆，可能引发一波抛售行情。

◆在股价下跌之时，成交量与股价出现同向情况，表示愿意参与买卖的人越来越少。通常在出现这种现象后，后市继续下跌的概率较大。

◆成交量不再萎缩而是保持恒量，但股价仍在继续滑落，此阶段应继续坚持及早卖出的方针，毕竟下跌时不需要成交量的同步配合。

第八章

经典理论

——技术分析理论的内容及应用

第1节　道氏理论

➲ 技术导航

道氏理论是所有市场技术分析的鼻祖。尽管这种理论经常因为“反应迟钝”而饱受批评，并且时常受到一些不相信其研判价值的投资者的诟病（特别是在熊市初期），但众多投资者都会把它作为基本分析工具来使用。

一、道氏理论的基本内容

道氏理论是股市技术分析理论的开山之作，由查尔斯·道（道琼斯公司的创立者之一）最先提出，随后经过汉密尔顿和罗伯特·雷亚的继承和发扬，最终形成了完整的道氏理论体系。值得一提的是，查尔斯·道认为自己的理论并不是用于预测股市和指导投资者，而是一种反映市场总体趋势的晴雨表。

道氏理论包含以下六项基本内容。

1. 平均指数包容消化一切因素

所有可能影响供求关系的因素都必须由平均指数（平均市场价格）来表现。该原则是技术分析理论的基本前提之一，只是这里用平均指数代替了个别价格。平均指数反映的是投资者的综合市场行为，在其每日的波动过程中涵盖了很多内容，不但包容消化了各种已知的、可预见的事情，还蕴含着各种可能影响公司股票供求关系的情况。即使是那些难以预料的天灾和战争也不例外，它们一旦发生，就能被市场迅速消化吸收掉。

2. 股价运动具有三种趋势

根据道氏理论，股票价格运动有三种趋势：主要趋势、次要趋势和短暂趋势，如图 8—1 所示。主要趋势包含次要趋势，次要趋势又包含短暂趋势。这三种趋势在趋势分析一章中已经进行过详细介绍，这里就不再复述了。

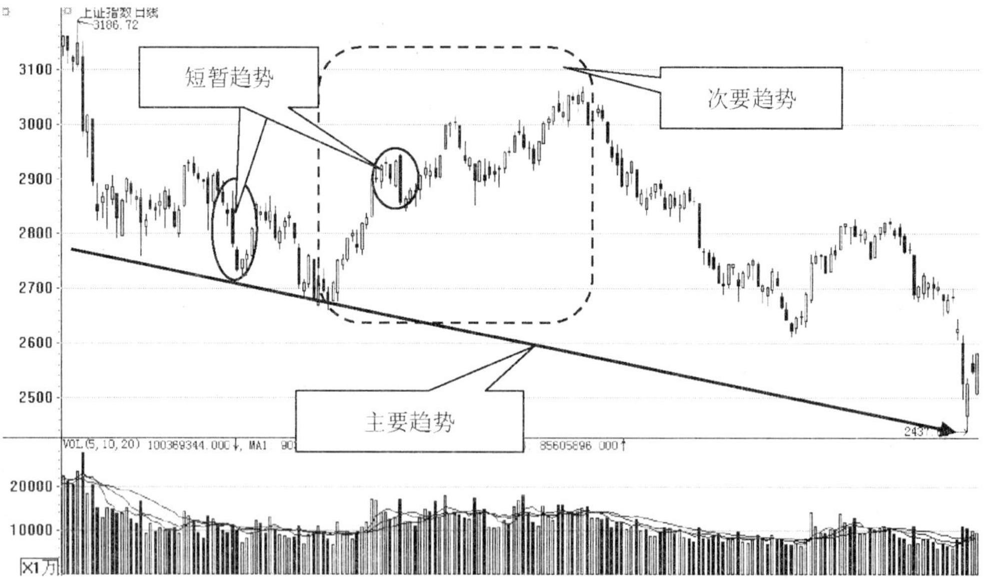

图 8—1　股价运动的三种趋势

3. 大趋势可分为 3 个阶段

通常情况下，上升趋势可以分为累积建仓、快速拉升和高位派发这样 3 个阶段，而下降趋势也可以分为高位回吐、恐慌抛盘和低位整理这样 3 个阶段，见表 8—1。

表 8—1　　上升和下降趋势的不同阶段

趋势	阶段层次	阶段名称	阶段说明
上升趋势	第 1 阶段	累积建仓	发生在熊市末尾牛市开端，虽然市场仍然冷清，但部分投资者已经预见到趋势即将反转，于是开始入场买进股票，主力资金也在积极建仓
	第 2 阶段	快速拉升	上升趋势基本确立，越来越多的投资者跟风买入。成交量的不断增加，导致股价快速上扬，投资者也开始关注上市公司的盈利能力
	第 3 阶段	高位派发	利好消息不断涌现，大众投资者交易活跃，市场投机氛围渐浓，这时主力和部分先知先觉者会乘机逢高派发，将获利了结
下降趋势	第 1 阶段	高位回吐	发生于一轮牛市的末尾，交投异常活跃，市场近乎于疯狂，精明的投资者感到获利已很高，于是将获利回吐，行情开始转为弱势
	第 2 阶段	恐慌抛盘	多方力量的减少导致股价上涨无力，出现回落迹象，持股者认识到跌势的到来，于是纷纷沽出筹码，股价快速跌落至低点
	第 3 阶段	低位整理	在恐慌抛盘之后，可能进入一个相当长的次要趋势中进行调整。低位调整后可能继续下跌，也可能反转上涨

牛市和熊市中的3个阶段永远不会完全相同，甚至可能缺少其中某一阶段，每个阶段持续的时间也没有特别的限制，比如，快速拉升阶段，有可能持续一两个月，也有可能持续一年。作为投资者，你只要能够准确分析出主要趋势的方向，就不至于被市场中的各种言论和消息所左右。

4. 各种平均指数必须相互验证

道氏理论指出，道琼斯工业指数同铁路指数应该相互验证，除非两个平均指数都同样发出看涨或者看跌的信号，否则就不可能发生大规模的牛市或者熊市。而这种情况反映在我国的股市中，应该是上证综指和深证成指相互验证。如果只有其中一个大盘指数突破了前一趋势的顶部，显示为看涨信号，那还不是真正的牛市，只有两个市场同时发出看涨信号，才能充分证明牛市已经到来。

5. 成交量必须验证趋势

成交量分析在技术分析中排在第二位，仅次于趋势分析，它在验证价格图表的信号时具有非常重要的价值。成交量增减应该和股价的涨跌相互映衬，即通常所说的量价配合。如果主要趋势是向上的，那么在股价上涨时，成交量应该逐步增加；而在股价下跌时，成交量应该逐步缩减。反之，如果主要趋势是向下的，那么在股价下跌时，成交量应该逐步增加；而在股价上涨时，成交量应该逐步缩减。

6. 趋势的延续和反转

通常情况下，一个既定的趋势会在惯性作用下持续发展。只有在出现了确凿无疑的反转信号之后，才能判断一个既定的趋势已经终结。有的投资者因为过早地进场而被套在了半山腰上，也有的投资者因为过早地离场而错过了后市的大幅上涨。然而趋势是否将发生反转判断起来也不是一件容易的事情。因此投资者必须提高自己的分析水平，掌握诸如股价的支撑位和阻力位、价格形态、趋势线、移动平均线，以及其他技术指标等各种分析方法，及时获得关于现行趋势动力即将衰竭的信号。

二、道氏理论的实战应用

1. 趋势确认原则

如果上升浪能够不断突破前期高点，同时在回落中不会跌破前期低点，那么就说明大盘处于上升趋势；如果上升浪无法突破前期高点，同时在回落中跌破前期低点，那么就说明大盘处于下跌趋势。根据这一方法，投资者可以比较轻松地判断趋势方向以及发生转折的大致区域。

如图 8—2 所示，上证指数从 2009 年 3 月中旬开始，每一波上升均会创出新高，而每一次回落都不会跌破前次低点，呈现不断上升的趋势。2009 年 8 月 4 日，上证指数创出近期新高，其日 K 线图上收出了一根倒 T 字线，之后指数连续大幅下挫。指数下跌到一定程度后，出现了反弹，但这次反弹非常短暂，没能突破前期的高点。而在反弹之后的回落过程中，指数跌破了前次低点。这种走势说明上升趋势已经发生反转。

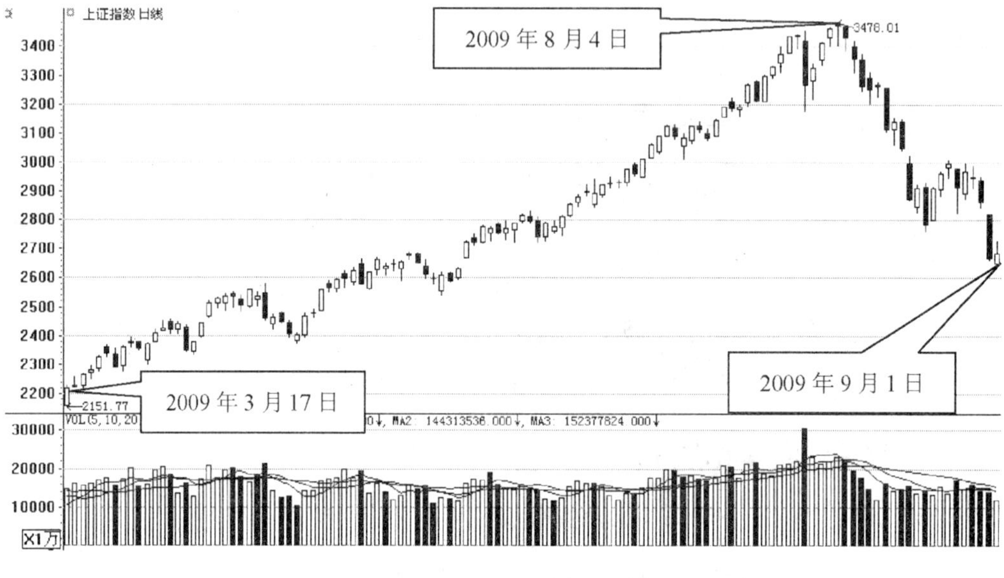

图 8—2　上证指数的走势图

2. 根据大盘趋势进行顺势操作

道氏理论认为，大部分个股的走势会随着大盘指数的变化而变化，只有极少数个股才会逆市运行。当牛市来临时，绝大部分股票都将上涨；当熊市来临时，绝大部分股票都将下跌。因此投资者在买卖股票的时候，首先要判断市场大势，当大势向好的时候，可以选择合适的个股放心买入；而当大势向淡时，投资者应以做空为主，即使有股票逆市上涨，也要对买入持谨慎态度。

图 8—3 是上证指数从 2010 年 8 月到 2011 年 8 月这一年时间内的大盘走势图。

2010年8月和9月，大盘处于横盘整理阶段。9月底，大盘开始放量上升，指数迅速穿升至高位，并于2010年11月12日创出近期新高3186.72点。之后大盘回落，进入震荡整理阶段。在整理过程中，2011年1月，指数开始反弹，但还没能达到前次高点便再次回落，2011年5月，大盘进入了震荡下跌行情。

图8—3　上证指数的走势图

图8—4是中国石油（601857）从2010年8月~2011年8月这一年内的股价走势图。由图中可以看出，2010年8月初，中国石油的股价跌势放缓，并于9月底在10元附近价位筑底成功后开始加速上涨。2010年11月12日，该股上冲至13.31元后触顶回落，不久就进入了震荡整理行情。2011年5月初，该股开始向下滑落，然后一路走低。

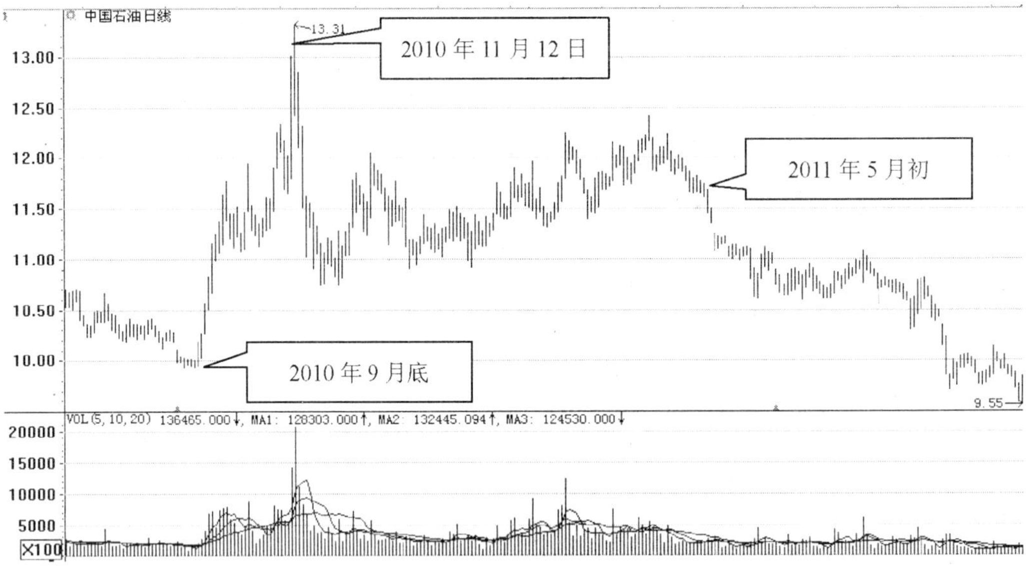

图 8—4　中国石油（000521）的走势图

将这两张同一时间段的走势图进行对比可以发现，上证指数和中国石油两者的走势虽然不是完全一致，但保持着较高的趋同性，充分说明了大部分个股会随着大盘指数的趋势运行，这一点在中国石油之类的大盘股中尤为突出。

股海箴言

◆道氏理论只是以一种技术性的方式指示出主要趋势的走向，它对次要趋势和短暂趋势的转变并不会给出任何信号，也不能指示投资者应该买进何种股票或是应该在何时买进。

◆道氏理论对主要趋势的走向总会给出一个预测，而这一预测在新的主要趋势开始的短期之内是比较模糊的。

第2节 波浪理论

➲ 技术导航

波浪理论认为，市场价格的波动与大海的波浪一样，一浪跟着一浪，周而复始，具有一定的规律性和周期循环的特点，任何波动均有迹可循。市场的前进在波浪中展开，然后在波浪中回调。

一、波浪理论的基本内容

波浪理论，又称艾略特波浪理论，是由美国证券分析家拉尔夫·纳尔逊·艾略特在总结前人经验的基础上，利用道琼斯工业指数平均线作为研究工具，不断创新提出来的一套市场分析理论，也是一种价格趋势分析工具。

1. 波浪理论的4个基本特点

（1）股价和指数的上涨和下跌会交替进行。

（2）价格波动可分为五浪驱动和三浪调整这样两个阶段。前五浪称为驱动浪，一般会数字表示，即第1浪、第2浪、第3浪、第4浪和第5浪。后三浪为调整浪，一般会字母表示，即A浪、B浪、C浪，如图8—5所示。

（3）上述的八个波浪为一个循环，每一个八浪循环完成之后，走势将进入下一个八浪循环，如此周而复始。

（4）时间的长短不会改变波浪的基本形态。各个波浪可能拉长，也可能缩短，但基本形态是恒定不变的，市场走势会依照基本形态一直发展下去。

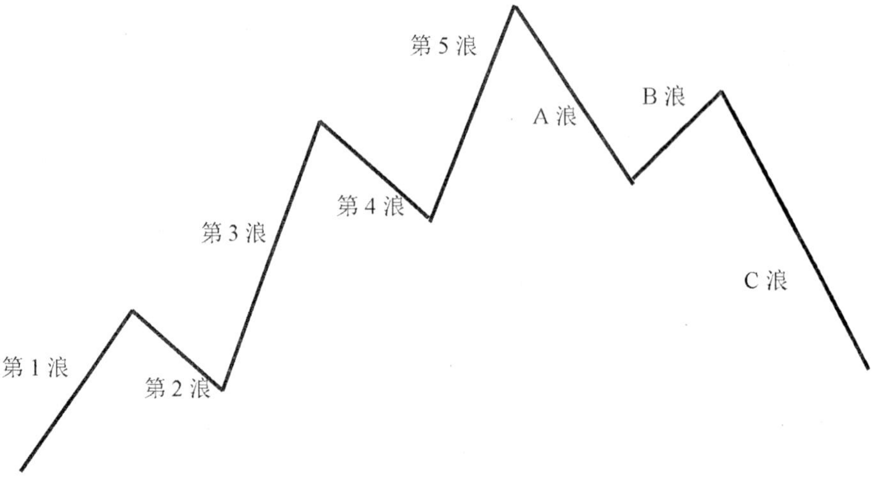

图 8—5 波浪理论的八浪模式

2. 八浪循环中各浪的基本特征

（1）第 1 浪的特征

第 1 浪，是前一阶段下跌的终结，也是一个全新的开始。不过市场上很多投资者都将第 1 浪看成一次下跌过程中的反弹，因而第 1 浪形成过程中，买盘并不十分强大，加上上方续存着沉重的卖压，因此之后的第 2 浪的回调幅度往往很深。在第 1 浪形成的过程中，会伴随着成交量的逐步放大，这种量增价涨的现象说明了市场正在复苏。但通过对股市的长期观察来看，第 1 浪通常是驱动浪中最短的行情。

（2）第 2 浪的特征

第 2 浪是对第 1 浪的调整。调整时间短、调整幅度大是第 2 浪最显著的特点，因而其杀伤力也非常大，多数跌幅能达到第一浪涨幅的 50% 左右。这会让市场投资者认为下跌还没有结束。在第 2 浪的形成过程中，成交量会逐步萎缩，波幅也渐渐变窄，表示做空动能逐渐衰竭。

（3）第 3 浪的量价特征

第 3 浪在大多数情况下，是推动股价上涨最有力的一浪，其运行时间往往也是整个循环中最长的。第 3 浪的上涨幅度会很大，常常发展为一涨再涨的延伸浪。在成交量方面，由于投资者已恢复信心，进场买入者越来越多，所以成交量会急剧放大，呈现出量价齐升的强烈上涨态势。

（4）第4浪的量价特征

第4浪与第2浪相似，是一种以下跌为主的波浪，但第四浪的底永远不会低于第一浪的顶。尽管有一些投资者卖出股票，但一些仍然看好后市的投资者，则会趁股价调整之机，买入股票，导致第4浪充满了震荡。所以，第4浪常常以三角形整理形态出现。

（5）第5浪的量价特征

第5浪的特点是市场人气高涨，乐观情绪蔓延，其成交量和涨幅通常小于第3浪。在第5浪上涨过程中，市场中会全面开花，二、三线股会普涨，但成交量却呈现不断萎缩态势，这种量缩价涨的背离现象也注定第5浪会以失败的形态而告终。

（6）A浪的特征

A浪紧随第5浪后产生，是上涨行情结束后的第一次大的调整。由于市场刚刚经历了一轮较大规模的上涨，很多投资者毫无防备之心，所以，A浪的调整往往力度很大。在A浪形成之前，K线图上常常会发出一些反转警示信号。就成交量方面来看，通常呈现逐步缩量状态。

（7）B浪的特征

B浪只是下跌过程中的一次反弹，而且这次反弹注定要被C浪的下跌所吞没，所以，常常被形容为一次无用的反攻，升势较为情绪化。也有的投资者仍未能从之前的大幅上涨的喜悦中走出，还认为之前的上涨行情还没有结束，结果让自己陷入其中。从成交量上来看，整体的量能并不大，因而上攻不能持久，在B浪顶部时常会放出巨量，暗示庄家在进行最后的出货。

（8）C浪的特征

C浪是B浪调整后的再一次下跌，也是调整浪的终点。C浪的出现也让投资者认清了上涨行情已经结束，对后市下跌达成了基本共识，于是恐慌性抛盘就会蜂拥而出，股价也会随之大幅下挫。C浪是整个八浪循环中跌势最强，跌幅最大的一浪，其破坏力也是最强的。在C浪形成过程中，市场还会出现全面的下跌，成交量也会逐渐萎缩，呈现量价齐跌的局面。

二、波浪理论的实战应用

波浪理论在具体运用中，常常会遇到较为难以辨别的市况，而且数浪的过程也充满了随意性和主观性，因此投资者很多时候会出现这样那样的错误，所以必须了解波浪理论的一些基本要点。

（1）一个完整的循环包括八个波浪，即五个驱动浪和三个调整浪。

（2）与主要趋势运行方向相同的波浪通常可以分割为低一级的五个小浪，而调整浪通常以三个小浪的形态运行，如图 8—6 所示。

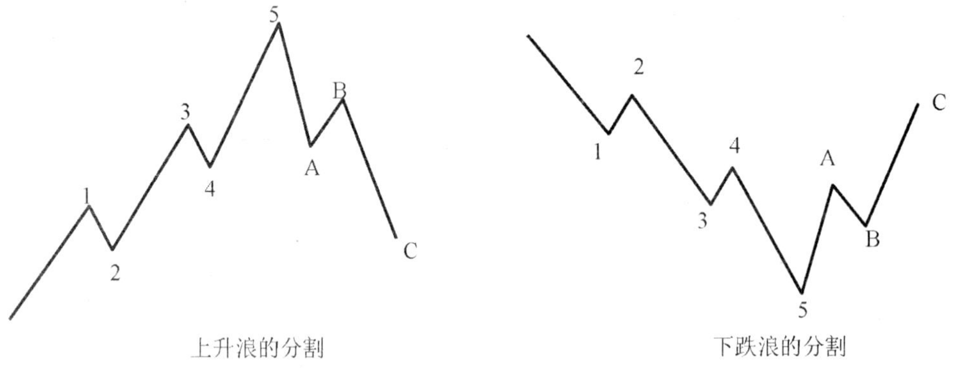

图 8—6　波浪的分割

（3）波浪可以合并为高一级的大浪，也可以细分为低一级的小浪，形成大循环套小循环的复杂形态，即大浪中有中浪，中浪中有小浪，小浪中有细浪，如图 8—7 所示。

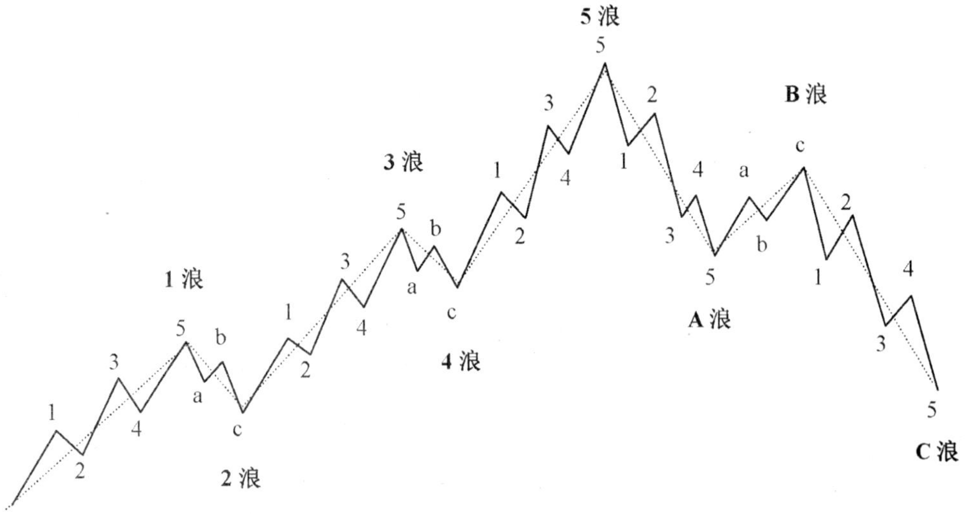

图 8—7　八浪循环的合并与细分

（4）在第 1、第 3 和第 5 这三个驱动浪中，第 3 浪通常是最长的一浪，绝不会是最短的一浪。第 4 浪的底不应该低于第 1 浪的顶。

（5）推测股市的涨幅和跌幅常采取黄金分割率和神秘数字去计算。一个上升浪的高点可以是上一次高点的 1.618 倍。下跌浪中常见的跌幅比率为 0.382、0.5、0.618 等。

（6）波浪理论通常不适用于个股的选择上。

如图 8—8 所示，2005 年 11 月，上证指数从 1 000 点左右的位置开始上涨，形成了一波大牛市行情，直到 6 124 点这轮大牛市才得以结束。从图中可以看出，这一行情是一个完整的五浪驱动模式。之后经过了三浪调整，大盘正式进入了下跌行情。

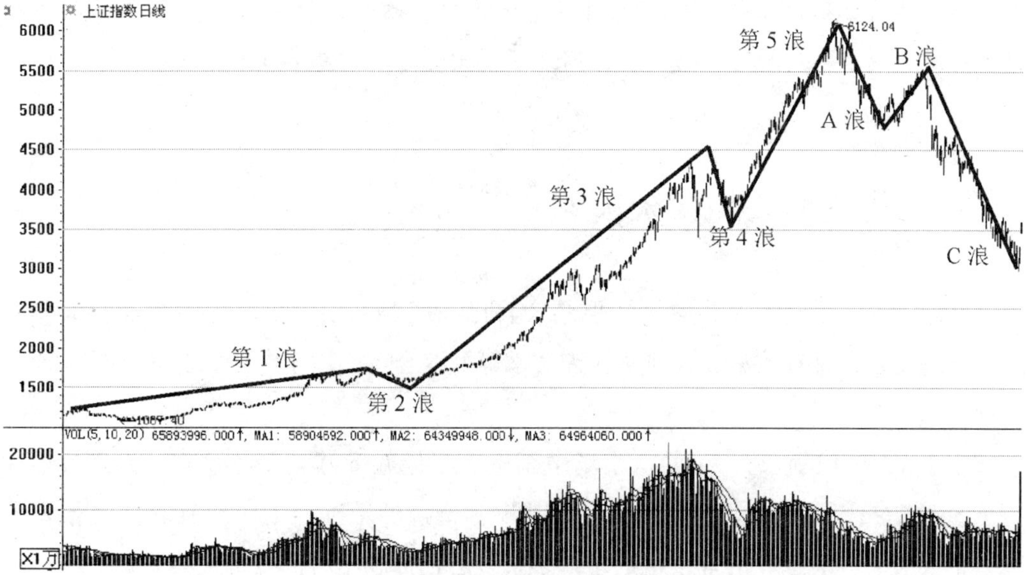

图 8—8　上证指数的走势图

股海箴言

◆如果说道氏理论告诉投资者的是何谓大海中的波浪，那么波浪理论就是指导投资者如何在大海中冲浪。

◆波浪理论之下有许多大大小小、走势各异的牛市和熊市。牛市简单地说就是一个上升的五浪模式，而熊市则是对牛市上升趋势进行调整的一系列波动。

◆波浪理论并没有严格定义一个浪什么时候会开始、什么时候会结束，也没有定义一个完整的浪到底应该是什么形态。这也是投资者在运用波浪理论时容易出错的最主要原因。

第3节　江恩理论

技术导航

江恩理论是以研究、预测市场为主的，江恩通过数学、几何学、天文学的综合运用，建立起自己独特的分析方法和测市理论。由于他的分析方法具有非常高的准确性，有时达到令人不可思议的程度，因此很多投资者非常看重江恩理论。

一、江恩理论的基本内容

江恩理论是投资大师威廉·江恩结合自己在股票和期货市场的宝贵经验而创立的，该理论是通过对数学、几何学、天文学等的综合运用建立的特殊分析方法和操作准则。

生于1878年的江恩一生共从市场中获得了三亿五千万美元的财富，而且他还保持了80%的投资成功率。这两项在当今都堪称奇迹的数据，足以使其获得“投资之神”的美誉，江恩创立的理论也成了众多投资者信仰和学习的投资宝典。

江恩理论认为，股票和期货市场里也存在着宇宙中的自然规则，市场价格的运行趋势不是杂乱的，而是可以通过数学的方法预测的。它的实质就是在看似无序的市场中建立严格的交易秩序。运用江恩理论还可以用来发现股价何时会发生回调以及价格将回调到什么价位。

1. 造成投资者损失的三大原因

江恩认为有三大原因可以造成投资者遭受重大损失，分别是在有限的资本上过度买卖、没有设置控制损失的止损位、缺乏最基本的市场知识。

（1）在有限的资本上过度买卖

投资者如果操作过于频繁的话，就可能导致自己的钱越来越少。短线和超短线操作要求投资者具备高超的操作技巧。如果投资者没有掌握到适当的短线操作技巧，而过分参与到市场中，就会得不偿失。

（2）没有设置控制损失的止损位

投资者如果没有设置必要的止损位，就会任其错误无限发展，造成越来越大的损失。因此，设置止损位是入市操作前必要的风险控制手段，只有设定止损位后方可进场。此外，光是设置止损位还是不够的，已经买入的投资者还要能坚决执行止损策略，一旦发现股价跌破止损位就要果断卖出。

（3）缺乏最基本的市场知识

缺乏市场知识是很多投资者损失惨重的最重要原因。有的投资者并不注重学习市场知识，而是凭借自己的主观臆断来分析市场走向；有的投资者不会辨别消息的真伪，容易受到假消息的错误引导，作出错误的操作；还有的投资者仅学到了一些皮毛，却坚持用这些知识指导自己的实际操作，结果因为机械地照搬而出错。投资者要做的不仅是学习书本上的知识，还要深入研究市场，从实践中学习，只有长时间在市场中历练才能得到真知灼见。

因此，江恩对所有投资者的忠告是："在你赔钱之前，请先细心地研究市场。"他告诉投资者，在入市之前一定要了解以下 3 点。

（1）你可能会作出与市场完全相反的错误的买卖决策，但你必须学会如何去处理这些错误。即使是一个成功的投资者也免不了会犯错误，关键是成功的投资者能够快递有效地处理错误，不使错误继续扩大。

（2）除了建立对市场的预测系统之外，还应该建立一套操作系统，当预测系统发生错误时，就用操作系统来补救。进行交易必须根据一套既定的交易规则去操作，而不能随意买卖，永不盲目猜测市场的发展情况。

（3）随着时间的转变，市场的条件也会随之发生转变。在这种多变的市况下，你也必须学会转变，而不能墨守成规。在不同时间循环及市场条件下，历史有时会重演，你要能够发现这些历史规律，并能够根据规律进行适当的操作。

2. 江恩的主要分析方法

江恩理论中预测分析方法有很多，这里主要介绍一下 50% 回调法则、江恩时间法则和江恩波动法则这样 3 个方法。

（1）50% 回调法则

江恩认为，不论市场价格上涨还是下跌，最重要的价位是在 50% 幅度上，股价常常在有了 50% 的涨幅时出现回调，而在有了 50% 的跌幅时出现反弹。如果在 50% 的位置没有发生调整，那么在63%的幅度时往往会出现回调。

（2）江恩时间法则

股价波动具有很强的时间周期性，江恩认为较重要的循环周期有：中期循环周期——1 年、2 年、3 年、5 年、10 年等，长期循环周期——20 年、30 年、45 年、60 年等。10 年和 30 年是两个非常重要的循环周期，10 年周期可以再现一个市场循环；而 30 年共有 360 个月，这恰好是 360 度圆周循环。

（3）江恩波动法则

江恩认为，市场的波动频率和内在周期性因素，来自时间与价位的倍数关系。当市场的内在波动频率与外来市场推动力量的频率产生倍数关系时，市场便会出现共振现象，令市场产生向上或向下的巨大影响。

3. 江恩的 21 条股市操作守则

江恩并不是完全跟着预测走，相反他制定并严格遵守自己建立的 21 条股市操作守则，并以其在市场取胜。他让预测要服从操作守则。如果预测正确，他会在不违背其操作守则的前提下按照预测方向操作；预测发生错误时，他会用操作守则来修正预测，或是干脆暂时退出市场。

（1）每次入市买卖，损失不应超过资金的十分之一。

（2）永远都设立止损位，这样才能有效减少股市出错时可能造成的损失。

（3）千万不要在有限的资本上过量买卖。

（4）永远不要让所持的仓位转盈为亏。

（5）永不逆市操作。市场趋势不明显时，宁可在场外观望等待。

（6）对上涨有所怀疑，就要清仓离场。入市要坚决，犹豫时不要入市。

（7）在交投活跃时操作，市场清淡时不宜买卖。

（8）服从市场走势，切忌按照你所设想的目标价位买卖。

（9）无适当理由决不平仓，可用设置止盈位的方法保住所得的利润。

（10）在市场中连续赢利之后，可将部分利润转出，以备不时之需。

（11）买股票首先是为了赚取差价，而不是只为了分红派息。

（12）操作遭受损失时，切忌赌博式地加码补仓。

（13）保持耐心。不要因为不耐烦而进场，也不要因为不耐烦而离场。

（14）远离“只输不赢”的股票，赔多赚少的买卖不要做。

（15）进场时设置的止损位，不宜胡乱取消。

（16）做得越多，出错越多。操作要等待机会，不宜频繁进出。

（17）自如地做多和做空，不应只做单边，只买不卖或只卖不买。

（18）不要因为股价已经很低而吸纳，也不要因为股价已经很高而卖出。

（19）永不对冲。这一条在股指期货中尤为适用。

（20）尽量避免在不适当的时候，进行金字塔式的逐级加仓操作。

（21）如无适当理由，切勿盲目更改原先设定好的买卖策略。

二、江恩理论的实战应用

1. 江恩的 12 条买卖规则

“买卖规则重于预测”是江恩获胜的真正秘诀。江恩在 1949 年出版了他的最后一本重要著作《华尔街 45 年》，书中坦诚披露了自己在华尔街 45 年的投资经验，同时他将自己的取胜之道写成了了 12 条买卖规则。这些规则以跟随市势买卖技术性规则为主，对于大众投资者来说具有非常重要的借鉴意义。现在将这 12 条买卖规则列在下面，供大家参考。

（1）判定市场的趋势

江恩认为，判定趋势是任何市场投资的最重要一环。对于股市投资来说，其平均综合指数最为重要，能够决定大市的趋势；而分类指数对于市场趋势也有一定的启示性。因此，所选择的股票，其股价走势应该与市场的大趋势基本一致。

（2）单底、双底或三底形态出现时入市买入

市场之前的底部是重要的支撑位，投资者可以入市吸纳。当之前的顶部或某一重要阻力位被突破后，阻力位会变成支撑位，当股价回落至该位置时，可以适量买入。根据江恩的经验，市场出现第 4 个顶后向上突破的几率较大，市场出现第 4 个底后向下突破的几率较大。

（3）根据市场波动的百分比买卖

顺应市势有两种常用的买卖方法：当走势从高位下跌了 50%，通常是买入点；当走势从低位上涨了 50%，通常是卖出点。此外，从底部上升或从顶部下降的百分比水平，比如 3% ~5%、10% ~12%、20% ~25%、33% ~37%、45% ~50%、62% ~67%、72% ~78%、85% ~87% 以及 100% 及其倍数往往都是市场重要的阻力位或支撑位。

（4）根据三周调整或反弹买卖

江恩在对市场进行广泛统计的基础上，制定了遇到市场调整时的买卖规则：当市场主要趋势向上时，若行情出现三周的调整，是买入时机；当市场的主要趋势向下时，若市价出现三周的反弹，是卖出时机。

（5）市场分段运行

当市场处于上涨行情中，永远不会一浪见顶，通常会呈现上升→调整→上升→调整……这样一个三阶段或四阶段的上涨走势；反之，在下跌行情中亦是如此。江恩的这种对市场走势波浪式推进的看法与艾略特波浪理论非常接近。

（6）利用5至7点波动买卖

江恩认为市场运行至某一个阶段，亦即市场到达某一个数字阶段，市场便会出现波动。在上升趋势中，当市场出现5至7点的调整时，可作逢低买入，通常情况下，市场调整不会超过9至10点。在下降趋势中，当市场出现5至7点的反弹时，可趁高沽空。有时，10至12点的反弹或调整，亦是入市的机会。当市场出现18至21点水平的反弹或调整时，投资者要注意可能出现的市场反转。

（7）观察市场成交量

研究市场成交量能够帮助判断市场趋势的转变，因而是极其重要的。江恩认为：在上涨行情中，成交量大增，呈现巨量，表示市场已经接近顶部；在下跌行情中，成交量连续递减，表示卖盘的力量越来越弱，市场底部即将出现，反弹指日可待。此外，对成交量的分析应该结合重要的支撑位或阻力位，并配合市场周期，这样效果更佳。

（8）时间因素

时间是决定市场趋势最重要的因素。因为时间可以超越价位平衡；当市场在上升或下降趋势中，其回调的时间超过了前一次回调的时间，表示市场即将发生反转；当回调的幅度超过前一次回调的幅度的话，表示市场已经反转。此外，投资者要对市场重要的顶部和底部出现的月份，以及曾经造成股价大幅波动的日期的“周年纪念日”加以留意。

（9）当出现新低或新高时买入

当股价创出新高，表示上升趋势将继续，投资者可追涨买入；当股价创出新低，表示下降趋势将继续，投资者应继续做空。

（10）判断趋势的反转

在一个趋势发生反转之前，在图表形态和时间周期上都是有迹可寻的。投资者要留意有可能成为反转信号的 K 线组合和价格形态，以及第 8 条买卖规则中所提到的“周年纪念日”。

（11）最安全的买卖点

要想在市场获利，除了正确的分析市场走势之后，选择合适的买卖时机也非常重要。通常，在上升趋势确立之后进场买入才是最安全的；而在下降趋势基本确立时为最明确的卖出点。

（12）快速市场的价位波动

不同的市势，基本上都可以利用市场的动量来界定。也就是说，股价上涨或下跌的速度，可以作为界定不同市势的准则。

2. 江恩角度线的实战应用

江恩角度线，又称作甘氏线，是江恩理论系列中的重要组成部分，是最能直观反映股价与时间、空间关系的工具之一。根据江恩角度线提供的趋势线，能帮助投资者作出明确的趋势判断。

江恩角度线是由时间单位和价格单位定义价格运动，它以股价的重要高低点作为起点和终点，然后按照不同角度绘制出 8 根角度线，当股价运行至角度线位置时，将会遇到重大的支撑或者阻力。江恩线的基本比例为 1∶1，即每单位时间内，价格运行一个单位。另外，还有 2∶1、3∶1、4∶1、8∶1、1∶2、1∶3、1∶4、1∶8 等比例。这 8 条角度线中，最重要的是 2∶1 和 3∶1 这两条线。

上升江恩线是从市场底部向右上方向延伸的直线；下降江恩线是从市场顶部向右下方向延伸的直线。绘制江恩角度线要尽可能地简洁。正确的开始点应从价格方面入手选取，而相对的高、低点价格产生时的那个时间也是十分重要的。

通过江恩角度线，能够轻松地找到可能的支撑位和阻力位，更好地把握买入和卖出时机。当股价下跌到某一角度线附近获得支撑，出现了明显的止跌回升迹象，投资者可以适量买入；之后，如果股价有效跌破了该支撑线，就应果断止损卖出。当股价上涨到某一角度线附近遇到阻力，出现了明显的滞涨回落迹象，投资者应该果断卖出。之后，如果股价有效突破了该阻力线，就可重新进场买入。

如图 8—9 所示，深圳能源（000027）的股价从 2008 年 10 月 27 日开始加速上涨。以这一天的开盘价为起点，以 2009 年 2 月 23 日的收盘价为终点可以绘制出江恩角度线。

从图中可以发现，在开始阶段，1∶2 角度线成为其上涨的一根阻力线，而 1∶1

角度线则成了支撑线。2008年12月中旬，该股股价连续下跌，相继跌破了1∶1角度线和2∶1角度线，最后在3∶1角度线处获得强支撑而重新启动。

2009年2月23日，股价到达阶段顶部，开始下跌。当股价跌至2∶1角度线附近时获得短暂支撑，但这一支撑很快被击穿，投资者应实施减仓操作。后来股价落到3∶1角度线附近时再次获得强支撑，重新进入上涨行情，此时，投资者可短线买入，但要注意风险。

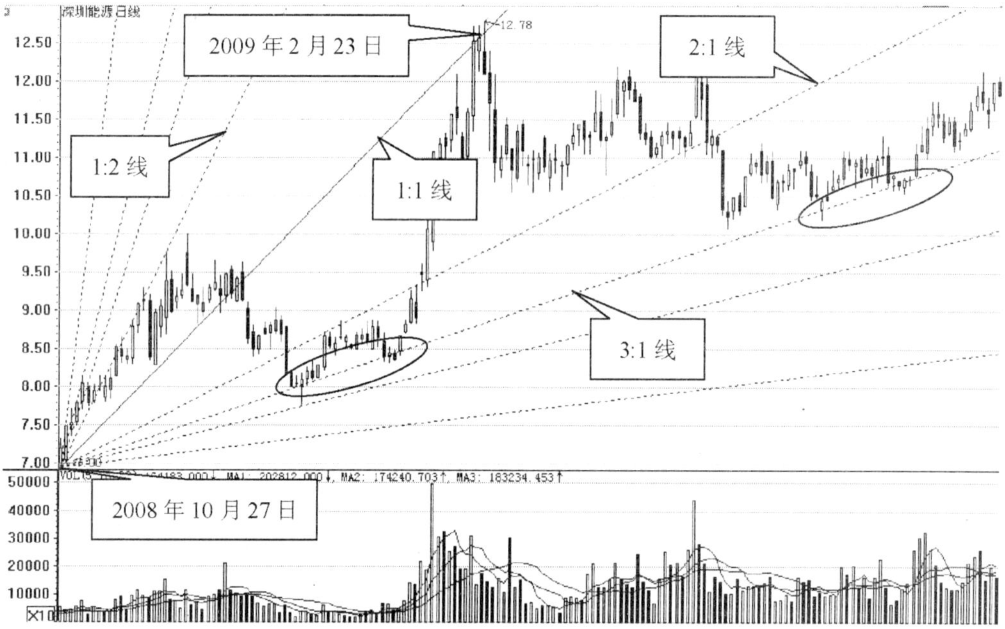

图8—9　深圳能源（000027）的日K线图

➲ 股海箴言

◆江恩理论的优点是阐述了时间与价格的关系，能准确预测可能出现的买卖时机和价位，这使其他理论只能望其项背。

◆江恩的成功不单是因为他能够准确预测未来的市场趋势，更源于他对交易规则的遵守。江恩在市场纵横数十年，总结出的交易法则简单而实用，这些法则没有什么深奥的地方，任何投资者都可以学习和借鉴。

第4节 周期理论

➲ 技术导航

周期理论，全称为股市发展阶段与成长周期理论。周期理论认为，股市行情的发展有一个从低到高，再从高到低的过程，在时间上具有一定的规律性，这种规律性就构成了股市的周期。

一、周期理论的基本内容

1. 股市成长阶段论

股市发展的道路并不完全一样，但一般都要经历以下5个阶段。

（1）休眠阶段

这一阶段了解股市的人并不多，在二级市场上公开发行股票的公司也寥寥无几。但是过了很长一段时间，投资者发现，股市中获得的收益要远远超过其他投资形式得到的收益，于是部分投资者开始加大对股票的投资力度，但在买卖时却保持着小心谨慎的态度。

（2）操纵阶段

一些资金充裕的交易商和股票经纪商发现，由于股票数量有限，流通性差，只要花费少量的资金买进部分股票就可以操纵股价走势。这些操纵者利用自己的资金优势，或是抬升股价吸引中小投资者买入，或是打压股价引诱中小投资者卖出，进而赚取差价、获取暴利。

（3）投机阶段

很多投资者通过股票投资获得了大量的收益，不管这些收益只是账面利润还是已经兑现，都对未入市的投资者起到了示范作用，因而吸引了越来越多的场外资金参与进来，股市由此进入了投机阶段。这时的股价大大超过了其真实价值，成交量扶摇直上，新上市的企业也逐渐增多，持股者不断将获利了结，从而增加了股票的市场供应量。

（4）崩溃阶段

市场的投机情绪和行为越来越严重，股价被抬升至绝对高位，严重偏离了其真实价值。这时，有的投资者认为股价太高了，就会先冷静下来，不再买入，甚至开始抛售股票。这种情况下，用来推动股价不断上涨的资金就会面临枯竭，认购新发行股票的投资者也越来越少，说明市场行情已经到达顶端。此时外界一有风吹草动，市场就会崩盘，股价便会转势下跌。

（5）成熟阶段

在股市下跌之后，投资者需要几个月甚至几年的时间才能对市场重新恢复信心。这个时间的长短视股价的跌幅、庄家的行动、新股发行的刺激等因素而定。之前的下跌行情使很多投资者或是被套其中，或是赔钱出局，所以他们寄希望于未来股价的回升。一些新的投资者加入进来，主力机构的队伍也扩大了，市场逐渐成熟起来，投资者的心理越来越稳定。股票的流动性更强，呈现供需两旺的态势，股价会随着经济环境和企业经营状况的变化而上下波动。

2. 股市周期循环论

影响股价涨跌的因素众多，除了政治、经济、企业经营业绩等实质因素之外，人为因素的变化，往往是促成股价涨跌的主要原因。但是，虽说某些庄家能够人为地控制短期股价的波动，但却无法左右市场长期运行规律。一些有经验的投资者，在经过长期的统计和归纳之后，发现了股市基本呈现有规律的周期性波动。如果投资者能够将这些周期循环规律应用到股票的操作上来，就能更精准地买卖，经常是无往不利。

根据股市周期循环理论，可以将股市周期分为以下 9 个阶段。

（1）低迷期

低迷期一般是熊市的尾声，此时市场行情屡创新低，投资者的买卖意愿不强，市场人士对后市大多持悲观看空态度。包括庄家在内的绝大多数投资者都严重亏损，短线交易很难获利，部分中小投资者开始观望以期在股市反弹时解套了结，一些被持续疲软行情消磨掉耐心的投资者最终认赔退出。然而，此时正是一些真正具有实力的庄家悄然吸货的时候，少数具有长期投资眼光的投资者也会在此时按计划买入。在低迷期，成交量往往很低，大盘大多呈现地量。指数或股价会在低位盘旋一段时间来构筑底部，底部盘旋整理的时间越长，表明筹码的换手越充分，未来的上涨空间相应也就越大。

（2）初升期

经过前一段低迷期的长期盘跌，股价大多已经跌至不合理低价，庄家的吸货加上持股者出现的惜售心理，使得市场浮筹大为减少，因而上方的卖压已经非常轻盈。少数龙头股的股价被大幅拉升，并带领一些正在盘整的股票逐渐走强，就连冷门股也开始蠢蠢欲动，市场交易越来越活跃。此时，成交量出现不规则的递增状态，平均成交量较低迷期多出一半以上。部分经验丰富的投资者已经积极地炒作股票，前期被严重套牢的投资者看到股价小涨也开始卖出兑现，但这时的股价上涨速度缓慢，幅度也很小。

（3）回档期

在初升期的末尾，不少股票已经持续上涨了一段时间，经过长期下跌而亏损严重的投资者非常珍惜这来之不易的解套机会，因而会在略有获利时，采取获利了结的策略，选择持币观望。而前期买入的获利盘，为了求稳也纷纷将获利回吐。为了减轻上方的压力，捡拾更多更便宜的筹码，庄家也会在趁中小投资者信心尚未稳定之际打压股价，进行洗盘活动。因此，此阶段做空力量较为活跃，股价呈现下跌回调走势，但股价下跌到一定程度时，便会出现止跌企稳现象。

（4）主升期

市场逐步恢复了欣欣向荣的景象，上市公司的业绩大增，经济、政策上的利好消息层出不穷。庄家已经吃进了大批股票，成为拉升的最主要力量，他们会利用各种利好将股价持续拉高，甚至会出现多个庄家接棒拉升某只强势股的现象。市场上人头攒动，投资者的信心空前高涨，股价节节攀升。不论是老股民，还是新股民，都已经或多或少获利，在这种赚钱效应的影响下，越来越多的投资者进场买入。在这一阶段，成交量持续大量增加，增资扩股和新股发行也逐渐多了起来，甚至连一些冷门股也慢慢被炒热了。在这一阶段，一些有心的投资者和部分抄底买进的庄家已经获利颇丰，因此有了了结愿望，会趁势减持。但很多散户会被胜利冲昏头脑，反而会全力买进。

（5）末升期

这是上涨行情的最后阶段，此时市场十分繁荣，上市公司的业绩均为大增，新股大量发行，市场中人声鼎沸、交投狂热。前期少有成交的冷门股成了热炒的对象，居然上涨最多；相反，原来的热门股却上涨乏力，呈现步履蹒跚的疲态。这一阶段的成交量经常暴增，有时甚至出现天量现象，很多投资者手中握有大量的股票。但是股价并没有随成交量的激增而大幅上涨，而是上涨缓慢。这是因为随着获利盘的增多，上方抛压沉重，盘面显然已经不再像以前那样轻盈。

（6）初跌期

经过了最后的疯狂之后，股价都已脱离了真实的价值，因而上涨乏力。很多投资者看到股价滞涨、获利艰难，在操作之余已开始反省。而这一时段往往也是庄家出货的最后阶段，有经验的投资者已经预感到顶部到来而择高卖出，股价开始回落。但是，很多仓位较重的中小投资者却心存犹豫，认为这仅仅是行情的一次回调，不久股价会继续上涨。有些对后市期望甚多的投资者甚至采取了补仓以摊低成本的策略，可是下跌态势在短时间内仍没有得到扭转。在这次初始下跌的过程中，前一阶段被热炒的冷门股却成为了领跌品种。

（7）反弹期

由于前期投资者的大量抛售，股价已经有了不小的跌幅，此时成交量会大幅缩减。前期卖出者，高位被套者、错过了之前走势的新入场者会相继进场买入，市场暂时改变了之前的颓势，股价止跌反弹，似乎要重回原来的上升通道。但是有了上一次的高位下跌之后，投资者对这次上涨抱有怀疑的态度，当股价上涨到一定高度时，短线客沽空出局，而买盘却没能跟上，走势再度触顶回落，从而引发更多的抛盘出现。大部分投资者已经认识到下跌行情已经到来，于是纷纷将手中筹码卖出以求“逃命”。

（8）主跌期

这是最主要的下跌阶段，股价在反弹结束后开始强势下跌，下跌速度非常快，跌幅也比较深，有时甚至出现连续跌停走势。从消息面来看，利空消息满天飞，而利好消息却十分罕见，偶尔出现的利好消息也不能扭转市场颓势。市场上的投资者对后市缺乏信心，成交量也逐渐萎缩，很多被套的投资者纷纷割肉离场，短线投资者也只是在偶尔的小反弹中进行快进快出的超短线操作。

（9）末跌期

末跌期是最后的下跌，此时股价经过了长期下跌之后，已经有了非常深的跌幅，高位套牢盘该割肉的也已经割肉，没有割肉的是做好了打持久战的准备，做空的力量已经减弱不少。此时的成交极为清淡，股价的跌幅也越来越小。但是由于下跌的势头没有得到扭转，看空情绪仍然在市场中蔓延，场外资金仍然坚持观望的态度，不愿意过早参与。但是具有战略眼光的投资者和一些庄家已经开始提前布局，所以会趁低买入。这时，行情又回到第一阶段的低迷期开始重新循环了。

二、周期理论的实战应用

股价的涨跌并非无迹可循，而是有其自身内在的运行规律。掌握了股价涨跌的周期规律，方能减少操作失误，增加获利机会。

股市的循环周期分为低迷期、初升期、回档期、主升期、末升期、初跌期、反弹期、主跌期和末跌期 9 个阶段。如果投资者能对股市的各个阶段认真分析，明确区分所处行情属于哪一阶段，就能选择合适的操作策略，作出正确的买卖决策。

（1）低迷期往往是庄家吸筹建仓之时，股价的下跌幅度已然很小，此时做中长线的投资者可以适量买入，但要控制好仓位。由于很难确定行情筑底的时间究竟有多长，所以短线投资者最好耐心等待行情的最终反转。

（2）初升期的股价涨幅还不是很大，但却是中长线投资者进场做多的最佳时机，部分短线投资者亦可买进一些强势启动的龙头股。

（3）回档期是庄家洗盘吸筹的时期，也是部分有经验的投资者大举介入之时，持股者可以将部分获利回吐，但一定要保持清醒的头脑，以备在股价止跌企稳时将筹码补回；持币者可以在股价再也跌不下去时果断买入。

（4）主升期时，庄家的动态到处可闻，有的庄家会趁着市场火热的氛围逐步减仓。而投资者可以抓住主升期的前半段积极做多，当股价上涨到一定高度之后，投资者就要适可而止，控制好自己的仓位，不要再盲目跟进，必要时可将部分获利了结，以落袋为安。

（5）末升期的成交量往往呈现巨量甚至天量，但是股价却没能在大成交量的配合下继续大幅上涨，涨幅十分有限，或是在高位震荡。此阶段的操作犹如刀口舐血，持币者要谨慎介入；投资者如果是重仓或是满仓，但又不肯逢高减持，就会损失惨重。

（6）初跌期的股价已经到达顶部，股价开始从高位下跌，这往往是庄家和大部分前期买入的投资者的出货行为所致。因而持股者应该实施减仓或平仓操作，切不可想摊薄成本而盲目补仓；持币者还是应该坚持空仓观望。

（7）反弹期也被视为是“最后的逃命时机”，持仓者应该在股价反弹至高点时及时平仓出局。具备短线经验的投资者可以在前期止跌企稳阶段，短线买入，但要设置好明确的止损点。需要说明的是，这次反弹的高点一定不会高过之前的顶部。

（8）主跌期的跌幅往往是非常惊人的，甚至会被有人戏称为“飞流直下三千尺”，因此，在这一阶段投资者应该以持币观望为主。被套的投资者应该在股价开始下跌时就果断斩仓止损，千万不要寄希望于未来的反弹。

（9）末跌期阶段，投资者还是应该以空仓观望为宜。不过，由于末跌期到了最后就会演变成低迷期，所以中长线投资者可以提前介入进行部署。

➲ 股海箴言

◆无论什么样的价格活动，都不会向一个方向永远走下去。股价运行过程中必然会产生阶段性的高点和低点，这些高点和低点的出现，在时间上具有一定的规律性。投资者可以选择在低点入场买入，在高点卖出离场。

◆周期理论的重点是时间因素。对于投资者来说，“选时比选股更重要”。在正确的时间购买了一只错误的股票可能只会让你获得较少的收益，但在一个错误的时间购买了一只正确的股票却仍会让你遭受不必要的损失。也就是说，任何垃圾股都有上涨的时候，只要买入时机恰当一样可以获利；而任何绩优股都有下跌的时候，如果买在了高位照样会被套牢。

第5节 黄金分割理论

技术导航

把一条线段分为两部分，使其中一部分对于全部的比率，等于另一部分对于该部分的比率。按照这个算法得出的比率约等于0.618。这个比率具有极高的美学价值，故称之为“黄金分割比率”，由该比率衍生出的理论就是“黄金分割理论”。

一、黄金分割理论的基本内容

黄金分割率是由古希腊数学家毕达哥拉斯发现，然后由13世纪的数学家斐波纳奇重新发现和发展的。斐波纳奇曾写过一本书，涉及一些奇妙的数字组合。这些奇妙的数字组合是1、2、3、5、8、13、21、34、55、89、144、233…后人将该数列以其名字命名为斐波纳奇数列。有人认为斐波纳奇数列与金字塔上的某些数据息息相关，比如，金字塔的长度为5813寸（5—8—13），高和底边的比率为0.618。而神秘数字组合中从21往后任何两个连续数字的比率都近似于0.618。

这一数列具有以下特点：

（1）其中任何一个数字都是前面的两个数字之和，即3=2+1、5=3+2、8=5+3…如此类推。

（2）除了最前面3个数（1，2，3），前一数字与后一数字之间的比例，越来越趋近于0.618，例如：34/55≈0.618、55/89≈0.618、89/144≈0.618…

（3）除了最前面3个数（1，2，3），后一数字与前一数字之间的比例，越来越趋近于1.618，例如：55/34≈1.618、89/55≈1.618、144/89≈1.618…

（4）1.618与0.618互为倒数，即1.618×0.618≈1。

包括0.618和1.618这两个基本比率在内，很多投资者在股市的长期实践中还发现了下列两组神秘比率。

（1）0.191、0.382、0.5、0.618、0.809

（2）1、1.382、1.5、1.618、2、2.382、2.618

这些数字就构成了黄金分割率。

在股市的波动中，黄金比率的现象也可以时时识别。市场可以产生完整的黄金比率。一个上升浪发生了调整，而调整浪与这个上升浪的比例往往就是黄金比率，如图8—10所示。

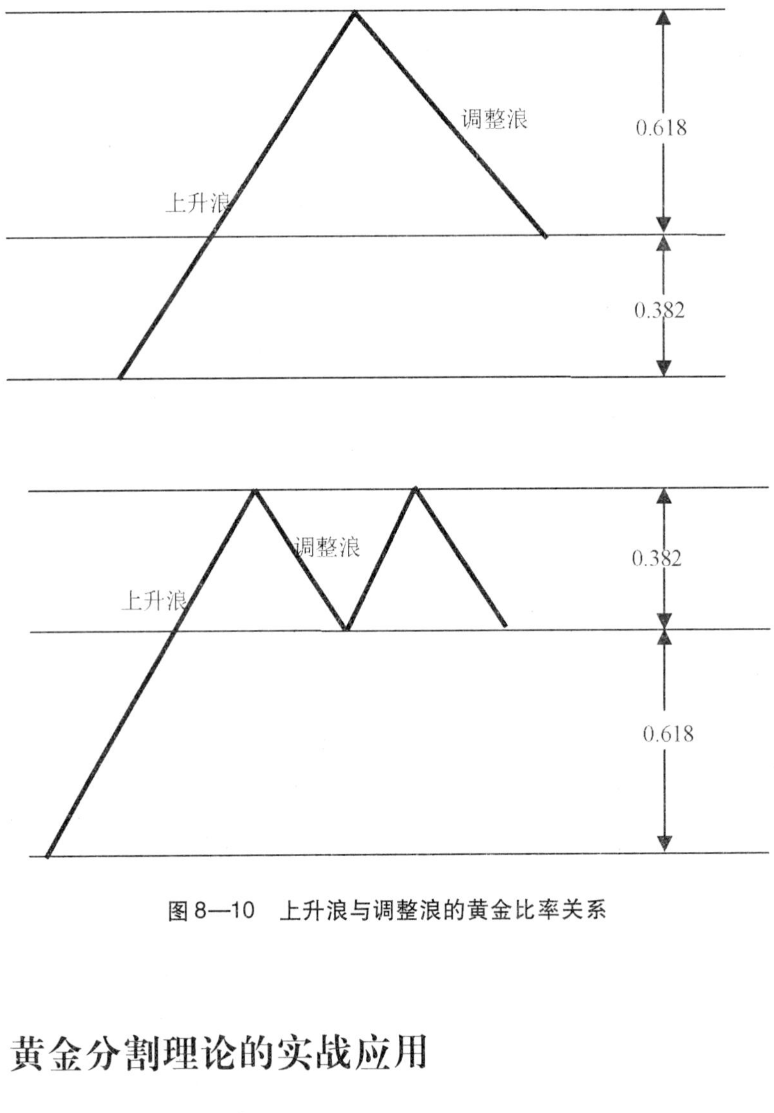

图8—10　上升浪与调整浪的黄金比率关系

二、黄金分割理论的实战应用

黄金分割理论认为："市场不是对即时消息随机的、无形的大众反映，而是一种对不断发展的形态结构的精确记录。"黄金分割理论适用于任何流动性强、交易量大的市场，而且它既可以运用在长线操作上，也可以运用在短线交易中。

在股市分析中，可以根据黄金分割比率来进行预测和交易。需要说明的是，黄金分割数字的意义，只是提醒投资者，当股价运行至该位置时，遇到阻力或者支撑的概率会增大。而实际上，当股价运行到黄金分割位时，并不一定就会遇到阻力或者支撑。

1. 以某一高点或低点为基数进行预测

以股价近期走势中重要的顶部或底部，即重要的高点或低点为基数测量预测未来的走势。当股价上涨时，以重要低点的股价为基数，当股价回落到某一黄金比率时可能会获得支撑。当股价下跌时，以重要高点的股价为基数，当股价上涨到某一黄金比率时可能会遇到阻力。

举个例子。当行情筑底成功开始向上回升，在底部的最低价为10元，那么，股价反转上升时，投资者可以预先计算出各种不同的阻力位，也就是10×（1+0.191）=11.9，10×（1+0.382）=13.8，10×（1+0.618）=16.2，10×（1+0.809）=18.1，10×（1+100%）=20，然后，再依照实际股价变动情况调整自己的操作策略。

2. 以某一涨幅或跌幅为基数进行预测

行情发生反转后，无论是从上涨转向下跌，还是从下跌转向上涨，以近期走势中重要的高点和低点之间的幅度作为计量基数，将这一幅度按照0.191、0.382、0.5、0.618、0.809分割为五个黄金点。股价在反转后将有可能在这些黄金点上遇到暂时的阻力或支撑。

比如，投资者常会看到，每当股价上涨幅度达到上一波段跌幅的0.382或是0.618附近时，就会产生明显的阻力，股价往往会出现回落。相反，当股价出现下跌时，其下跌幅度达到上一波段涨幅的0.382或是0.618附近时，就会产生明显的支撑，股价往往可能开始回升。

如图8—11所示，2011年5月初，特力A（000025）的股价在9元附近触底反弹，到了2011年5月25日，该股在13元附近创出新高之后出现了回落。投资者要想预测之后的支撑位和阻力位，就可以将这段涨幅作为基数进行黄金分割。

因此，利用画线工具中的黄金分割线，可以作出黄金分割线。从图中可以看出，股价在0.618位置获得支撑而出现反弹，又在0.236位置附近遇到阻力而重新下跌。而股价第二次反弹时，在0.382位置附近就遇到了阻力，没有达到前一次的反弹高点。

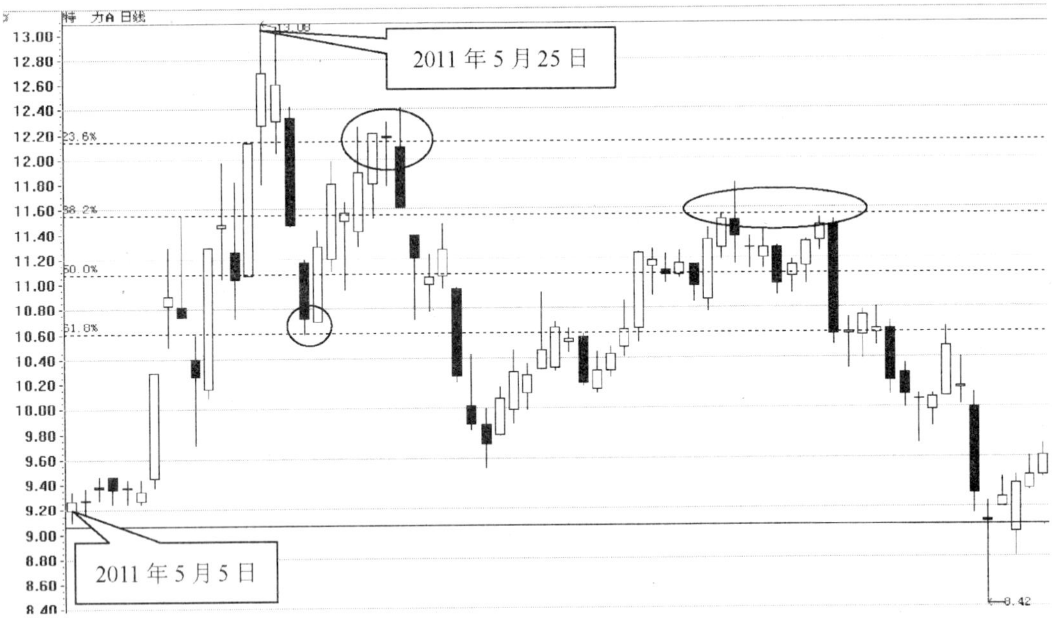

图 8—11　特力 A（000025）的日 K 线图

➲ 股海箴言

◆黄金分割率同样适用于波浪理论。黄金分割比率对于研究一个浪与另一个浪在波幅上的比例关系常常会导致令人瞠目结舌的发现。比如，一个上升浪发生了调整，而调整浪与这个上升浪的比例往往就是黄金比率。市场波浪中的黄金比率说明，投资者总体表达出的情绪与黄金分割定律相和谐。

◆黄金分割理论应用的简要方法是：

（1）采用均线或其他工具，确定市场整体趋势是上升还是下降的。

（2）运用黄金分割定律，判断支撑与阻力，选择准确的进场点，并确立合适的止损点。

（3）使用黄金分割比率线的回调和扩展线，计算目标价位。

（4）在合适的目标价位进场或离场，以求最佳获利或将损失降为最低。